임포스터 심리학

KB191911

임포스터 심리학

자신을 과소평가하는 사람들을 위한 자신감 회복 훈련

질 스토다드

이은경 옮김

IMPOSTER

NO MOR

21세기북스

PART 3

안주하여 만족할 것인가, 도전하여 충만할 것인가

PART 1

내 안의
가면 증후군 받아들이기

사기꾼 같다는 불안감

평생 해온 연구이긴 하지만 과분한 주목을 받으니 마음이 너무 불편하네.
본의 아니게 사기꾼이 된 듯한 기분이 들거든.

— 알베르트 아인슈타인

실패와 굴욕의 보호막

다들 그 느낌을 안다. 실은 당신이 자기 일을 제대로 알지도 못하고, 어떻게 경력을 쌓아 지금 위치에 이르렀는지조차 확신하지 못한다는 사실을 언제든지 동료들에게 들킬 수 있다는 느낌말이다. 그저 운이 좋았다거나 당신을 고용한 사람이 실수를 저지른 게 분명하다는 생각이 든다. 나 역시 그렇다.

내가 그 경쟁률 높은 대학원에 들어갈 수 있었던 이유는 오로지 아버지가 대학원 과정 담당 교수와 아는 사이였기 때문이라고 장담한다.

그 발단은 내가 심리학 석사 과정을 밟고 있을 당시 나의 멘토로부터 시작됐다. 그는 나에게 보스턴대학교 박사 과정에 지원해 세계적으로 이름난 불안 전문가 데이비드 발로 David Barlow와 함께 연구해보라고 권유했다. 그때 나는 발로 교수를 몰랐다. 검색해보니 보스턴대학교 합격률은 1~2퍼센트 사이였고, 내가 들어가지 못할 확률은 100퍼센트였다. 왜 굳이 지원했는지도 의문이다.

그 당시 나는 샌디에이고에 살고 있었지만 고향은 보스턴이었다. 나는 집으로 다시 들어오라는 압박을 받고 싶지 않았기에 부모님에게는 보스턴대학교에 지원했다고 말하지 않았다. 게다가 어차피 떨어질 텐데 말해봐야 뭐하겠는가.

하지만 계속 비밀로 하려니 좀이 쑤신 나머지 아버지에게 털어놓고 말았다. 아버지는 "데이비드 발로? 심리학자?"라고 물었다. '아버지가 그를 안다고?' 아버지는 정신 건강 분야에 대해서는 아무것도 모르고 인맥도 없는 사업가였다. 그런 분이 발로 교수는 아는 모양이었다. 두 사람은 같은 골프 클럽에 다녔고 함께 골프를 친 적도 몇 번 있다고 했다. 이후 아버지는 우연히 발로 교수를 만났을 때 내가 박사 과정에 지원했다고 말했다. 몇 달이 흐르고 나는 기적처럼 합격했다.

나는 박사 과정에서 우수한 성적을 냈고 졸업한 뒤에도 차곡차곡 성과를 쌓아갔다. 100만 달러 규모의 사업을 시작해 여전히 경영하고 있고, 책을 세 권 출판했으며, 수백만 다운로드 건수를 자랑하는 인기 팟캐스트를 공동으로 진행하고 있다. 테드엑스^{TEDx}(지역 규모로 진행하는 TED 형식의 강연―옮긴이) 강연회도 하고, 수많은 조직에서 강의했다. 하지만 20여 년이 지난 지금도 나같이 평범한 지원자가 그토록 훌륭한 박사 과정에 들어갈 수 있었던 유일한 이유는 아버지 인맥 덕분이 아니었을까 걱정한다. 사실 이 순간에도 당신이 이 글을 읽으면서 '보나 마나 그랬을 게 뻔하네'라고 생각할까 봐 두렵다.

이 책을 집어 든 사람이라면 아마도 이런 두려움에 공감할 것이다. 어쩌면 당신도 지금 자신이 과연 그 자리에 앉아 있을 자격이 있는지 의심스러울지도 모르겠다. 혹은 머릿속을 맴도는 목소리가 당신의 꿈을 빼앗으려 할 수도 있다. 그 목소리는 '정말 네가 대단하다고 생각해?'라고 묻는다. '넌 그냥 아마추어야'라고 꾸짖는다. '네게는 새로운 것도 중요한 것도 가치 있는 것도 없어. 넌 하찮은 사람이야. 절대 잘

해내지 못한다고. 네가 이 기회를 손에 넣은 건 우연이거나 사고야. 결코 다른 사람들처럼 잘하지 못할 거야. 네가 실은 사기꾼이라는 게 금방 들통날 거야.'

비슷하게 맞췄는가? 만약 그렇다면 우리는 같은 부류다. 사실 성공한 사람들의 대다수가 자신이 거둔 직업적 성공이 과연 정당한가라는 마음속 깊은 곳에서 계속되는 의문에 시달리며 오랜 시간을 보내곤 한다.

처음 이 책을 쓰기로 마음먹었을 때 나는 집필 코치인 린과 협력하고 있었다. 이미 혼자 두 권의 책을 써냈지만 도저히 이 책을 나만의 힘으로 써낼 수 있을 것 같지 않았다. 린은 내게 '왜 이 책을 써야 하는가?'라는 질문에 한 장 분량으로 답변을 쓰라고 했다. 내 답변을 읽은 린은 "당신은 자기가 글을 쓰는 심리학자라고 생각하세요, 아니면 심리학자이기도 한 작가라고 생각하세요?"라고 물었다. 정곡을 찔렀다.

진실은 후자였다. 그 사실을 인정하는 순간 나는 자기회의self-doubt와 사기꾼이 된 듯한 기분에 휩싸였다. 몹시 부끄러웠고 마음속에서 '넌 웃음거리야. 지금은 물론이고 앞으로도 결코 진짜 작가가 될 수 없어. 넌 작가 지망생인 심리학자야'라는 목소리가 들렸다. 이미 책을 출판한 경험은 아무 소용이 없었다. 이 사실을 떠올리며 기분을 추스르려 하는데 내

머릿속 목소리가 '그렇긴 하지만 그 책들은 작은 출판사에서 나왔고 집필 코치도 없었던 데다가 베스트셀러 목록에 오르지도 못했잖아'라고 대답했다. 어이쿠!

린은 이미 답을 알고 있었기에 그 질문을 했던 것이다. 심리학 분야의 증거 중심 개념들을 널리 알려 사람들이 잘 살아갈 수 있도록 돕는 수단(바로 이 책에서 공유하고자 하는 개념)으로 글을 쓰고 싶다는 열망을 느낀 나는 글을 쓰는 일의 비중을 늘리고 싶었다. 이 목표를 이루려면 글을 잘 써야 했다. 나는 간절하게 글을 잘 쓰고 싶었다. 글쓰기는 내게 중요한 일이었다. 그러다 보니 가면 증후군이 발동했다.

가면 증후군imposter syndrome(자신이 거둔 성공이 실력이 아니라 운 때문이라고 생각하는 불안 심리—옮긴이)이 자주 등장하는 순간들을 살펴보면, 그것이 바로 당신이 힘들어하는 지점일 것이다. 마음속 목소리가 당신이 훌륭하지 않고, 사기꾼이라고 말하는 이유는 당신이 실패와 굴욕감을 느끼지 않도록 보호하려는 데 있다. 동시에 이는 무엇이 중요한지 알려주는 커다란 붉은색 네온의 화살표이기도 하다. 신경 쓰지 않는다면 무능하게 보이든 말든 걱정하지 않을 테니 말이다.

나는 운동선수가 아니다. '자전거 타기랑 똑같아요'라는 말을 들어봤는가? 이는 일단 방법을 터득하면 앞으로 평생

할 수 있다는 뜻이다. 하지만 10년 만에 자전거를 탔을 때 나는 곧장 넘어졌다. 하지만 자전거 타기가 서툴게 보일까 봐 걱정한 적은 한 번도 없다. 왜일까? 순전히 자전거 타기가 중요하다고 생각하지 않기 때문이다. 하지만 아직도 두 아이에게 자전거 타는 법을 가르치지 않은 나쁜 엄마라는 사실이 드러나는 것은 두렵다. 부모로서의 내 역할을 무척 중요하게 생각하기 때문이다.

당신의 경험도 살펴보자. 능력이 부족하다는 사실이 드러날까 봐 걱정하는 일과 신경 쓰지 않는 일은 각각 무엇인가? 이는 당신의 진짜 중요한 문제와 어떤 관련이 있을까?

아마도 가면 증후군에 따른 이런 생각과 감정을 떠올리면서도 여기에 휘둘리지 않고 꿈을 향해 나아갈 방법을 찾을 수 있을 것이다.

나는 여전히 극심한 가면 증후군에 시달린다. 자기도 고치지 못한 주제에 자기가 사기꾼 같다고 느끼는 다른 전문가들을 대상으로 책을 써도 될까? 신장이 고작 160센티미터이면서 키가 크는 법을 가르치려는 것과 같지 않을까? 하지만 나는 가면 증후군을 극복할 수 있는 심리학 기술을 여러모로 갖추고 있다. 그것은 바로 내가 자기회의와 불안감에 치이면서도 사업체 구축, 책 집필과 홍보, 테드엑스 강연, 팟캐스트 진행, 수백 명의 청중을 대상으로 강의하는 데 활용한 도구들이다. 그러니까 내 마음속에는 아주 시끄러운 혹평가 사기꾼이 살지만(이 혹평가의 이름은 '실라'이고, 나중에 좀 더 자세히 다룰 것이다), 그녀가 이기도록 내버려둔 적은 거의 없다. 나는 가면 증후군 클럽의 회장인 동시에 고객이다.

왜 스스로 똑똑하지 않다고 느낄까

나는 작가로서 사기꾼 같다고 느낀다. 우리가 스스로 사기꾼 같다고 느끼는 순간은 이외에도 다양하다. 승진을 앞뒀거나 거물 고객을 유치할 때, 회의에서 아이디어를 제시할 때, 새로운 기술을 배울 때, 경험이 풍부한 동료와 협력할 때, 학회에서 발표할 때, 창작물을 발표할 때, 직업 전환이나 부업을 고려할 때, 소셜 미디어 계정을 꾸릴 때도 그럴 수 있다. 추한 자기회의가 고개를 들면서 스스로 사기꾼 같다고 느끼게 되는 상황은 셀 수 없이 많다.

하지만 걱정할 것 없다. 앞에서 언급했듯이 지금부터 사기꾼 같다는 느낌에 대처하도록 도와줄 새로운 방식의 심리학 도구들을 소개하고자 한다. 먼저 가면 현상이 무엇인지, 누가 가면 현상에 시달릴 가능성이 가장 높은지, 가면 현상은 어떻게 생기는지 살펴보자.

가면 현상imposter phenomenon은 1978년 폴린 클랜스Pauline Clance와 수잰 임스Suzanne Imes 박사가 처음 발견한 현상으로 이후 대중문화에서는 '가면 증후군'으로 알려졌다. 클랜스와 임스는 성공한 여성들을 대상으로 실시한 최초 연구에서 가면 현상을, 지적 능력이 뛰어나다는 객관적인 증거가 있는데도 '스스로 똑똑하지 않다고 느끼는 경험'이 지속되는 현상이라고 설명했다. 다시 말해 가면 현상에 시달리는 사람들은 똑똑하고 성공했지만 그런 성취를 이뤘음에도 자기 자신을 믿지 못한다. 그들은 자신의 정당성과 자기가 정말로 엘리트 집단에 속하는지를 의심한다. 다른 사람들이 자기 능력을 과대평가한다고 생각하며, 그 사실이 들통나 사기꾼이라는 사실이 드러날까 봐 두려워한다.

살면서 한 번쯤 가면 현상을 경험하는 사람은 최대 70퍼센트에 이른다. 처음에는 가면 현상이 성공한 여성들에게만 나타난다고 봤지만, 지금은 훨씬 광범위하며, 특히 소외 계층 사이에서 뚜렷하게 나타난다고 본다. 가면 현상을 경험한 적이 없는 운 좋은 30퍼센트는 어떤 사람들일까? 일단 내 아버지를 들 수 있지만 그에 대해서는 잠시 후에 소개하겠다. 그 외에 더닝 크루거 효과Dunning-Kruger effect라는 인지 편향을 보이는 사람들도 좀처럼 가면 현상을 경험하지 않는다.

더닝 크루거 효과란 역량이 모자란 사람이 특정 영역에서 자신의 지식이나 기술, 능력을 과대평가하는 자기인식 실패를 뜻한다. 이런 사람들은 역량이 부족하기 때문에 자신의 결함을 알아보는 능력이 없고, 따라서 자신이 특정 집단에 속해 있을 만한 자격이 있는지 의문을 품지 않는다. 다시 말해 그들은 자기가 똑똑하지 않다는 사실을 알 만큼 똑똑하지 않다는 뜻이다. "무지는 지식보다 더 자주 확신을 낳는다"라는 찰스 다윈의 말은 이 효과를 가장 잘 담아낸다.

내 아버지는 더닝 크루거 집단에 속하지 않는다. 그는 유능하고 (대체로) 자기를 인식하고 있다. 아버지는 75세 웜프WHMP(white, heterosexual male of privilege, 백인 이성애자 남성 특권 계층을 뜻하는 약어)다. 내가 가면 증후군 학회 토론에서 진행을 맡게 되었다고 하자 아버지는 "뭐라고? 그게 대체 뭐야?"라고 말했다. 나는 아버지가 그런 현상은 알지만 명칭을 모를 뿐이라고 생각했지만 아버지는 전혀 감을 잡지 못했다. 그는 자신이 사기꾼 같다고 느낀 적도 전혀 없다고 했다.

무척 흥미로웠다. 아버지는 성공한 기업가다. 전업주부인 어머니가 육아를 맡고 아버지는 회사를 차려 다섯 식구를 부양했다. 다행히 회사는 흑자였지만 애초에 아버지는 실패할지도 모른다는 생각조차 하지 않았다. 그는 대학 시절 친구들에게 돈을 받고 스팀 목욕탕을 빌려준 것 외에는 회사를 차려보거나 경영해본 적이 없었지만 "나는 기업가가 아니라고 생각한 적이 없다"고 했다.

서구 문화권에서 백인 이성애자 시스젠더^{cisgender}(생물학적 성별과 성별 정체성이 일치하는 사람—옮긴이) 비장애인 남자아이는 무엇이든 할 수 있고 될 수 있다고 믿으면서 자라난다. 처음부터 그들에게는 모든 가능성이 열려 있다. 역사적으로 여자아이(특히 몸집이 큰 여아), 백인이 아닌 인종, 성소수자, 이민자, 장애인들은 낄 자리가 없다는 말을 들으며 살아왔다. 예를 들어 나 같은 X세대 어머니들은 어른이 되면 교사, 비서, 간호사, 엄마가 될 수 있다고 생각하면서 자랐다. 내 아버지는 한 번도 자격지심을 느껴보지 않은 채 자신만만하게 회사를 차렸지만, 같은 세대 여성들은 사업이나 이공계를 비롯해 전통적으로 여성이 진출할 수 없었던 영역에 도전할 때 가면 현상을 겪었을 가능성이 높다.

소외 계층에 속한 사람들 역시 마찬가지다. 1965년까지 백인의 공간을 점유하는 게 법으로 금지되어 있던 (게다가 지금까지도 인종차별로 계속 배제당하고 있는) 흑인들에게 가면 증후군은 어쩌면 예외가 아니라 일반적인 현상이다. 미국 장애인법은 1990년대에 이르러서야 통과되었고, 미국 이외의 많은 국가에서는 여전히 장애인 편의 시설이 엉망진창이다.

1973년까지만 해도 동성애는 정신 질환으로 간주됐다(당시 여성은 남성 연대 보증인이 있어야 신용카드와 은행 계좌를 신청할 수 있었다!). 세계보건기구WHO는 작년에야 트랜스젠더 정체성을 정신 장애에서 제외했고, 미국 정신의학협회APA가 발행하는 정신 질환 진단 및 통계 매뉴얼Diagnostic and Statistical Manual of Mental Disorders에는 여전히 성별 불쾌감gender dysphoria(생물학적 성별과 성별 정체성이 일치하지 않아 생기는 괴로운 감정─옮긴이)이 들어가 있다. 그리고 최신 뉴스 기사만 봐도 미국 국민 절반이 이민자에 대해 어떻게 느끼는지 알 수 있다. 이런 소외 계층에 속한 사람은 그리 멀지 않은 과거만 돌이켜보더라도 자신에게 허락되지 않은 자리를 차지하고 싶을 때면 가면 현상을 겪기 마련이다.

하지만 인종, 성별, 성적 취향, 능력을 다룬 연구는 그리 명료하지 않다. 과학적으로 정밀하게 설계한 연구는 놀랍도록 부족하다. 사실 가면 증후군은 대중적으로도 널리 다루고 있고 구글 검색에서도 2,500만 건에 달하는 결과를 얻을 수 있는 반면, 펍메드PubMed처럼 믿을 만한 연구 데이터베이스의 검색 결과는 150건 정도에 불과하다. 가면 증후군을 다룬 공개 연구는 단순한 상관관계 설계가 대부분이고, 원인과 결과에 대해서 역시 아무것도 알려주지 않으며, 많은 연구가 가면 증후군의 발생 비율을 아예 다루지 않는다.

상관관계가 얼마나 정보로서의 가치가 없을 수 있는지 알아보자. 아이스크림 소비와 익사 사이에는 강한 긍정적 상관관계가 있다. 아이스크림 소비량이 늘어날수록 물에 빠져 죽는 사람들이 늘어난다. 그렇다면 아이스크림을 먹으면 물에 빠져 죽을까? 물론 아니다. 그저 둘 다 여름에 자주 일어나는 일일 뿐이다. 상관관계만으로는 아무런 의미가 없다. 가면 증후군은 특정한 기분 상태나 성격 특질과 상관관계가 있다는 연구가 있다. 하지만 아이스크림 예에서도 알 수 있듯이 이런 상관관계는 별다른 의미가 없으며 부적절한 해석과 가정으로 이어질 가능성도 있다. 이런 사태를 피하기 위해 여기에서는 상관관계 연구 결과를 언급하지 않을 것이다.

소수 인종 내에서 발생하는 가면 증후군을 살펴본 연구들이 몇 건 있다. 한 연구는 대학생들이 느끼는 가면 증후군이 소수자라는 지위에서 비롯되는 스트레스보다 정신 건강과 더 강한 연관성이 있다고 밝혔다. 하지만 문제는 가면 증후군 관련 감정을 파악할 때 사용하는 주요 평가 도구의 타당성을 검증하는 표본 집단이 주로 백인이라는 점이다. 즉, 그 결과가 백인이 아닌 인종이 경험하는 가면 증후군을 정확하게 나타낸다고 확신할 수는 없다.

일부 전문가들은 여성이 가면 현상을 경험하기 쉽다고 주장하지만, 성차를 증명하지 못한 연구들도 있다. 하지만 그런 연구들은 소외 부분을 자세히 다루지 않았다. 다시 말해 남성 참여자를 윔프와 윔프가 아닌 집단으로 구분하지 않았다. 소외 집단에 속하지 않는 남성만을 비교 집단으로 사용한다면 성차가 나타날 수 있다.

성별을 둘러싼 문화적 기대는 여전히 가면 현상이라는 퍼즐을 완성하는 중요한 조각이다. 한 연구에서는 가면 현상을 경험하는 남성과 여성에게 성과 관련한 피드백이 미치는 영향을 조사했다. 가면 증후군에 시달리는 남성(유능하고 자립해야 한다는 사회적 기대를 받으며 성장)은 부정적인 피드백을 받았을 때 제대로 대처하지 못했다. 상급자가 책임을 추궁하면 불안감이 증가하고 이전보다 노력하지 않았으며 성과가 떨어졌다.

가면 증후군을 겪는 여성(협조해야 한다는 사회적 기대를 받으며 성장)은 부정적인 피드백을 받았을 때 더 열심히 노력하고 더 좋은 성과를 보였다. 이처럼 가면 증후군의 '발생 비율'이 성별에 따라 어느 정도로 차이가 있는지는 확실하지 않지만, 일단 가면 증후군이 나타났을 때 이는 남성과 여성에게 다른 '영향'을 미칠 수 있다. 치료사, 강연자, 팟캐스트 진행자로 일하면서 많은 사람이 직접 겪은 가면 증후군에 대해 이야기한 경험으로 볼 때 소외당한 이력이 있다고 말하는 사람들(성별을 제외한 소수 집단 출신 남성을 포함)은 가면 현상을 더 많이 겪는 듯하다. 하지만 이를 좀 더 확실하게 뒷받침하려면 제대로 된 연구가 필요하다.

가면 현상은 스스로 외부인이라고 느끼는 상황에서는 누구에게나 일어날 수 있다. 양육이나 가족 내 역할('내가 무슨 짓을 하고 있는지 잘 모르겠어', '엄마들은 우리 아빠들보다 이 문제를 더 잘 처리하겠지'), 새로운 역할('나는 초짜에 불과해', '고소득 전문가들처럼 제대로 성공한 영업사원이 아니야'), 시간제 근무나 부업('나는 진짜 예술가가 아니야', '이렇게 해서는 내 입에 풀칠하기도 힘들어'), 경쟁이 치열한 분야(학계)나 청년(스포츠, 테크놀로지) 문화 환경에서 일어나기 쉽다. 또한 기여 입학이나 연고주의 혹은 소수 집단 우대 정책으로 입학한 사람들에게서도 자주 나타난다('언니가 여기에 다녀서 입학할 수 있었어', '아빠가 교장과 아는 사이야', '나는 소수 집단 출신이니까').

가면 '증후군'?

가면 현상은 '가면 증후군'이라는 명칭으로 불릴 때가 많지만 최근 들어 이 호칭에 문제를 제기하는 사람들이 있다. 증후군이라는 용어는 보편적이다시피 한 이 현상을 질병으로 간주한다. 게다가 만약 내가 제기하는 소외 가설이 옳다면, 가면 현상을 경험하는 사람들은 심리 장애가 있기 때문이 아니라 사회적 억압의 희생자라서 그런 경우가 많다고 할 수 있다. 또한 '가면 증후군'이라는 용어가 문화적 맥락을 고려하지 않고 개인에게 책임을 떠넘기며, 초점을 사회 체계 개선이 아니라 개인의 변화에 맞춘다는 이유로 그 사용을 반대하는 주장도 있다. 나는 이 의견에 전적으로 찬성한다. 체계와 조직이 바로잡힌다면 '많은' 것들이 더 바람직하게 바뀔 것이다. 12장에서 이 변화를 촉진하는 몇몇 방법을 다룰 예정이다.

그건 그렇고 아이들 식으로 말하자면 '그 몸부림은 진짜'다(요즘 아이들도 이런 말을 쓰던가? 중년 엄마라서 확실히 모르겠다). 그 기원이 무엇이든 가면 현상에 시달리는 사람은 최대 70퍼센트에 이르고 그 경험이 부정적인 영향을 미치고 있다면, 조직 및 체계 변화에 힘쓰는 동시에 개인 차원에서도 다른 대응 방법을 찾아낼 필요가 있다. 그런 맥락에서 언어에는 힘이 있으므로 이 책에서는 앞으로 좀 더 자주 쓰이는 가면 증후군이라는 말 대신에 '가면 상태, 가면 목소리, 가면 경험, 가면 사고, 가면 현상'이라는 용어를 사용하고자 한다. 독자들도 이 문화적 이미지 쇄신에 함께 참여해주면 좋겠다!

나는 왜 가면을 쓸까

어릴 때 부모님은 나를 '땅딸보', '뚱뚱이', '꼬꼬마 땅딸보'라고 불렀다. 어릴 적 뚱뚱한 모습 그대로 어른이 되지 않도록 그렇게 부른 모양이지만 뻔하게도 정반대 효과를 냈다. 부모님은 나를 사랑했고 내게 최선을 다하고자 했지만 말로든 스킨십으로든 애정 표현을 하는 경우가 드물었다. 우수한 성적과 좋은 대학에 들어가는 데 필요한 자격을 성취하는 것만이 칭찬받는 방법이었다. 반면에 내 외모는 자주 비판받았다. 행사가 있어 치마를 입고 머리를 만지고 있으면 엄마가 "화장 좀 하지 않을래?"라고 말하곤 했다. 부모님은 아홉 살인 나에게 다이어트를 시켰다.

그러다 보니 나는 사람들의 비위를 맞추고 내 나름대로 사랑과 인정을 받으려 노력했다. 처음으로 다이어트를 하게 된 무렵 나는 학교에서 자원봉사를 시작했다. 안전 순찰 임원을 하면서 교기를 들었다. 인정받고 싶은 욕구가 너무 강한 나머지 열 살 때는 온몸이 움츠러드는 두려움을 느끼면서도 수백 명 앞에서 기꺼이 연설을 했다. 우수한 성적을 받았고 합창단에 들어갔다. 중학교 때는 응원단에 들어갔다.

고등학교 때는 전국 명예 학생회에 가입했고 학생회 회장으로 당선됐다. 규칙(대부분)을 준수했고, 으레 사람들이 여자아이에게 바라듯이 '착하고 예의 바르고 상냥하게' 행동했다. 덕분에 부모님에게 칭찬을 많이 받았지만 그렇다고 해서 외모에 대한 비판이 누그러지지는 않았다. 돌이켜 생각해보면 이런 비판은 좋은 부모가 되고 싶고 내가 이 험한 세상에서 꿋꿋이 살아가기를 바라는 부모님의 불안한 마음에서 비롯된 것 같다. 하지만 그 마음을 온전히 이해하기까지는 오랜 시간과 치료가 필요했다.

외모를 비난받으면서 자란 나는 '나는 충분하지 않아'라는 스토리를 지어내게 됐다. 구체적으로 '나는 충분히 날씬하지도 예쁘지도 탐탁하지도 사랑스럽지도 않아'라는 스토리였다. 가면 상태는 이 스토리, 즉 내가 불충분하다는 진실이 금방이라도 드러날 거라는 두려움에서 비롯된다. 가면 상태는 어린 시절 경험과 진화상 프로그래밍이 복잡하게 뒤얽힌 상호작용에서 발생한다. 지금부터 가면 상태가 어떻게 뿌리내리게 되었는지 살펴보자.

삭제할 수 없는 유년의 경험

우리는 어릴 적에 경험한 바를 의미 있는 방식으로 해석하고 이해하고자 한다. 그런 노력이 핵심 신념^{core belief}으로 자리하면서 자기 자신과 다른 사람들, 세계, 미래에 관한 스토리를 만들어낸다.

이런 스토리는 어린 시절 우리 삶에서 일어나는 온갖 일들을 중심으로 생겨나 고착된다. 고등학교 시절 나는 '그래, 나는 학생회장이지. 하지만 뭐 하나라도 잘못하는 날이면 내가 얼마나 탐탁지 않은 인간인지 모두가 알게 될 거야'라고 생각했다. 오랜 시간이 흐른 지금 나는 '그래, 나는 테드엑스 강연을 했지. 하지만 지금 당장이라도 내가 그럴 만한 인물이 아니라는 사실이 만천하에 드러날 거야'라고 생각한다.

부모의 기대를 한 몸에 받으며 자랐지만 무슨 일을 어떻게 하든 그 기대를 채우지 못했다면, '나는 충분하지 않아'라는 스토리에 가면 상태까지 덧붙여 살아가기 마련이다. 그러면 직업상 목표를 추구하는 중에도 그 내면의 목소리가 자꾸 당신은 불충분하다고 일깨운다. 혹은 상을 열 개나 받았으면서도 스스로 충분하지 않다고 느낀다. 아무리 성취나 성공을 이뤄도 어린 시절 경험과 그 결과로 생겨난 서사를 지울 수 없기 때문이다.

답답한 일이지만 정반대도 같은 결과를 낳을 수 있다. 즉, 부모가 칭찬에 후한 경우에도 가면 현상을 경험할 수 있다. 정말 아무것도 아닌 일에 호들갑을 떨며 치켜세우는 부모 밑에서 자란 경우를 말한다. 혼자서 미끄럼틀을 탔다고? 우와! 운동복 지퍼를 채웠어? 정말 똑똑하네! 화장실에 그림을 그렸어? 넌 커서 피카소처럼 될 거야! 이런 반응 역시 자기회의와 가면 상태를 부추길 수 있다. 어린아이라도 어렴풋하게나마 그만한 칭찬을 받을 일이 아니라는 사실을 알고 있기 때문이다. 그런 아이는 어른이 되었을 때 기립 박수를 받을 정도로 훌륭한 프레젠테이션을 한 뒤에도 청중의 긍정적인 피드백을 '예의상 그러는 것뿐'이라고 일축한다.

시간 여행 기술이 실현되지 않는 한 어린 시절의 경험을 바꿀 수는 없다. 셀프 스토리도 마찬가지다. 가면 상태를 다루는 대중 심리학과 기존 서적의 대부분이 내면의 가면 목소리를 이기려면 무엇보다 부정적인 생각을 바꾸고 전문 직업인으로서 자기 자신을 믿어야 한다고 설득한다. 다들 '긍정적인 생각을 하는 다섯 가지 비결'이나 '자기 자신을 믿는 법' 같은 제목의 블로그 게시물을 한 번쯤 본 적이 있을 것이다. 하지만 그것이 핵심은 아니다.

안타깝게도 해묵은 셀프 스토리는 머릿속에 단단히 자리 잡고 있으며, 우리에게는 삭제 버튼이 없다. 하지만 다행히도 대안은 있다. 이는 2부에서 자세히 소개할 것이다. 우선은 이런 셀프 스토리가 어떻게 이토록 굳게 뿌리내렸는지 이해하기 위해 오랜 인류 역사를 짚어보자.

불안 예방 프로그래밍

다른 포유류와 달리 초기 인류에게는 날카로운 이빨이나 발톱이 없었고 빨리 달릴 능력도 없었다. 그 대신 사람에게는 동료가 있었다. 함께 사냥하고 채집하고 이동하는 사람들은 살아남는 데 유리했다. 이런 맥락에서 볼 때 집단에 속한 구성원들은 자주 자기 자신과 본인의 중요도를 확인해야 했다. '내가 내 몫을 다하고 있나? 나에게 가치가 있나? 우리 집단이 나를 계속 원할까, 아니면 쫓겨날 위기일까?'

나아가 우성, 즉 가장 우수하거나 똑똑하거나 강한 성질은 그 유전자를 후대로 계승할 가능성을 높였다. 기준 미달이라는 점이 드러난다는 것은 심각한 위협이었으므로 이를 예방하려는 적응 행위였다. 다시 말해 진화는 생존에 가장 적합한 사람이 자기회의와 사회 비교는 물론, 가면 경험을 하기 쉽도록 프로그래밍했다. 우리의 뇌는 사소한 불안과 진정한 위협을 능숙하게 구별하도록 진화하지 않았다.

진화의 뿌리를 다시 프로그래밍할 수도, 어린 시절 경험을 바꿀 수도, 셀프 스토리를 다시 쓸 수도 없다면 어떻게 해야 가면 상태를 겪지 않는 30퍼센트처럼 될 수 있을지 의문이 들 것이다. 무지해서 가면 현상을 겪지 않는 사람도 있다(더닝 크루거 집단에 속한 이런 사람들은 아이러니하게도 자기 자신을 잘 모르고 이 책을 읽지도 않을 것이다). 반면에 똑똑하고 역량이 뛰어나면서도 그 사실에 의문을 품지 않는 부류도 있다(내 아버지처럼). 어쩌면 내 아버지처럼 되는 법을 배워야겠다고 생각하는 사람도 있을 것이다.

가면 현상을 극복하려면 자신감을 기르고 자기 자신을 의심하지 않는 법을 배워야 한다고 생각할 것이다. 어쩌면 그냥 자기가 속한 분야에 대해 좀 더 공부하거나, 온라인 수업을 하나라도 더 듣거나, 성공을 다룬 책을 한 권 더 읽거나, 학위나 자격증을 하나 더 따는 게 그 방법이라고 생각하는 사람도 있을 것이다. 익숙한 생각인가? 만약 그렇다면 다 시도해본 당신은 이런 방법이 아무 소용 없다는 사실을 이미 알 것이다. 좀 더 정확하게 말하자면 당신은 아직 시도하고 있는 중일 것이다.

우리는 가면 경험을 순순히 받아들인다. 오래전부터 우리 뇌는 비교하도록 만들어졌고, 현대의 기술 진보는 끊임없이 비교하기에 적합한 밑바탕을 제공했다. 사회, 문화, 발달 속에서의 경험은 자신이 부족하고 가면을 쓰고 있다는 기분을 쉽게 느끼도록 한다. 성공하고 싶고 경력을 중요시한다면 이런 생각과 감정에서 벗어날 수 없다. 게다가 가면 현상을 느끼는 정도 역시 줄어들지 않는다. 높이 올라가면 갈수록 가면 상태를 떨칠 가능성이 높아질 거라 믿고 싶겠지만, 위로 올라간다는 것은 그만큼 기대가 커진다는 뜻이다. 다시 말해 CEO는 우편물실의 직원보다 더 많이 알고 더 많이 일할 거라는 기대가 있다 보니 성공할수록 가면 목소리는 줄어들기는커녕 커지기 십상이다.

다행히도 진정으로 바라는 직업생활을 계속 추구할 수 있도록 이런 곤란한 생각과 감정에 대응하는 방법이 있다. 앞으로 그 방법을 소개하겠지만 그 전에 가면 상태가 얼마나 다양한 방식으로 나타날 수 있는지부터 살펴보고자 한다.

- ⊘ 가면 현상이란 무능한 사기꾼임이 드러날까 봐 두려워하는 성공한 사람들이 스스로 똑똑하지 않다고 느끼는 경험을 말한다.
- ⊘ 가면 상태는 대다수, 특히 소외당한 사람들에게 아주 흔하게 영향을 미치며, 따라서 이는 '증후군'이 아니다.
- ⊘ 진화, 사회문화적 기대, 차별, 어린 시절 학습 경험 등 많은 요인이 가면 현상을 유발할 수 있다.

일기장이나 책의 여백에 다음 질문에 대한 답변을 적어보자.

- ⊘ 당신은 어떤 가면 현상을 겪었는가? 당신의 마음이 무엇이라고 말하는가? 어떤 상황에서 스스로 사기꾼 같다는 느낌이 드는가?
- ⊘ 당신은 어떤 식으로 권리를 박탈당하거나 소외당했는가? 이런 경험이 가면 상태에 어떤 영향을 미쳤다고 보는가?
- ⊘ 어린 시절의 어떤 경험이 가면 상태에 영향을 미쳤는가?

02

불안의 5가지 유형

완벽을 두려워하지 말라. 어차피 도달하지 못할 테니까.
— 살바도르 달리

불편한 감정을 회피하는 이유

하나 마나 한 뻔한 소리지만 내가 사기꾼 같다는 느낌은 정말 최악이다. 아무도 가면 상태를 겪고 싶어 하지 않고, 인간은 불쾌한 감정을 피하는 데 꽤나 재능이 있다(이 점에 관해서는 9장과 10장에서 좀 더 자세히 다룰 것이다). 사실 우리는 사기라는 느낌을 회피하는 데 무척 뛰어나서 자기 역량을 증명하고자 필요 이상으로 애쓰곤 한다. 우리가 사용하는 기본 전략을 사기꾼의 다섯 가지 유형으로 확인해볼 수 있다. 이번 장에서는 내가 속한 유형과 나머지 네 개의 유형을 각각의 성공한 전문가들의 사례와 함께 소개하고자 한다. 각자 자기가 속한 유형을 파악해보도록 하자.

나는 심리학을 무척 좋아하고 잘했지만 학술 관련 글쓰기는 늘 재미없는 잡무랄까, 다른 사람들이 더 잘하는 일처럼 느껴졌다. 나는 연구와 글쓰기보다는 치료와 교육 쪽에 초점을 맞췄다. 사실 글쓰기, 특히 창작은 생각해본 적도 없는 분야였다.

그러던 어느 날 심리학 책 아이디어가 떠올랐다. 이 책의 아이디어는 글을 쓰고 싶다는 욕구와는 무관했다(적어도 의식적으로는 그랬다). '전문' 서적일 뿐, 창작이 아니었다. 수용전념치료acceptance and commitment therapy, ACT 실무자들은 내담자를 상대하는 임상 과정에서 은유와 체험 연습을 많이 사용한다. 당시에는 이런 실무에 사용하는 치료법들이 다양한 ACT 서적에 실려 있었다. 어느 날, 대학 연구실에 앉아 ACT 강의를 준비하다가 문득 '책장에서 책 한 권을 꺼내 수용을 다룬 부분을 펼쳐 다양하고 적절한 은유와 연습들을 골라 쓸 수 있다면 좋지 않을까?'라는 생각이 떠올랐다. 너무 당연한 말이지만 그런 책은 없었다, 아직은.

그 순간 나는 '내가 그런 책을 써야 할까?'라고 생각했다. 하지만 곧이어 '네가 뭐 대단한 사람이라도 된다고 생각해? 넌 작가가 아니잖아! 책 쓰기에 대해서는 아무것도 모르는 주제에. 게다가 ACT 전문가도 아니야! ACT 책을 쓸 만큼 안다고 생각하다니, 주제넘기는!'이라는 목소리가 들렸다.

그 목소리에 나는 생각을 접을 뻔했다. 그냥 아이디어를 무시하고 하던 일을 계속하는 게 창피를 모면할 수 있는 유일한 방법이었다. 하지만 그 아이디어는 분명히 유망한 개념이었다. 그저 내가 그 책을 쓸 자격이 있는지 의심스러울 뿐이었다. 그래서 좀 더 어울릴 법한 전문가인 다른 사람들에게 기대기로 했다. 나는 예전에 내 멘토였다가 지금은 동료이자 친구가 된 ACT 전문가에게 연락했다. 그 친구도 책을 쓴 적은 없지만 내가 생각하기에 적당한 인물이었다. 적어도 그녀는 이 주제에 관한 충분한 지식을 갖고 있었다.

우리는 그녀의 멘토였고 이미 많은 책을 집필했으며 ACT 창시자이기도 한 스티븐 헤이즈Steven Hayes 박사에게 연락했다. 헤이즈 박사에게 조언과 출간 제안서 샘플을 요청했더니 선뜻 보내줬다. 그는 소규모 출판사 임원이기도 해서 우리가 쓴 제안서를 적임자에게 택배로 보내줬고, 놀랍게도 우리는 계약을 맺었다.

　이 정도로 무력하고 사기꾼 같다고 느낀 적은 없었다. 책 쓰기에 대해 아무것도 모르고 ACT에 관한 지식도 충분하지 않았을뿐더러, 헤이즈 박사와 연고가 있다는 이유만으로 계약을 따냈다는 생각이 들었다. 나는 책을 낸 저자이기도 한 예전 멘토 두 사람(그중 한 명의 남편이 출판업계 종사자였다)에게 계약서를 살펴봐달라고 부탁했다. 나와 내 공저자는 각자 집필할 장을 나누었고, 이론을 다룰 어려운 장은 다른 전문가들에게 써달라고 부탁했다. 편집자들에게도 의지했다. 나는 남편에게 "나중에 내가 또 책을 쓰고 싶다는 말을 꺼내면, 다시는 책을 쓰고 싶지 않다고 했다고 딱 꼬집어 말해줘!"라고 했다. 나는 아마추어 같다는 느낌도, 수많은 사람에게 도움을 구해야 하는 현실도 싫었다.

　모든 과정이 마무리되고 완성된 책이 나왔을 때는 기분이 좋았다. 우리는 출판사가 한 ACT 학회에 마련한 책 사인회에 참석했다(게다가 출판업계 및 마케팅 관련 지식이 전혀 없었는데도 그 책은 제법 잘 팔렸다). 나는 한동안 책을 쓰지 않았다. 너무 힘들었다. 다시는 책을 쓰고 싶지 않다고 한 말은 진심이었다.

　그 후로 우리 가족은 힘든 시기를 보냈고, 나는 그 시기를 견딜 출구가 필요했다. 다시 창작 활동이 하고 싶었다. 그러던 때에 우연히 서사 중심의 논픽션을 쓰는 '마음과 기술'(즉, 스토리와 기교)을 다룬 팟캐스트 〈라이팅 클래스 라디오 Writing Class Radio〉를 듣게 됐다. 에피소드 한 편을 듣고 푹 빠졌다. 나는 팟캐스트 목록의 2년 치 에피소드를 몰아서 들었다. 글쓰기 수업을 듣기 시작했고, 대학교 때 〈또 닭고기〉라는 제목의 수필을 쓰면서 느꼈던 감각이 다시 떠올랐다. 글쓰기를 다룬 책도 읽기 시작했다. 나는 글을 완성하거나 질문을 보내거나 출간하려 애쓰지 않았지만 배우고 있었다. 《수용전념치료 은유 모음집 The Big Book of ACT Metaphors》을 쓰면서 너무 힘들었던 이유는 '그저 지식이 부족'했기 때문이라는 결론을 내렸다. 지식과 경험이 좀 더 필요할 뿐이고, 이를 갖춘 다음에는 사기꾼 같다고 느끼는 일이 없을 터였다. 그러면 나도 글을 쓰고 공유할 수 있으리라 생각했다.

이후로 4년에 걸쳐 나는 글쓰기 수업을 다섯 차례 수강했고, 글쓰기 수련회에 참석했으며, 글쓰기 모임에 가입하고, 글쓰기 모임을 만들기도 했다. 글쓰기 학회에 두 번 참석하고, 글쓰기를 다룬 책을 일곱 권 읽었으며, 글쓰기 팟캐스트 다섯 개(다섯 에피소드가 아니라 전 회차를 다섯 개) 들었다. 소셜 미디어에서 작가와 편집자들을 팔로우하고, 작가 세 명의 뉴스레터를 구독했으며, 책 출간과 플랫폼에 관한 기사를 수없이 읽고, 출간 컨설턴트, 마케팅 컨설턴트, 브랜딩 기업, 집필 코치를 고용했다. 나는 다시 책을 쓰면서 거의 2만 달러를 사용했다. 왜 그랬을까? 나는 전문가 유형의 사기꾼이기 때문이다.

나는 어떤 사기꾼일까

밸러리 영Valerie Young은 《여자는 왜 자신의 성공을 우연이라 말할까》에서 가면 상태를 겪는 사람은 역량을 증명하기 위한 기준이 왜곡된 경우가 많다고 주장한다. 이런 역량은 전문가, 완벽주의자, 독주자, 타고난 천재, 초인이라는 다섯 가지 범주로 나뉜다.

전문가 유형

전문가 유형 사기꾼은 역량이란 얼마나 많은 지식과 기술, 전문지식, 경험을 가지고 있는지에 따라 평가받는다고 믿으며, 자기 자신이 이를 충분히 가지고 있다고 느끼는 법이 없다. 항상 학위, 이수 과정, 자격증, 책, 논문, 의논할 전문가 등이 더 필요하다고 생각한다. 지배 집단에 속한 사람과 맞먹으려면 적어도 두 배는 더 뛰어나거나 많이 알아야 한다는 소리를 듣고 살아온 소외 집단 구성원들은 특히 이런 성향을 자주 드러낸다.

전문가 유형 사기꾼은 불확실성과 씨름하면서 자기가 성과를 낼 수 있다는 확신이 들지 않으면 일을 맡으려 하지 않을 때가 많다. 예를 들어 전문가 유형 사기꾼은 모든 자격 요건을 갖추지 않는 한(갖추고도 남지 않는 한) 일자리나 승진에 지원하지 않는다. 전문가 유형 사기꾼은 많은 대가를 치른다. 계속 배우기만 하면서 하고자 하는 일는 좀처럼 하지 않는 사람은 정체되기 마련이고, 무식이 탄로 날까 봐 두려워 자기 생각을 표현하지 못하는 사람은 스스로 입을 다문다.

나의 경우처럼 전문가의 지식 그릇을 채우느라 쫓아다닌 수업과 학위, 학회에 쏟아부은 비싼 비용으로 재정이 파탄 나기도 한다. 게다가 이 그릇의 바닥에는 구멍이 나 있어서 아무리 많이 쏟아부어도 채워지는 법이 없다. 물론 기량을 키우거나 업계에 대해 배우는 것 자체가 문제라는 뜻은 아니다. 단지 전문가 유형 사기꾼은 학습과 실천 사이 어디쯤에 선을 그어야 할지 모르는 경우가 많다.

완벽주의자 유형

자밀은 탄자니아에서 태어났다. 그가 네 살일 때 부모가 이혼했고, 아프리카 이슬람교도로서는 아주 드물게 어머니가 자밀과 형의 양육권을 가졌다. 어머니가 형제를 영국으로 데려간 덕분에 두 아이는 양질의 교육을 받을 수 있었다. 자밀이 열세 살일 때 어머니는 말기 암 진단을 받았다. 아들들을 아프리카에 있는 생부에게 보내고 싶지 않았던 어머니는 가족처럼 가깝게 지내는 친구에게 자기의 아들들을 입양해달라고 부탁했다. 그렇게 미국으로 두 번째 이민을 떠나게 된 자밀은 미국 뉴욕시 어퍼이스트사이드에 있는 부유한 백인 가정에서 청소년기를 보냈다.

자밀은 스스로 자기가 특별하다고 느낀 적은 없지만 다르다고는 느꼈다. 영국에서 지낼 때 그는 다양한 이민자들이 모여 있는 지역에 살았다. 하지만 뉴욕에서 상류층 가족과 함께 살기 시작하면서 영국 억양을 쓰고 피부색이 어두운 자밀은 자신에게 어울리는 곳이 어디인지, 과연 어울릴 수는 있을지 의문을 품게 됐다.

자밀이 총명하다는 사실을 알아차린 양부모는 그에게 매사추세츠에 있는 명문 기숙학교 필립스 아카데미 앤도버에 지원하도록 권했다. 자밀은 앤도버를 졸업하고 스탠퍼드대학교 학부에 들어간 다음 의대에 진학했다. 의대에서 그는 미국과 아프리카 양쪽을 아우르는 세계 보건에 초점을 맞추고 싶다고 생각했다. 에모리대학교에서 인턴과 전공의 과정을 마친 자밀은 하버드대학교에서 전임의 과정을 밟았다. 나아가 국립소아병원 의료 감독과 조지워싱턴대학교 소아응급의학과 부교수 지위에 올랐다. 14쪽에 걸친 그의 이력서를 보면 감탄사가 절로 나온다.

자밀은 눈부신 성취를 이뤘는데도 좀처럼 자신의 역량이나 소속을 확신할 수 없었다. 모든 학생이 우수하고 대부분이 백인이던 앤도버에 다니던 때부터 그는 주변 사람들을 따라잡으려면 자기 수준을 높여야 한다고 생각했다. 또한 사람들이 자신의 피부색을 먼저 본다는 점을 의식하게 되었고, 자기가 얼마나 유능한지 증명하려면 모든 분야에서 대단히 뛰어나야 한다고 느꼈다.

대학교에 지원할 무렵, 소수 집단 우대 정책이 논란에 휘말렸다. 자밀은 정말로 자신이 성취한 자리를 누릴 자격이 있는지, 아니면 인종이나 입양 가정이 부유하다는 이유로 '그저 자리가 주어진 것인지' 의문을 품었다. 그는 경력 초기에 '그곳을 졸업하면 누구도 나를 의심하지 않을 거야'라고 생각하면서 명망 높은 지위를 추구했다고 말했다.

자밀은 자신의 역량을 증명하고자 스스로에게 지독히 높은 기준을 적용했고, 그런 기준은 여러모로 성공을 뒷받침해주었다. 하지만 그는 정답을 안다고 100퍼센트 확신하지 않으면 절대 손을 들지 않았다. 응모 자격이 차고 넘치는 자리에만 지원했다. 과제에 기한이 있으면 그 기한보다 훨씬 일찍 과제를 마친 뒤 혹시 틀린 부분이 없는지 모든 세부 사항을 집요하게 점검했다. 사람들 앞에서 말해야 할 일이 있을 때는 엄청난 시간을 들여 연습했다. 그는 자기가 실수하면 자기 자신은 물론이고 흑인 공동체 전체에 나쁜 인상을 줄까봐 우려했다. 문득 돌아보니 세계 보건을 추구하는 대신, 남들이 생각하는 최고와 가장 명예로운 경력을 좇으며 성취의 사다리를 오르고 있었다.

자밀은 완벽주의자 유형의 사기꾼이다. 완벽주의자 유형은 일을 나무랄 데 없이 해낸다는 단 한 가지에 집중한다. 그들은 완벽 외에는 받아들일 수 없으며, 언제나 흠집 하나 없는 결과물 혹은 성과를 내놓아야 한다고 믿는다. 완벽주의자 유형은 매사에 옳은 방법과 그른 방법이 있다고 확신하고, 자기 자신은 물론이고 때로는 자기가 정한 높은 기준을 충족하지 못하는 타인도 비판하곤 한다.

완벽주의는 완벽주의자 유형이 목표를 달성하는 데 도움

을 주기도 하지만 수많은 문제점도 가지고 있다. 완벽주의자 유형은 어떤 일을 제대로 하고 싶다면 직접 하는 편이 낫다고 믿으므로, 좀처럼 남들에게 업무를 맡기지 못한다. 따라서 항상 해야 할 일이 넘치고, 특히 수준 높은 역량이 필요한 업무를 모두 해내려면 시간이 부족하다.

완벽주의자 유형은 무능하다는 느낌을 불러일으키는 실수나 실패 가능성을 피하려고 정체나 지루함을 감수하면서까지 새롭거나 까다로운 업무를 피하기도 한다. 개중에는 어떤 일을 대단히 잘 해냈는데도 좀처럼 자부심이나 만족감을 느끼지 못하고 오히려 더 잘하지 못해 아쉬워하는 사람도 있다. 자밀 같은 부류는 맡은 일을 잘 해내면 스스로 만족하지만 동시에 앞으로 더욱더 열심히 해야 할 필요를 강하게 느낀다.

독주자 유형

어린 시절 독일에서 성장한 미카엘은 진행성 근육 질환으로 결국에는 휠체어를 탈 수밖에 없는 상태가 될 거라는 진단을 받았다. 자신의 몸이 어쩔 도리 없이 쇠약해질 거라는 사실을 안 미카엘은 학업과 직업을 통해서라도 자신을 증명해야 한다고 느꼈다.

대학 입학시험에서 우수한 성적을 받은 그는 경쟁률이 높은 컴퓨터 공학과에 들어갔고, 그곳에서 영상 애니메이션에 깊이 빠져들었다. 이후 미국 소재 영화 학교에 합격했고, 졸업 전에 인기 3D 애니메이션 제작에 참여하는 일자리를 제안받았다. 애니메이션 일을 15년 동안 한 이후(일하면서 줄곧 그는 '사람을 잘못 뽑았다는 걸 알게 될 거야. 2주 안에 쫓겨나겠지'라고 생각했다) 그는 목표는 달성했으나 뭔가가 부족하다고 느꼈다. 그는 장애와 더불어 살아가는 젊은이들을 돕는 방법으로 자기 발전 분야의 경력을 쌓아보리라 결심했다.

그는 공개 강연을 시작했다. 그의 테드엑스 강연은 힘 있고 감명 깊었다. 결국 그는 대단한 인기를 누리고 있는 자기 발전과 코칭 기업 겸 팟캐스트인 〈아트 오브 참the Art of Charm〉에 일자리를 구했다. 그러는 동안에 미카엘은 '네가 뭐 대단한 사람이라도 된다고 생각해?'라는 느낌을 많이 가졌다. 그는 동료와 고객들이 자기의 능력에 의문을 품을지도 모른다는 두려움에 자기가 어떤 교육을 받았고 성과를 냈는지 언급해야 한다고 느끼곤 했다.

내적 동기로 움직이는 미카엘은 칭찬이나 인정받고 싶은 욕구가 강하지 않았다. 하지만 자신에게 무척 높은 기준을 부과했고, 자기가 무슨 일이든 할 수 있다는 것을 증명하기 위해 번번이 필요 이상의 수많은 책임을 떠맡았다. 그는 모든 일을 완벽하게 해야 할 뿐만 아니라(그는 농담으로 독일인이라서 그렇다고 말한다) 그 일들을 전부 혼자서 해야 한다고 느꼈다. 답을 모르고 도움을 청하면 사기꾼임이 드러날 거라고 마음속으로 생각했다. 그는 "모르겠다는 말을 해야 할 날이 올까 봐 두려워요"라고 말했다.

미카엘은 독주자 유형의 사기꾼이다. 독주자 유형은 '역량'을 그 누구의 도움도 없이 성공할 수 있는 능력이라고 받아들이며, 스스로 달성했을 때만 성과라고 인정한다. 독주자 유형은 팀의 일원으로서 목표를 달성하면 성공했다는 기분을 제대로 맛보지 못하므로 협업에 어려움을 겪곤 한다.

독주자 유형은 도움을 요청해야 하는 순간에 놓이면 스스로 취약하고 무력하다고 느낀다. 그리고 이를 자기가 일을 제대로 하지 못한다는 근거로 여겨 자신이 사기꾼이라고 확신한다. 독주자 유형은 건강을 망치거나 업무 결과물의 질이 떨어지는 한이 있더라도 세 명이 할 업무량을 혼자서 도맡아 한다. 게다가 어떻게든 스스로 성공한 다음에도 만족감이나 성취감을 느낄 때가 드물고, 오히려 간신히 평정심을 유지하고 있을 뿐이라는 비밀을 지켰다고 생각한다.

타고난 천재 유형

알라나는 캐나다 원주민 출신인 가족 중 처음으로 고등 교육을 받은 사람이다. 그녀는 학부와 석사 과정을 순조롭게 마치고 대학원을 졸업하자마자 대형 유명 컨설팅 기업에 취직했다. 그녀는 컨설턴트로서 다양한 분야에서 뛰어난 역량을 발휘했지만 결국에는 흥미를 잃고 말았다.

알라나는 와인과 음악을 사랑했다. 그래서 관련 업계나 사업 경영에 대해 아는 바가 없는데도 소믈리에 자격증을 따 연주회장을 겸하는 와인 바를 열었다. 가게는 곧 엄청나게 인기 있는 명소가 됐다. 이 일을 하면서 알라나는 빈곤층, 특히 소외 계층이 의료 및 정신 의료 서비스를 받지 못해 얼마나 큰 어려움을 겪고 있는지 알게 됐다. 그렇게 해서 그녀는 진로를 바꿔 평생의 꿈이 될 의대에 진학했다.

알라나에게 의대는 완전히 새로운 세계였다. 지금까지 그녀는 무엇이든 쉽게 해내곤 했다. 예전에는 그렇게까지 열심히 공부하지 않아도 성공할 수 있었다. 하지만 동기들보다 한참 많은 나이에 의대 공부를 시작해 예전처럼 공부가 쉽지 않다는 사실을 깨달은 그녀는 자신이 사기꾼 같다고 느꼈다. 그녀는 성공이 타고난 능력의 산물이라고 생각했다. 의대 공부가 버겁게 느껴지자 자기는 의사가 될 능력을 타고나지 않았고 따라서 사기꾼이자 실패자라고 지레짐작했다.

알라나는 타고난 천재 유형의 사기꾼이다. 타고난 천재 유형 사기꾼은 '지성'과 '능력'이란 힘들이지 않고 성공으로 이어지는 타고난 자질이라고 믿는다. 타고난 천재 유형에게 '역량'이란 쉽고 빠르게 뛰어난 능력을 발휘할 수 있다는 뜻이다. 그들은 한 번 듣거나 배우기만 하면 완전히 이해할 수 있어야 한다고 생각한다. 또한 처음부터 완벽하게 이해하려고 한다. 곧바로 파악하는 데 어려움을 겪으면 자신이 사기꾼이라고 확신한다.

이런 성향은 캐럴 드웩Carol Dweck이 제시한 유명한 개념인 고정형 사고방식fixed mindset과 비슷하다. 타고난 천재 유형과 고정형 사고방식을 지닌 사람은 둘 다 좌절을 극복하는 데 어려움을 겪는 경우가 많다. 이런 사람들은 자신의 능력과 한계를 고정시켜놓아 어떤 일에 좌절했을 때 자신에게는 그 일을 하는 데 필요한 자질이 없다고 생각하고, 배우려는 노력이 무가치하다고 보기 때문이다.

타고난 천재 유형은 어떤 자질이 있거나 없거나 둘 중 하나라고 생각하고, 자질이 없다면 곧 자신이 사기꾼이라고 확신한다. 그렇다 보니 실패를 모면하고 싶은 마음에 도전조차 회피하기에 이른다. 타고난 천재 유형은 성공했을 때 자신만

만해지지만, 조금만 좌절해도 금방 자존감에 금이 가는 탓에 그런 기분은 대체로 오래가지 못한다.

초인 유형

우크라이나에서 체르노빌 원전 사고를 겪고 유대인 혈통이라는 이유로 심한 차별을 당한 재니나는 열두 살 때 미국으로 이주했다. 당시 그녀는 영어를 전혀 못했고 체르노빌 방사능 피폭 후유증에 시달리고 있었다. 설상가상으로 가족은 성소수자인 재니나의 정체성을 받아들이지 않았다.

재니나는 37세에 박사 학위를 두 개 취득하고, 책을 열 권 냈으며, 그 밖에도 많은 글을 기고했다. 팟캐스트 방송 세 개를 제작하고 진행했으며, 심리학과 대중문화 전문가로서 셀 수 없이 많은 토론회에 참여했고, 강렬한 인상을 남긴 테드엑스 강연도 두 차례나 진행했다. 심지어 어릴 적 겪은 방사능 피폭으로 인한 편두통과 발작에 시달리면서 이 모든 성과를 이뤄냈다.

그런데도 첫 번째 테드엑스 강연이 방송을 타기 전날 재니나는 점심시간도 되기 전에 공황 발작을 열여덟 번이나 일으켰다. 방송 이후 그녀는 강연 영상을 계속 되풀이해 보면서 자신의 실수를 찾아내 스스로를 사정없이 헐뜯었다. 완벽주의자 유형 같다고? 맞다. 거기에서 한발 더 나아간다.

재니나는 초인 유형의 사기꾼이다. 가면 현상을 다섯 가지 유형으로 분류한 심리학자 밸러리 영은 초인 유형은 '극단적' 완벽주의자이자 타고난 천재이자 독주자라고 본다. 재니나는 수많은 일을 맡아 하는 동안 내가 운영하는 불안 클리닉에서도 심리학자로 일했다. 그녀는 다른 심리학자들이 처리하는 업무량의 두 배를 해냈다. 누가 임상 자문이 필요하다고 하면 제일 먼저 나섰다. 아픈 사람에게 수프를 가져다주고, 동료들 결혼기념일과 자녀들 생일까지 챙겼다. 요청을 받으면 좀처럼 거절하는 법이 없고 자신은 누구에게도 도움을 요청하지 않았다(대체로 그 무엇도 요청하지 않았다).

재니나가 이 모든 일을 하는 이유는 그녀가 정말로 마음씨가 곱고 배려심이 넘치는 사람이라는 데 있다. 남을 돕고 싶다는 그녀의 욕구는 깊고 진실하다. 하지만 어두운 면도 있다. 재니나는 싫다고 말하거나 제한을 두거나 도움을 청할 때 자신이 사기꾼이나 실패자 같다고 느낀다.

초인 유형은 외발자전거를 타고 균형을 잡으면서 뮤지컬 노래를 부르며 웃는 얼굴로 불붙은 모든 공들을 저글링할 수 있는 정도는 되어야 '역량'이 있다고 본다. 공을 얼마나 능숙하게 저글링할 수 있는지도 물론 중요하지만(완벽주의자 유형에 해당하는 특징), 초인 유형이 나머지 유형과 다른 점은 항상 모든 일을 처리할 수 있어야 한다고 여긴다는 것이다.

재니나는 자신이 사기꾼 같다고 느끼지 않도록 쓰러지기 직전까지 스스로를 몰아붙였다. 문제는 모든 초인 유형은 결국 불타는 공을 하나 더 맡아보려다가 저글링하던 공들을 전부 떨어뜨리게 되고, 이는 자신이 무능하다는 믿음을 강화한다는 점이다. 심지어 초인 유형은 외발자전거를 타며 완벽하게 저글링을 선보일 때도 좀처럼 만족감을 느끼지 않는다. 마음속에서 얼굴 위에 막대기를 세워 그 위로 접시까지 돌렸어야 한다는 목소리가 들리기 때문이다. '내가 정말로 유능하다면 그 모든 일을 아무런 도움 없이 쉽게 할 수 있을 텐데'라고 말하는 목소리다.

'소외' 경험이 불러온 가면 현상

자밀과 미카엘, 알라나, 재니나를 인터뷰하고 나의 경험을 돌이켜본 뒤 나는 우리 모두에게 중요한 공통점이 있다는 사실을 깨달았다. 스스로 사기꾼 같다고 생각하는 우리의 의심은 어린 시절 겪은 소외 경험에서 생겨났고, 우리에게 진정한 '의미'를 갖는 일을 하겠다는 목표를 세우자마자 발동이 걸리곤 했다.

자밀은 세계 보건에 이바지하는 길이라고 믿었던 대학에 지원했을 때와 자신이 한 선택이 흑인과 아프리카인 공동체 전체에 영향을 미칠 수도 있다고 깨달았을 때 처음으로 가면 현상을 알아차렸다. 미카엘과 알라나는 변화를 주고 목적의식을 갖고 일하고 싶어 직업을 바꾸게 되었을 때를 언급했다. 재니나와 나는 심리학 대학원에 다닐 때 가면 현상을 경험했지만, 이런 감정은 글쓰기, 창작, 강연에 좀 더 진지하게 임하면서 더욱 심해졌다.

당신은 언제 가면 현상을 겪기 시작했는가?
소외 경험이나 의미가 어떻게 영향을 미쳤는가?

이런 가면 상태 유형 중 하나 혹은 그 이상에 해당하더라도 자신이 꿈꾸는 분야의 경력을 쌓을 수 있는 방법이 있다. 사람들은 대부분 자신이 여러 유형에 동시에 해당한다고 보지만(실제로 유형들은 서로 겹치는 부분이 있다) 그중에서도 한 가지 유형이 가장 두드러지게 나타난다고 생각한다. 당신이 어떤 유형에 속하는지 궁금하다면 내 웹사이트의 '퀴즈 풀기' 항목(www.jillstoddard.com/quizzes)에 접속해 간단한 설문지에 응답해보라.

이 책의 2부에서는 당신이 진정으로 갈망하는 직업생활을 성공적으로 추구하는 법을 설명할 것이다. 안타깝지만 2부에서 사기꾼 현상을 치유하는 처방전을 제시하지는 않는다. 치유법이 없기 때문이다. 하지만 치유법이 없다 하더라도 심리적 유연성은 있다. 이는 당신에게 새로운 초능력이 되어줄 것이다.

알아둘 사항

- ⊘ 가면 현상에는 전문가, 완벽주의자, 독주자, 타고난 천재, 초인 이라는 다섯 가지 유형이 있다.
- ⊘ 각각의 유형은 역량을 증명하고자 서로 다른 전략에 기댄다. 이 런 전략들은 단기적으로 사기꾼 같다는 감정을 떨쳐내는 것처 럼 보이지만 결국에는 역효과가 나타난다.
- ⊘ 자신이 속한 유형은 www.jillstoddard.com/quizzes에서 확인할 수 있다.

해야 할 일

일기장이나 컴퓨터 혹은 책의 여백에 다음 사항을 적어보자.
- ⊘ 자신의 유형
- ⊘ 사기꾼 유형을 바탕으로 자신의 역량을 증명하고자 하는 방식
- ⊘ 이런 방식이 어떻게 '작동'하고 어떻게 역효과를 내는지

03

걱정한 만큼 나쁜 일은 일어나지 않는다

나는 책을 11권 썼지만 매번 '아, 이제 사람들이 알아차릴 거야.
나는 모두를 속이고 있고, 다들 정체를 파악하겠지'라고 생각합니다.
— 마야 안젤루(《새장에 갇힌 새가 왜 노래하는지 나는 아네》 저자)

사기꾼 같다는 두려움은 왜 치유되지 않을까

매년 참석하는 전문 학회 패널 토론에서 다룰 아이디어가 떠
올랐다. 성공을 거둔 유명한 여성들을 모아 가면 증후군(당시
는 내가 '증후군'이라는 명칭을 쓰지 말아야 한다고 깨닫기 전이었다)
관련 경험을 나누고 싶었다. 스스로 사기꾼 같다고 느끼는
와중에도 ACT를 사용해 우리 모두가 어떻게 대담하게 살아

왔는지 보여주고 싶었고, 다른 사람들도 그렇게 할 수 있도록 의욕을 불러일으키고 싶었다. 그리고 우리는 임무를 완수했다.

학회 직후 나는 〈아트 오브 참〉 팟캐스트에서 보낸 이메일을 받았다. 진행자들이 나를 게스트로 초대해 가면 증후군을 주제로 이야기를 나누고 싶다고 했다. 이메일 초대장을 읽으면서 심장이 쿵쾅쿵쾅 뛰고 얼굴이 달아올랐다. 마음속에서 '실수로 보냈을 거야. 아니면 사기일지도 몰라. 그들이 날 어떻게 알겠어? 난 유명하지도 않고 가면 증후군 전문가도 아닌걸. 나가야 할지 말아야 할지 잘 모르겠어. 만약 나갔다가 그들이 생각하는 만큼 내가 잘 알지 못한다는 걸 들키면 어떻게 하지?'라는 가면 목소리가 들렸다.

두려움과 자기회의가 휘몰아쳤지만 나는 초청에 응했다. 나는 가면 증후군 전문가가 아니었다(아직은!). 하지만 명문 대학원에서 임상 심리학 박사 학위를 받았고, 가면 상태의 증상 중 하나인 불안 전문가였으며, 가면 상태를 경험하는 내담자와 독자들을 돕고자 사용하는 치료법인 ACT 전문가이기도 했다. 팟캐스트를 공동으로 진행하고 있었고, 내가 쓴 책《굳세어라 Be Mighty》홍보차 다른 팟캐스트도 열다섯 군데 정도 게스트로 출연한 적이 있었으므로 팟캐스트 분야에도 어느 정도는 지식이 있었다.

다시 말해 전부를 알지는 못했지만 웬만큼은 알았다. 적어도 해당 주제에 관한 지식을 한 시간 동안 논의할 수 있을 정도로 인터뷰에 대비하는 법은 알았다. 하지만 박사 학위도, 다른 팟캐스트 출연 경력도, 불안과 ACT에 관한 전문 지식도, 인기 팟캐스트 공동 진행자라는 위치도 내가 느끼는 사기꾼이라는 두려움을 말끔히 사라지게 해주기에는 충분하지 않았다.

인터뷰 도중 팟캐스트 진행자가 가면 상태를 경험하지 않는 30퍼센트에 관해 물었다. 나는 농담 삼아 도널드 트럼프가 완벽한 예라고 말했다. 내가 출연한 에피소드를 들어보니 트럼프를 언급한 부분은 잘려 있었다. 지금 와서 냉정하게 생각해보면 청취자 중 누구도 불쾌한 기분을 느끼지 않도록 편집했다는 것을 이해할 수 있다. 이 팟캐스트에는 많은 청취자가 있고, 나는 아니지만 그중에는 트럼프 지지자도 있었을 것이다.

하지만 무리에서 쫓겨나고 싶어 하지 않는 내 모습을 대변하는 내 뇌의 원초적 부분은 마치 레코드판이 튀듯이 인터뷰 나머지 부분은 다 건너뛰고 그 한 부분만을 곱씹었다. 그런 생각들은 '그것 봐, 다운로드 1억 회 팟캐스트에 걸맞지 않을 줄 알았어. 더 잘 알았어야 했어' 같은 말로 떠올랐다.

일단 그 레코드판이 튀기를 멈추자 내 뇌는 '해당 팟캐스트 청취자 대부분이 백인 남성일 텐데 내가 지나치게 여성과 소수 집단에 초점을 맞춘 게 아닐까'라고 걱정하기 시작했다. 새로운 레코드판이 튀기 시작했다. '대체 왜 주요 청취자가 누구인지 묻지 않았어? 아마추어 같으니라고. 더 철저하게 준비했어야지.'

언젠가 나는 해당 팟캐스트 출연을 홍보에 사용하고 싶을 때를 대비해 미카엘에게 그 에피소드 다운로드 횟수를 물었다. 그는 "첫 주에 6만 회 정도로 상당한 수치였어요"라고 말했다. 하지만 나는 '상당한'이라는 단어와 그의 말투가 마음에 걸렸다. 내 뇌는 이를 '당신이 출연한 에피소드는 한심하고 인기가 없었으며, 당신에게 기회를 준 것을 후회합니다'라고 해석했다.

나중에 미카엘은 내가 출연한 에피소드가 2020년 〈아트 오브 참〉에서 다섯 번째로 많은 인기를 얻었다고 말했다. 〈아트 오브 참〉은 주 1회 방송이니 내가 출연한 회차는 상위 10퍼센트 안에 들었던 셈이다. 이성적인 마음은 '어이, 상위 10퍼센트면 나쁘지 않아'라고 말할 것이다. 하지만 내 마음속 사기꾼은 여전히 다시 할 수 있기를 바란다.

가면 상태와 성공은 어떤 관계일까

가면 상태는 성공한 사람들 사이에서 흔하게 나타나고 성공과의 상관관계를 나타내기도 한다. 아이러니하게도 많은 성공을 이룰수록 가면 상태를 경험하기 쉽다. 자기가 걸어온 길을 보면 그래픽 아티스트 에셔Maurits Cornelis Escher의 작품 같다고 느끼는 사람도 있을 것이다. 성취라는 사다리를 올라갈수록 정상에서 멀어지거나 성취감에서 멀어지는 것 같다. 어떻게 보면 이는 말이 되지 않는다. 포트폴리오나 이력서에 경력을 더할 때마다 두려움이 조금씩 사라져야 하지 않을까? 성취를 쌓으면서 지식과 경험이 늘어난다면 사기꾼 같다는 느낌이 줄어들어야 마땅하다.

그런데 한편으로는 완벽하게 이치에 들어맞기도 한다. 사람들은 높이 올라갈수록 더 많이 알 거라고 기대한다. 조직을 운영한 적이 없는 사람이라면 회장의 임무에 대해 낱낱이 알지 못해도 괜찮다. 하지만 조직을 책임지는 우두머리라면 당연히 최신 정보를 숙지해야 한다! 상사가 된 당신의 현재 정보량은 신입 시절에 알던 것보다 그리 많지 않다고 느낄 수도 있고, 또 썩 중요하지 않을 수도 않다. 하지만 승진을 거듭할수록 더더욱 많이 알 거라는 기대가 커진다. 가면 상태 전문가 밸러리 영이 설명하듯이 '지켜야 할 평판이 있으므로 성공은 사태를 악화시킬 뿐'이다.

이론상으로는 성공할수록 가면 현상 경험이 악화될 수 있다고 보지만, 성공과 가면 상태 간의 관계를 실제로 연구해보면 연관성이 아주 뚜렷하게 나타나지는 않는다. 가면 상태가 성공과 더불어 개선될지, 그대로일지, 악화될지는 수많은 요인에 따라 달라지곤 한다. 예를 들어 남성은 시간이 흐르면서 직장에서 겪는 경험과 리더십 스타일이 검증받을 가능성이 크고, 종국에는 자신감이 커지고 자기회의가 줄어든다. 반면 여성, 그중에서도 특히 어머니, 성소수자, 유색인종, 장애인은 시간이 흐를수록 자신의 역량, 기여도, 리더십 스타일을 반복적으로 의심받을 가능성이 높다. 그러면서 서서히 자신감이 떨어지고 전문직 여성들은 성취를 이뤘음에도 성공에 의문을 가질 가능성이 높다.

흥미롭게도 여학교에 다니는 소녀와 여성, 역사적 흑인 대학(1964년 미국 민권법이 제정되기 전에 흑인을 위해 설립된 대학—옮긴이)에 다니는 흑인 학생은 각각 공학 또는 다양한 인종이 재학 중인 학교에 다니는 학생보다 더 높은 수준의 자신감을 보인다. 2장에서 소개했던 의사 자밀은 성공을 거두면서 가면 상태가 개선되었다고 말했다. 그는 '이곳은 일류가 모이는 곳이다. 이곳에 속한다면 그럴 만한 자격이 있기 때문이다'라는 분위기가 확고하게 전해지는 직업 환경에서 배우고 일한 덕분이라고 생각했다.

성취와 회피는 왜 반복될까

경험은 감정을 불러일으킨다. 개중에는 좋은 감정도 있고 그렇지 않은 감정도 있다. 그런 감정을 얼마나 느끼고 싶은지는 우리가 행동하는 방식에 영향을 미치고, 우리가 행동하는 방식은 다시 우리가 느끼는 감정에 영향을 미친다. 심리학자들은 이 현상을 가리켜 '강화 학습reinforcement learning'이라고 부른다. 정적 학습 강화와 부적 학습 강화라는 렌즈 너머로 보면 성과를 쌓을수록 스스로 사기꾼 같다고 느끼는 감정이 어떻게 자라나는지 이해할 수 있다.

먼저 용어들, 특히 '부적 강화'라는 용어에 관해 흔히 하는 오해를 해명하고자 한다. 부모가 아이에게 소리를 지르는 경우를 부적 강화의 예로 언급할 때가 많다. "그는 딸에게 고함을 질렀고, 그로 인해 딸아이는 더더욱 떼를 썼다. 무관심보다는 부적 관심이 나았기 때문이다"라는 식이다. 그런데 이 사례는 사실 정적 강화에 해당한다.

'정적positive'과 '부적negative'이라는 단어는 각각 '즐겁다'와 '불쾌하다'라는 뜻이 아니다. 이는 무엇이 증가(정적)하거나 감소(부적)함을 가리킨다. '강화'란 '행동의 증가로 이어지는 결과'를 뜻한다. 따라서 위의 예에서는 관심이 증가(화나서 지르는 고함이더라도)했을 때 바람직하지 않은 행동이 증가하므로 정적 강화의 예로 볼 수 있다. 만약 고함소리가 행동을 감소시키는 '효과'를 나타냈다면 고함이 증가(정적)하면서 행동이 감소(처벌)하므로 정적 처벌의 예가 된다.

부모라면 쉽게 상상이 갈 것이다. 아이가 슈퍼마켓에서 사탕을 사달라고 떼를 쓰고 있다. 시끄럽게 구는 아이 때문에 창피해진 당신은 사탕을 사주고 만다. 짠! 떼쓰기는 끝나고 모두가 행복하다. 다음번에 또 슈퍼마켓에 가면 아이가 떼를 쓸 가능성은 더 높아질까, 낮아질까? '당신'이 아이가 원하는 것을 사줄 가능성은 높아질까, 낮아질까? 둘 다 높아진다. 아이가 원하는 사탕을 사주는 행위는 '아이'의 행동을 정적으로 강화하는 예다. 행동(떼쓰기)이 다시 일어날 가능성을 증가시키는 무엇(사탕)을 늘렸기 때문이다. 동시에 이는 '당신'의 행동을 부적으로 강화하는 예이기도 하다. 무엇(시끄럽고 창피한 떼쓰기)이 감소하면서 당신이 다음번에 같은 일(사탕 사주기)을 할 가능성이 더 높아졌기 때문이다.

정적 강화와 부적 강화는 많은 행동을 설명할 수 있다. 예를 들어 우리가 할 일을 미루는 이유는 무엇일까? 일단 하기 싫은 일을 미루면 두려움이나 불안 같은 (부적) 감정이 '사라지게' 되고, 그런 안도감 때문에 다음번에 하기 싫은 일이 생겼을 때 또 일을 미룰 가능성이 증가(강화)한다. 물론 두려움과 불안이 사라지는 것은 잠시에 불과하다. 완료해야 할 과제는 여전히 그 자리에 있고, 심지어 일을 해낼 시간이 줄어들 수도 있다(기한이 있는 일이라면). 결국 두려움과 불안은 증가한다. 이제 과연 어떻게 할까? 이 경험에서 배운 한 가지는 바로 미루기가 '효과가 있다'라는 사실이다. 지난번에 일을 미뤘을 때 두려움과 불안이 조금 사라졌으니 다시 그렇게 할 가능성이 높아진다.

음주와 마약, 쇼핑, 도박, 과식은 모두 정적 강화와 부적 강화라는 렌즈로 이해할 수 있다. 증가하는 것(도파민을 비롯한 '기분이 좋아지는' 화학물질 혹은 신경전달물질)도 있고 감소하는 것(지루함이나 불안을 비롯해 힘겨운 내적 경험)도 있다. 이처럼 강화가 이중으로 밀어닥치는 경우를 보면 행동 변화가 왜 그토록 어려운지 쉽게 이해할 수 있다!

가면 상태 역시 비슷한 방식으로 이해할 수 있다. 어떤 사람들은 사기꾼 같다는 느낌에 대처하고자 끊임없이 성취라는 쳇바퀴에 올라탄다. 반면에 힘겨운 일을 피하는 방식으로 대처하는 사람도 있다. 언뜻 보기에 정반대로 보이는 이런 행동들은 모두 강화 학습 개념으로 이해할 수 있다. 학위 취득이나 승진 같은 성취를 이루면 자부심, 만족감, 유능감 등이 증가해 성취를 거듭할 가능성이 높아지는(정적 강화) 동시에, 무능하다거나 사기꾼 같다는 감정을 잠시나마 줄여 성취를 거듭할 가능성이 높아지기(부적 강화)도 한다. 즉, 위로 올라갈수록 기분이 더 좋아지고, 위로 올라가야 할 '필요'도 커진다. 이 순환은 다음과 같은 도표로 나타낼 수 있다.

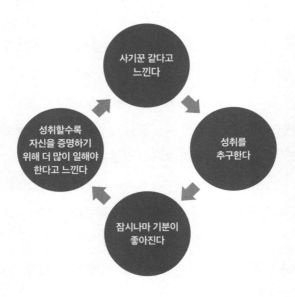

사기꾼임이 드러날지도 모른다는 두려움을 불러일으키는 힘겨운 일을 '회피'하면 자기회의와 불안이라는 감정이 사라지고(부적), 새로운 과제에 도전할 기회를 계속 회피할 가능성이 증가(강화)한다. 그 순환은 다음과 같은 도표로 나타낼 수 있다.

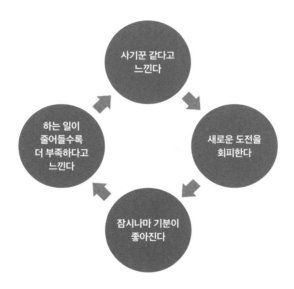

이 도표를 좀 더 세분화해 2장에서 소개한 가면 현상의 다섯 가지 유형을 설명할 수 있다. 전문가, 완벽주의자, 독주자, 타고난 천재, 초인 유형을 차례로 살펴보자.

이 개념이 자신에게 어떻게 들어맞는지 생각해보자.
당신은 그 순간에는 기분이 좋아지지만 실제로는
악순환을 계속하는 방식으로 사기꾼 같다는 느낌을
지우려 하지는 않는가? 새로운 도전을 회피하거나
지나치게 성취에 집착하거나 두 가지를 모두
하고 있지는 않는가?

전문가 유형

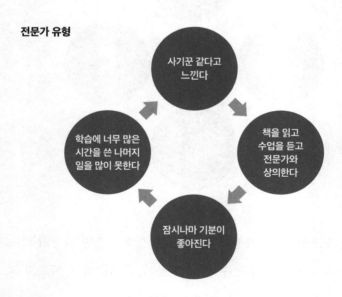

완벽주의자 유형

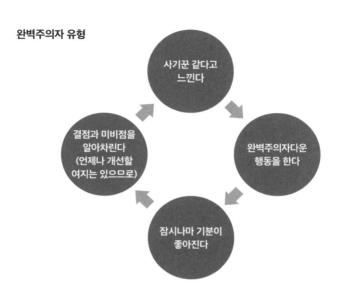

독주자 유형

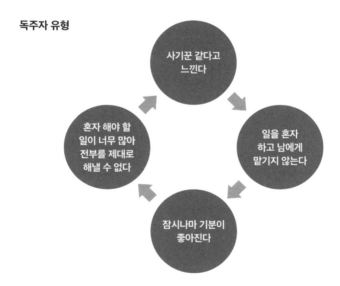

타고난 천재 유형

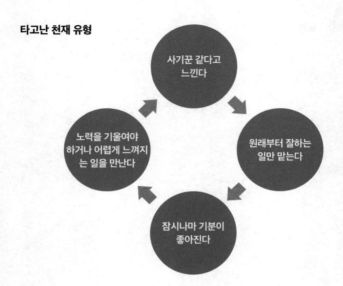

초인 유형

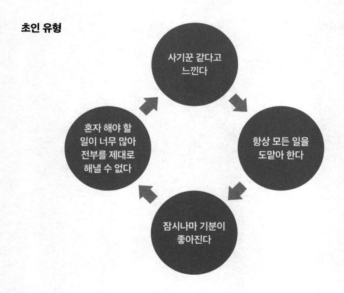

가면 상태는 정말 나쁘기만 할까

앞에서 살펴본 순환 도표는 더 많이 성취하거나 회피할수록 더더욱 많이 성취하거나 회피해야 한다는 사실을 잘 보여준다. 새로운 도전을 회피하는 경우 성장하기가 어렵고 그 대신 정체가 들어선다는 분명한 단점이 있다. 하지만 스스로 사기꾼처럼 느낀다는 이유로 성취를 쌓아나가는 게 정말로 그렇게 나쁠까?

토마스 차모로 프레무지크Tomas Chamorro-Premuzic는《왜 무능한 남자들이 리더가 되는 걸까?》에서 세계 최정상을 달리는 지도자들이 그만한 성취를 이룬 이유는 그들이 자기 자신을 가장 엄격하게 비판했다는 데 있다고 주장한다. 또한 끊임없이 탁월함을 추구한 덕분에 현 위치와 도달하고 싶은 위치 사이의 격차를 메울 수 있었다고 말한다. 그들이 가면 상태를 느끼지 않았더라면 우리는 그들이 이룬 성과를 누리지 못했을지도 모른다.

MIT 교수 버시마 투픽Basima Tewfik은 가면 현상이 모두 해롭기만 한 것은 아니라고 주장한다. 정밀하게 설계한 연구를 실시한 투픽은 자신이 사기꾼 같다는 생각을 더 자주 하는 성공한 사람들일수록 대인관계에 더욱 뛰어나고 더 높은 업무 숙련도를 나타내기도 한다고 밝혔다. 이런 측면에서 볼 때 성취와 가면 현상에는 장점이 따를 수 있다. 투픽의 멘토이자 유명한 조직 심리학자 애덤 그랜트는 사기꾼 같다는 느낌의 구체적인 장점으로 다음 세 가지를 꼽는다.

1. 역량을 증명해야 한다고 느끼므로 더 열심히 일해야겠다는 의욕이 생긴다.
2. 의심하고 전략을 다시 고려하는 계기가 되므로 더욱 현명하게 일하려는 동기가 생긴다.
3. 의심이 들면 다른 사람에게 아이디어와 견해를 구하게 되므로 더욱 뛰어난 학습자이자 지도자가 될 수 있다.

하지만 투픽은 가면 사고가 유익한 결과로 이어지는 경우는 '방어 기제defense mechanism'라고 지적한다. 다시 말해 무능함이 드러날까 봐 두려워하는 사람들은 타인 중심 접근법other-focused approach을 취해 떨어진 자존감을 회복하고자 한다 ('역량이 부족해서 불안하니 그 대신에 호감을 얻어서 만회해야지').

심리적 유연성으로 순환의 고리 끊기

그렇다면 가면 상태와 성취는 바람직할까, 아니면 문제일까? 경우에 따라, 즉 행동하는 목적이 무엇인지에 따라 다르다. 가면 상태를 떨치겠다는 목적만으로 학위와 승진, 인정 같은 성취를 추구하는가? 논문 집필이나 강연이 결국에는 유능하고 적당한 인재라는 기분이 들게 하는 단계라고 생각하기 때문에 이를 수락하는가? 다른 사람의 생각에 지나치게 신경 쓰는가? 성취가 당신을 평가하는 사람들에게 좋은 인상을 심어줘 자존감을 높이려는 시도에 점점 더 가까워지고 있는가? 아니면 타라 모어Tara Mohr가 '휘둘리지 않기playing big'라고 지칭한 대담한 행동을 추구하는 데 관심이 있어 성취를 이어가고 있는가?

초코바 크기가 풀 사이즈(일반 사이즈)와 펀 사이즈(미니 사이즈)로 나뉘듯이 인생도 그렇다고 생각한다. 핼러윈에 어떤 집이 풀 사이즈 초코바를 주는지는 모두가 알고 있다(보통은 많아야 딱 한 집이다). 풀 사이즈는 흥미진진하고, 때로는 놀랍거나 예기치 못한 때도 있으며, 심지어 금지된 경우도 있다.

풀 사이즈 인생을 이야기할 때 내가 중요하게 언급하는 내용은 '심리적 유연성psychological flexibility'이다. 심리적 유연성이란 항상 현재 순간에 온전히 집중(자신의 모든 생각과 감정, 신체 감각, 충동을 인식하고 마음을 여는 것)하고, 자신에게 정말로 중요한 일을 하고자 의도에 따라 신중하게 결정을 내리는 능력을 말한다.

지난 몇 년 동안 심리적 유연성이 전반적인 건강과 웰빙을 강력하게 예측하는 변인 중 하나임을 증명하는 연구가 급증했다. 비교적 유연한 사람들은 기분, 불안, 공황, 신체 이미지, 체중 관리, 대인관계, 만성 통증, 급성 통증, 편두통, 암, 금연, 정신병, 이명 등과 관련해 더 뛰어난 기능을 발휘한다. 숨거나 타성에 젖거나 안전지대^{comfort zone}(스트레스와 불안 수준이 낮아 편안하다고 느끼는 심리적 상태—옮긴이)에 있을 때(혹은 방어 기제를 발동할 때) 우리 모습은 '심리적 경직 상태'다.

안전지대는 그리 나쁘지 않을 수도 있다. 휴식은 중요하다. 학회나 직업상 인맥을 쌓는 행사에 참석해 신경을 곤두세우는 대신 소파에 앉아 따뜻한 차를 마시며 포근한 담요를 두른 채 좋아하는 TV 프로그램을 보며 밤시간을 보내는 것을 마다할 사람이 있을까? 하지만 안전지대에서 안주할 때는 절대 마법이 일어나지 않는다. 단언컨대 안전지대에서는 성장할 수 없다. 무엇보다도 심리적 유연성은 '선택'에 달려 있다. 현재 순간은 매번 선택 기회를 제공한다. 고통에서 벗어나는 방법이 아니라 가치를 바탕으로 한 자기 관리의 형태로 의도에 따라 안주를 선택한다면 이는 심리적으로 유연한 행동이다.

그렇다면 결론은 무엇일까? 성취를 쌓아가는 것은 좋을까, 나쁠까? 경우에 따라 다르다. 즉, 심리적으로 유연한 방식(두려움과 자기회의를 느끼는 순간에도 자신에게 중요한 일을 위해 대범하게 나아가는지)으로 무언가를 추구하고 있는지, 아니면 경직된 방식(가면 상태를 치유하거나 넘어서겠다는 일념으로 과도한 성취에 집착하는지)으로 추구하고 있는지에 따라 달라진다.

언어의 함정에서 빠져나오기

심리적 경직성 psychological inflexibility 은 언어에서 비롯된다. 구체적으로는 언어와 자기 자신에게 하는 말(규칙, 이유, 합리화, 가정, 판단, 예측)에 과도하게 의존한 나머지 개인이 직접 경험한 바를 배제하는 지경을 말한다. 트위터를 예로 들어보자.

다들 알겠지만 트위터를 집요하게 스크롤링하다 보면 만족감을 얻는 동시에 모든 게 싫어지기도 한다. 트위터는 창작하는 직업인이 '플랫폼을 구축'하기 위해 많은 시간을 보내야 하는 곳이기도 하다. 나는 트위터에 프로필을 쓰면서 '저자'라고 입력했다가 곧장 '뭐? 넌 저자가 아니야. 그렇게 말할 수는 없어'라고 생각했다. 하지만 그 당시 나는 곧 있을

'책 출간'에 대비해 트위터에 가입하는 중이었다. 그것도 '두 번째 책'이었다.

이 예에서 내 마음속 목소리(언어)는 내가 진짜가 아닌 사기꾼 작가라서 프로필에 '저자'라고 쓸 수 없다고 말하고 있다. 하지만 실제 내 경험에서 이 주장을 뒷받침할 근거는 아무것도 없었다. 저자라고 했다가는 비난받게 될 거라는 두려움은 그저 내가 나 자신에게 말하는 스토리(스토리=언어)였다. 결국 프로필에 '저자'라고 입력했을 때 나를 추궁하는 트위터 경찰관은 몇 명이었을까? 아무도 없었다.

하지만 다들 알다시피 인터넷상에는 우리의 가장 민감한 부분을 찾아 이를 자극하는 나쁜 무리가 있고, 내 마음속 목소리 역시 그런 사태가 얼마나 끔찍하고 그런 일에 대처하기에 나 자신이 얼마나 미흡한지를 상상했다. 이는 최고조에 달한 '인지적 부적 편향cognitive negativity bias'이었다. 즉, 우리 인간은 위협을 과대평가하고 대처 능력을 과소평가하도록 타고났다. 이런 경향은 맹수보다 빨리 뛰어야 했던 선사시대 인간에게는 유용한 기능이었겠지만 현대에는 딱히 필요하지 않다.

하지만 신경영상화 연구 결과를 보면 인간의 뇌는 긍정적 감정(행복 등)보다 부정적 감정(두려움, 분노, 혐오, 슬픔 등)

을 느낄 때 훨씬 더 활성화된다. 그렇다면 내 경험은 무엇이라고 말할까? 지금까지 나쁜 서평을 받은 적도 있지만 여전히 나는 이곳에서 꿋꿋하게 버티며 글을 쓰고 있다. 내 마음속 목소리는 '그만해! 위험을 무릅쓰지 마!'라고 말하지만 내 경험은 나쁜 일은 웬만해서는 일어나지 않으며, 설사 일어나더라도 그렇게까지 끔찍하진 않고 대처할 수 있다고 말한다.

우리 마음은 창피를 당하거나 거절당하거나 실패하는 경험에서 스스로를 보호하는 데 놀라울 정도로 뛰어나다. 마음속 목소리는 이렇게 끔찍한 결과가 발생하는 사태를 막는 방향으로 행동하도록 이끌기 위해 우리에게 사기꾼이라는 사실이 발각되기 직전이라고 말한다. 하지만 우리는 마음속 목소리가 들려주는 경고를 진실처럼 받아들인 나머지 풀 사이즈 인생을 포기하고 편 사이즈로 살아가거나('fun'이라는 단어 자체의 뜻과는 달리 실제로는 전혀 재미있지 않다) 혹은 정반대로 자기 자신을 증명하고자 지나치게 무리한 끝에 기진맥진해져 비참함을 느낀다.

게다가 우리는 경험이 우리 마음속 목소리가 얼마나 틀릴 수 있는지를 증명하도록 순순히 허용하지 않는다. 즉, 재앙이란 마음속 목소리가 예측하듯이 자주 발생하지 않고, 설령 일어나더라도 마음속 목소리가 상상하는 만큼 최악은 아니며, 마음속 목소리가 추정하는 것보다 훨씬 더 효과적으로 재앙에 대처할 수 있다고 설득하게 두지 않는다. 이 같은 예측과 상상, 추정은 모두 우리를 가로막는 '언어화languaging'의 예다.

마음속 목소리가 걷잡을 수 없어질 때(알다시피 마음속 목소리는 그런 무시무시한 소용돌이를 좋아한다) 우리는 대체로 감정적, 육체적으로 그 스토리 자체만큼이나 고통스러운 감정을 품는다. 다른 사람들은 어떤지 몰라도 나는 그런 막막한 두려움이나 회의를 느끼고 싶지 않다. 정말로 중요한 일을 추구하지 못하는 한이 있어도 그렇게 괴로운 느낌만은 회피하려는 시도 역시 심리적 경직성을 유발한다. 기본적으로 선택의 순간에 그저 두려운 결과를 피하겠다는 생각으로 진심으로 원하는 모습이나 간절히 살아가고 싶은 인생에 대해 생각하지 않는 경우가 있다. 그러면서 마음속 목소리에만 귀를 기울이며 자신의 감정에서 도망친다면 이는 심리적으로 경직된 행동이다. 풀 사이즈가 아니라 펀 사이즈로 살아가는 삶이다.

당신이 갖고 있는(혹은 가졌다가 포기했던) 목표나 꿈, 열망을 떠올려보자. '그것을 실현하는 방향으로 나아가도록 오늘 한 걸음 굳세게 나아가세요'라는 말을 들으면 어떤 생각이 떠오르는가? 육체적, 감정적으로 어떤 기분이 드는가? 당신의 마음속 목소리는 뭐라고 말하는가? 아직은 필요한 것을 갖추지 못했으니 좀 더 지식을 쌓고 자신감을 가질 수 있을 때까지 미뤄야 한다고 말할 수도 있다. 혹은 한 걸음 나아가려면 모든 것을 걸어야 한다고 말할 수도 있다. 하지만 당신은 '그 모든' 준비가 되었는지 확신이 서지 않을 수도 있다.

어떤 목소리가 들리든 그 대답은 언어(규칙, 이유, 합리화, 가정, 판단, 예측)와 불편을 회피하려는 욕구가 어떻게 당신을 가로막는지 알려주는 첫 번째 단서다. 우리의 마음과 몸은 얄미울 만큼 설득력이 넘치곤 한다.

앞으로 이 책에서는 이런 내적 경험(생각, 감정, 신체 감각, 충동)과의 '관계'를 바꿔 더는 당신이 원하는 경력(그리고 인생)을 방해하지 않도록 하는 법을 배우게 될 것이다. 하지만 내적 경험 자체를 바꾸거나 통제하거나 줄이는 법은 배울 수 없다. 이 책에서는 긍정적 사고나 불안 치유, 자기회의 해소, 자기 자신을 믿는 법, 자존감이나 자신감 구축 등은 다루지 않는다. 내게 이 모든 비법이 있다면 기꺼이 공유하겠지만, 이 부분은 그렇지 못하다.

심리적 유연성이란 '모든' 내적 경험을 온전하고 거리낌 없이 인식하고 받아들이는 것임을 기억하자. 앞으로 우리는 경험을 바꾸기보다는 지금 모습 그대로 두게 될 것이다. 이 점에 대해서는 9장에서 더 자세히 설명할 것이다. 이를 미리 언급하는 이유는 심리적 유연성 구축이 이 책의 목적이며 그 것이 무엇인지 명확히 밝힐 필요가 있기 때문이다. 덧붙이자 면 다들 이미 긍정적 사고와 자존감, 자신감 향상을 시도해 봤지만 잘 되지 않았을 거라고 생각하기 때문이기도 하다.

당신만 그런 것도 아니고, 방법이 잘못되어서도 아니다. 성공으로 가는 유일한 길은 생각과 감정을 바꾸는 거라고 말 하던 예전의 심리학 조언은 이제 구시대 유물이다. 최근 연 구에서는 이런 방법이 오히려 역효과를 내는 경우가 많다고 밝혔다. 다음에 이어질 2부에서는 더는 내적 경험에 발목을 잡히는 일이 없도록 이와 관련한 과학적으로 입증된 새로운 방식을 배우게 될 것이다. 나는 지금까지 20년 동안 심리적 유연성을 길러왔다. 일이 너무 벅차거나 영혼이 짓눌리는 기 분이 들 때도 성장할 수 있었던 원동력은 심리적 유연성이라 고 확신한다. 첫 번째 단계는 자신을 가로막는 방해물이 무 엇인지 좀 더 잘 인식하는 것이다.

알아둘 사항

⊘ 성취로 가면 상태에서 벗어날 수 있는 방법은 없다. 높이 올라
  갈수록 더 많이 알 거라는 기대 때문이다.

⊘ 강화 학습 순환은 가면 상태를 유지시킨다.

⊘ 심리적 유연성을 키우면, 즉 모든 내적 경험에 마음을 열고 가
  치를 바탕으로 선택하면 강화 학습 순환을 깰 수 있다.

⊘ 심리적 경직성은 언어에 얽매이고 불편을 회피할 때 발생한다.

⊘ 생각과 감정을 바꿀 필요는 없다. 그 둘의 관계를 바꿔야 한다.

과제
해야 할 일

일기장이나 컴퓨터 혹은 책의 여백에 다음 사항을 적어보자.

⊘ 자신의 가면 상태가 보이는 순환(다섯 가지 유형은 고려해도 되고
  고려하지 않아도 된다).

⊘ 자신의 심리적 경직성 사례: 가장 회피하고 싶은 느낌(감정, 감
  각, 충동)은 무엇인가? 규칙이나 이유, 합리화, 가정, 판단, 예측
  에 집중한 탓에 어떤 식으로 가로막혔는가(회피 혹은 무리)?

PART 2

불안을
동력 삼아 성장하기

04

판단만 내려놓아도 평온이 찾아온다

자유란 자신이 단호한 사람임을 알고, 자극과 반응 사이에 멈춰서
할 수 있는 여러 반응 중에 아무리 사소하더라도 어떤 특정한 반응 쪽으로
무게를 실을 수 있는 개인의 능력이다.

— 롤로 메이(심리학자)

주목해주시겠습니까?

쿠엔틴 타란티노 감독의 영화 〈펄프 픽션〉에는 미아 월레스
가 빈센트 베가에게 "당신은 듣는 거야, 말할 차례를 기다리
는 거야?"라고 묻는 장면이 있다. 빈센트는 "말하기를 좋아한
다는 건 인정해야겠지만, 들으려고 열심히 노력하고 있지"라
고 대답한다. 타란티노 감독의 영화는 이런저런 논란이 많지

만, 확실히 이 감독은 대사 쓰는 법을 안다. 타란티노는 인간의 행동을 제대로 파악해 이 장면을 썼다. 솔직하게 털어놓자면 다들 빈센트 베가와 비슷하지 않을까? 현재 순간에 집중하기보다는 다음에 올 일을 미리 생각하곤 한다. 나중에 우리가 했던 대화를 낱낱이 되짚어보고는, 내뱉은 말과 하지 않은 말을 두고 자기 자신을 나무란다. 우리는 미래와 과거로 시간 여행을 하다가 지금 이 순간을 놓친다.

머릿속으로 과거를 되돌려보거나 미래를 예상하는 능력은 인간만이 지니고 있으며, 실제 도움이 되기도 한다. 어제 겪었던 공사 현장의 교통정체를 기억하면 오늘은 다른 경로를 선택해 지각을 면할 수 있다. 다음 주 예정인 프로젝트 마감일을 미리 염두에 두면 제시간에 성과물을 내놓는 데 도움이 된다. 하지만 이는 언어가 심리적 경직성으로 이어질 수 있는 또 다른 요인이기도 하다.

관계와 친밀함을 중요하게 여기는 사람이더라도 지난 연애에서 받은 상처를 곱씹다 보면 다음 연애에서 마음을 닫아버릴(혹은 아예 연애를 회피할) 수 있다. 직업인으로서 성장을 대단히 가치 있게 여기는 사람이더라도 새로운 영역에 좀 더 중점을 두려다가 무능한 사기꾼으로 비칠까 봐 걱정한다면 지금 그 위치에 발이 묶인 채 정체 상태에 빠질 수 있다. 그렇다면 우리는 머릿속으로 하는 시간 여행에 따르는 이득과 위험 요소를 어떻게 저울질하고 균형을 잡을까? 바로 '인식'과 '선택'을 통해서다.

인간은 하루에 대략 3만 5,000가지 결정을 내리며, 그중 대다수는 타성으로 이뤄진다. 타성이 있다는 것은 정말 감사한 일이다. 매일 3만 5,000가지의 결정을 신중하게 선택해야한다고 상상해보라. 얼마나 끔찍한가. 끊임없이 주변에서 쏟아지는 감각 입력에 주의를 기울이는 능력은 그 수용력과 지속 시간에 한계가 있으므로 우리의 뇌는 그것들을 골라내도록 만들어졌다.

우리는 '선택적 주의selective attention'라는 인지 과정을 통해무관한 세부 사항을 걸러내면서 특정 자극에만 집중할 수 있다. 이 방식 덕분에 우리는 지하철에서 눈에 보이는 광경과 귀에 들리는 소리, 다른 승객들의 움직임을 무시한 채 책 읽는 데 집중할 수 있다.

선택적 주의 이론에는 다양한 모형이 있다. 중요한 대상을 찾아 살피며 이에 집중한다고 제안하는 모형도 있고, 중요하지 않은 대상을 걸러낸다고 주장하는 모형도 있다. 이런 능력은 과도한 자극을 받지 않도록 보호하기도 하지만, 뇌가 언어를 근거로 무엇이 중요한지를 판단하면 즐겁고 중요한 경험을 앗아갈 수도 있다. 우리가 어떤 맥락을 위험(신체적으로나 사회적으로나)하다고 잘못 해석(해석=언어)하면 주의를 지각한 위협에 이끌리고 다른 것들을 배제한다. 물론 실제로 위협이 있는 상황이라면 그 덕분에 안전이 보장된다. 무장 강도가 은행에 침입했다면? 바닥에 바짝 엎드려야 한다. 천장 장식이 얼마나 아름다운지, 은행 직원이 어떤 향수를 뿌렸는지가 뭐가 중요하겠는가?

하지만 지각한 위협이 실제로는 위협이 아니라면 어떨까? 넷플릭스 다큐멘터리 〈브레네 브라운: 나를 바꾸는 용기〉에서 브레네 브라운Brené Brown은 트래비스 호수에서 휴가를 보내던 중 남편 스티브와 수영을 하러 간 어느 오후를 이야기한다. 브라운은 온전히 현재 순간에 열중하고 있었고 남편과 깊이 이어진 느낌이 들었다고 이야기했다. 그런데 남편은 어떤 반응을 보였을까? "응, 물이 맑네." 브라운은 위협을 감지했다. 그녀의 마음속에는 남편이 '자신을 무심하게' 대하고 있다는 근거가 언어로 줄줄이 떠올랐다. 나이를 먹었고, 몸은 매력적이지 않으며, 더는 남편이 자신에게 관심이 없다는 내용이었다.

오랫동안 수치심과 취약성을 연구하면서 이 분야에 밝은 브라운은 자신의 생각을 관찰하고, 감정을 들여다보고, 솔직하게 마음을 털어놓으면서 이 상황에 훌륭하게 대처했다. 하지만 넷플릭스 무대에서 브라운은 과거의 경험을 돌이켜보며 타성에 젖어 위협을 인식한 그 상태에서 자신이 즉각적으로 반응했다면 어떻게 달라졌을지 들려줬다. 그녀는 그 내용을 이렇게 설명했다.

"완전히 화가 난 상태에 들어섰을 거예요. 분노와 격노에 휩싸여 남편을 몰아붙였겠죠. 남편이 '여보, 아침 식사는 뭐야?'라고 물으면 나는 빈정거리는 말투로 '글쎄, 아침 식사 요정한테 물어봐야겠네…. 아, 미안해, 스티브. 휴가 때 어떻게 하기로 했는지 깜빡했어. 내가 아침, 점심, 저녁 식사에 짐 싸기, 짐 풀기, 빨래, 자외선차단제, 수건, 살충제를 담당하기로 했었지'라고 대답했겠죠."

스티브가 "응, 물이 맑네"라고 말했을 때 브라운은 위협을 인식했다. 그녀는 남편이 자기를 거부한다고 믿었고 두려움과 외로움, 수치심을 느꼈다. 하지만 이 해석은 틀렸다. 알고 보니 스티브는 브라운을 전혀 거부하거나 비판하고 있지 않았다. 스티브도 내적 위협 경험에 지나치게 집중하고 있었을 뿐이다. 스티브는 브라운에게 자신이 부적절한 보호자라고 걱정하며 이를 반영하는 언어로 된 스토리가 불러일으킨 공황 발작과 싸우고 있었다고 털어놨다. 스티브가 브라운에게 보인 반응은 브라운 자신과는 아무런 상관이 없었다! 두 사람은 각자 자신의 마음속 스토리에 얽매여 수치심에 사로잡혀 있었을 뿐이다.

이런 내적 경험을 '인식'하지 못한다면 가치에 부합하는 대응을 선택할 여지가 없다. 그저 거친 타성에 따라 반응할 뿐이다.

브라운은 '마법의 문장'과도 같은 탈융합 기법(8장에서 자세하게 소개)을 사용해 아침 식사 요정을 언급할 뻔한 대결을 피했다. 브라운은 가정이나 예측을 비롯한 쓸모없는 언어에 사로잡힐 때마다 '나 자신에게 말하는 스토리는 ~이다'라고 말한다. 내면 경험에 유념해 주의를 기울이면 인식이 확장된다. 또한 그저 반응하는 데 그치지 않고 어떻게 나아갈지를 좀 더 신중하게 결정할 여유가 생긴다.

지금 다루는 개념은 심리적 유연성을 키우는 데 필요한 첫 번째 구성 요소인 마음 챙김^{mindfulness}이다. 마음 챙김이란 특정한 방식, 즉 의도에 따라 판단하지 않고 지금 이 순간에 주의를 기울이는 능력을 말한다. 마음 챙김은 최근 널리 연구되는 주제다. 마음 챙김을 기반으로 하는 수련은 스트레스, 혈압, 고통, 불안, 우울, 반추, 만성 통증, 건선 증상, 섬유근육통 증상, ADHD 증상, 의료인의 소진 경험 등을 줄이는 데 효과가 있다.

일터에서도 마음 챙김 프로그램을 도입하기 시작했다. 직원과 학생을 대상으로 정식 마음 챙김 수련 프로그램을 실시하는 조직은 구글, 애트나, 미 육군, 하버드대학교 및 UC 버클리 대학원 외에도 수없이 많다. 직장에서 실시하는 마음 챙김 수련의 이득을 조사한 연구에서는 사회관계, 회복탄력성, 성과, 전념, 감정 소진이 개선된다고 밝혔다. 리처드 데이비드슨Richard J. Davidson 연구팀은 스트레스가 심한 직업군에 속하는 사람들이 특히 정식 마음 챙김 수련을 받은 뒤에 기분, 에너지 수준, 면역 기능 개선이 나타났다고 밝혔다.

정좌 명상이나 유도 명상은 마음 챙김을 수련하는 방법이지만, 그렇다고 해서 유일한 방법은 아니고 이 책에서 초점을 맞추는 수련법도 아니다. 나는 마음 챙김이 기폭장치를 누른 뒤 폭탄이 터질 때까지 걸리는 시간과 비슷하다고 생각한다. 지금부터 이를 좀 더 자세히 설명하겠다.

폭탄 은유

기폭장치, 도화선, 폭탄을 상상해보자. 도화선의 길이에 따라 기폭장치를 누른 뒤 폭탄이 터질 때까지 걸리는 시간이 달라진다. 인식 상태에서 사려 깊고 의도적으로 선택하는 게 아니라 타성에 젖어 반응할 때의 도화선은 아주 짧다. 기폭장치를 누르자마자 폭탄이 터진다. 거절(인식 여부와 무관), 부정적인 피드백, 양육 난관, 교통, 전 세계적 팬데믹, 스트레스, 불안, 불확실, 가면 사고를 포함한 언어에 이르기까지 기폭장치를 누르는 요소는 수없이 많다.

내 경우에는 비판이 기폭장치를 누르는 중대한 요인이다. 상대방이 나를 상대로 비판하면 그가 어떤 사람인지(반려자, 동료, 상사 등) 고려할 겨를도 없이 방어적인 반응을 보이는 형태로 순식간에 폭발하곤 한다. 나는 그런 순간에도 숨김없고, 잘 받아들이며, 호기심이 많고, 겸손한 사람이고 싶다. 마음 챙김 수련, 즉 우리의 생각과 감정, 신체 감각, 충동을 포함한 현재 순간을 판단하지 않고 인식하는 행위는 도화선의 길이를 늘이는 역할을 한다.

마음 챙김 수련을 하다 보면 우리가 그저 어떻게 생각하고 느끼는지에 따라 반응하는 데 그치지 않고, 어떻게 대응하고 싶은지에 초점을 맞출 수 있다. 그렇게 나아가며 습득한 기술로 폭탄을 훨씬 수월하게 해체할 수 있다. 무엇보다도 마음 챙김은 우리가 그런 기술을 연습하고 새로운 대응을 선택할 수 있는 여유를 키운다.

감각 사용하기

나는 감각을 사용해 현재에 초점을 맞추는 방법을 가장 선호한다. 지금 당장 잠깐 시간을 내 눈을 감고 그저 소리에 귀를 기울여보자. 정말로 듣기만 하자. 나는 음악을 튼다. 하지만 눈을 감고 정말로 듣기만 하면 시계가 째깍거리는 소리, 강아지가 코를 고는 소리, 배가 꾸르륵거리는 소리까지 전에는 미처 알아차리지 못했던 모든 소리가 들린다. 이제 가까운 곳에 있는 물체를 골라 그 물체를 바라보자. 주변에 아무런 물체도 없다면 자신의 손을 들여다보자. 정말로 보기만 하자. 세부 요소들을 낱낱이 살피자.

마음이 산만한지도 잘 살펴보자. 에어컨이 돌아가는 소리를 듣다 보니 작년에 기온이 46도까지 올랐던 상상을 초월하는 날씨의 오리건주 여행이 떠오른다. 이어서 언제 다시 오리건주에 갈 수 있을지, 좀 더 전형적인 태평양 북서부 날씨를 경험하기에 가장 좋은 시기는 언제일지 생각한다. 그러다가 결국에는 앞으로 기후 변화가 미칠 영향을 걱정하기에 이른다. 뇌가 그렇게 과거와 미래를 떠돌며 시간 여행을 한다!

마음이 판단을 내리려는 경향에도 주목하자. 마음은 자동차 소리를 '짜증난다', 손에 있는 주근깨를 '보기 싫다'라고 단정 짓기도 한다. 방황하거나 판단한다고 해서 그런 마음 챙김 방식이 틀렸다는 뜻은 아니다. '마음 챙김'을 규정하는 정의에는 '현재에 초점을 맞춘다'와 '판단하지 않는다'는 요건이 들어가지만 늘 한결같이 현재에 머무르며 판단을 지우기란 절대로 불가능하다.

하지만 마음이 방황하거나 판단을 내렸다는 사실을 알아차리고, 그런 생각을 흘려보낸다. 그런 다음 서서히 주의를 다시 현재로 돌려 지금 듣거나 보고 있는 객관적 성질에 초점을 맞출 수 있다면, 마음 챙김을 하고 있는 셈이다. 마음 챙김은 현재로 돌아와 계속해서 판단을 내려놓는 지속적인 과정이다. 냄새와 맛, 촉감을 주의 깊게 관찰해 이 순간을 수련하자. 평소에 잘 쓰지 않는 손으로 글씨를 써본다면 정말 재미있을 것이다.

네 살짜리 아이처럼 글을 쓴다고 해서 가면 행위에 무슨 도움이 되는지 의문이 든다면, 그 의문대로다. 적어도 직접적으로는 도움이 되지 않는다. 하지만 이는 마음 챙김 능력을 키우는 데 도움이 된다. 집 근처 공원에 있는 평탄한 산책길도 걸어본 적이 없으면서 에베레스트산에 오르겠다는 목표를 세웠다면, 이번 주는 고사하고 올해 안에 네팔로 향하는 일은 없을 것이다. 먼저 훈련을 해야 한다. 그것도 아주 많이. 마찬가지로 폭탄 해체 기술을 익히고 싶다면 그냥 '마음 챙김'의 정의를 읽는 것만으로는 타성에 젖은 반응을 멈출 수 없다. 먼저 훈련을 해야 한다. 아주 많이.

감각을 사용해 현재에 머무르면서 판단을 내려놓는 과정은 주의를 기울이는 수련이다. 먼저 알아차리는 데 능숙해져야 한다. 시각, 청각, 후각, 미각, 촉각 정보를 좀 더 잘 관찰할 수 있게 되면 자신이 무엇을 생각하고 느끼는지도 좀 더 잘 알아차릴 수 있다. 기폭장치를 누르는(즉, 외부 촉발 요인에 의해 발생하는) 생각과 감정을 좀 더 잘 인식하게 되면(즉, 도화선이 길어지면) 폭탄을 터트리는 대신 사려 깊게 대응할 수 있다. 하지만 그것은 공원 산책로가 아니라 에베레스트산이다. 그러니 먼저 훈련을 해야 한다.

마음 챙김 식사

오감을 모두 활용하는 식사 연습으로 마음챙김 능력을 키우는 지침을 소개한다.

- 좋아하는 음식을 한 가지 고른다.
- 그 음식을 손바닥 위에 올려놓는다. 그 음식의 색깔, 형태, 빛, 그림자 등을 자세히 살펴본다(시각).
- 코에 갖다 대고 냄새를 깊이 맡는다(후각).

- 입에 넣되 씹지 않는다. 입안에서 굴려가며 입안과 혀에 닿는 느낌에 주목한다(촉각).
- 침이 달라지거나 씹고 싶은 충동이 드는지에 주목한다.
- 씹으면서 그 느낌이 어떤지에 주목한다(촉각). 씹는 소리가 어떤지에 주목한다(청각). 맛과 입 안에서 생기는 변화에 주목한다(미각).
- 삼키고 싶은 충동이나 욕구에 주목한다(하지만 아직 삼키지는 말자).
- 삼키면서 이 경험의 모든 부분에 주목한다.
- 판단과 평가에 주목한다(좋아하는 음식을 골랐다면 긍정적일 것이다).
- 싫어하는 음식으로 다시 반복한다.

고통×실재 = 자유

중학교 시절, 사춘기가 온 데다 공동 탈의실에서 옷을 갈아입어야 했기에 체육 시간이 악몽 같았다. 학생 건강 체력 평가 때 하는 '밧줄 오르기'나 '팔 굽혀 매달리기'를 하기에는 상체에 힘이 부족했다(지금까지 살면서 유일하게 부정행위를 했던 때가 '오래달리기'에서 한 바퀴를 덜 돈 것이었다). 열두 살 이후로 나는 운동을 혐오하게 됐다.

어른이 되어 운동을 시작하면서 스텝 에어로빅이나 근력

운동, 트레드밀에서 걷기나 조깅, 실내 자전거 타기 등을 할 때마다 '최악이야. 진짜 너무 하기 싫어. 땀이 줄줄 흐르네. 숨도 못 쉬겠어. 대체 언제 끝나는 거야? 다리도 아프고. 다른 사람들은 어떻게 운동을 즐기는지 모르겠네. 끔찍해. 너무 서툴다고. 도저히 운동 습관은 못 만들 것 같아. 날씬해지려면 이 짓을 해야 한다고 생각하게 만드는 사람들 전부 재수 없어'라는 생각이 따라다녔다. 판단에, 판단, 또 판단이 이어졌다.

　마음 챙김을 알게 되면서 나는 운동하는 중에 이 수련법을 적용하기 시작했다. '판단하지 않고' 근육에서 느끼는 감각에 주목했다. 숨이 어떻게 몸으로 들어왔다가 나가는지, 그 속도와 리듬, 소리를 '판단하지 않고' 관찰했다. 동시에 움직이는 내 몸의 모든 부위에 '판단하지 않고' 호기심을 가졌다. 그랬더니 기적 같은 일이 벌어졌다. 물론 운동에 푹 빠져 철인 3종 경기에 참가 신청을 하는 일은 벌어지지 않았다. 하지만 더 이상 운동이 그렇게 싫지는 않았다. 운동은 내 마음속에 떠오르는 온갖 생각이 아니라 그냥 운동이 됐다. 운동 그 자체에는 어느 정도 고통이 따랐다. 하지만 운동+판단+판단+판단은 차원이 다른 괴로움을 만들어냈다.

　불교에서는 '고통×저항=괴로움'이라고 한다. 판단은 저항의 한 형태다. 타라 브랙Tara Brach은 '고통×실재=자유'라고 말한다. 나는 이 말이 마음에 든다. 인간이란 고통을 겪을 수밖에 없는 존재다. 하지만 때로는 얼마나 괴로워할지 선택하게 된다. 판단을 내려놓고 경험하는 바를 받아들이면 고통이 줄어들고 자유가 생긴다.

고통스러운 경험으로 뒤덮인 삶 속에서도 의미 있는 소소한 순간들이 나타나면 괴로움이 줄어든다. 코로나19 팬데믹이 한창일 때 동료인 행크 롭이 '레몬의 은유'에 대해 이야기한 적이 있다. 그 은유가 무척 마음에 들었다. 그 이후로 나는 이 은유를 응용하고 확장해 고통을 줄이고 자유로워지는 방법으로 드러내며 현재에 충실한 게 얼마나 중요한지 설명하곤 한다.

설탕 없이 레모네이드 만드는 법

삶이 레몬을 건네면 레모네이드로 만들어버리라는 말(시련을 기회로 만들라는 의미의 서양 속담—옮긴이)이 있다. 하지만 아무도 설탕 없이 레모네이드를 만드는 법은 가르쳐주지 않는다. 모두가 그렇지는 않겠지만 세계적인 팬데믹과 기후 변화, 학교 총기 난사 사건 등을 겪는 동안 설탕이 무척 부족했던 모양이다. 레몬주스가 눈에 튀는 것을 피할 수만 있었더라도 만점을 받은 셈이다(은유를 이것저것 사용해 미안하지만 무슨 말을 하고 싶은지 이해했을 것이다).

삶이 레몬을 던져주는 순간 설탕을 찾기가 거의 불가능하게 느껴지곤 한다. 게다가 시큼하고 끈적끈적한 맛을 견디면서 현재에 충실하기는 정말 힘들다. 하지만 단언컨대 달콤함을 맛보는 유일한 방법은 현재에 집중하는 것이다. 사소하고 무의미하게 보이는 순간에 집중하는 것이다. 그렇게 한 번에 설탕 한 알갱이씩을 보태며 느릿느릿하게 레모네이드를 만들어간다.

아침에 일어나 마시는 커피 한 모금, 피부에 내려앉는 따스한 햇살, 웬일로 아이들이 순순히 협조해주는 아주 드문 순간, 집에 왔을 때 반겨주는 반려견, 소중한 사람이 보내준 짧은 문자 메시지, 출근길 운전 중에 연달아 녹색 불이 들어오는 행운, 반려자와 함께 나누는 입맞춤 같은 소소한 순간들 말이다. 이런 순간들이 우리가 일상생활에서 겪는 다른 자잘한 짜증들을 모두 지워낼 수는 없다. 사회적 불평등을 근절하거나 지구를 구할 수도 없다. 간절하게 바라는 경력을 쌓아가는 과정이 조금이나마 평탄해지지도 않는다. 하지만 이런 순간들은 우리 모두가 맛봐야 할 달콤함을 더해주고 피할 수 없는 시큼한 맛을 누그러뜨려준다.

　우리 대부분이 인생이란 졸업식, 승진, 상여금, 상, 결혼식, 출산, 휴가처럼 중요한 순간 위주로 돌아간다고 여기는 문화권에서 살아간다. 하지만 수십 년에 걸쳐 살아가는 동안 이렇게 중대한 좋은 일은 운이 좋아도 열 번 남짓 일어날 뿐이다. 그렇다면 나머지 인생은 무엇일까? 사실 인생이란 대부분 소소한 순간들로 얽혀 있으며 중대한 일들은 아주 드문드문 일어날 뿐이다. 소소한 순간들을 놓치는 것은 곧 인생을 놓치는 일이다.

　엘리자베스 퀴블러 로스Elisabeth Kübler-Ross와 데이비드 케슬러David Kessler는《인생 수업》에서 시간이란 그 누구에게도 보장되어 있지 않으므로 이곳에 있을 때 현재를 충실하게 사는 법을 배워야 한다는 교훈을 알려준다. 사생활이든 직장생활이든 의미 있게 꾸려나가려면 일단 크든 작든 우리가 살아가는 모든 순간에 충실해야(판단하지 않고) 한다. 그다음에는 그것이 왜 중요한지 알아야 한다.

알아둘 사항

⊘ 마음 챙김이란 판단하지 않고 신중하고 유연하게 지금 이 순간에 주의를 기울이는 과정이다.

⊘ 마음 챙김은 촉발 요인과 반응 사이에 공간을 만든다. 이 공간에서 행동 방식을 좀 더 의도에 따라 선택(행동을 계속할지 혹은 그만둘지)할 수 있다.

⊘ 마음 챙김은 정식 명상으로 수련할 수도 있고 그냥 감각 경험에 주의를 집중하는 방식으로 실천할 수도 있다.

⊘ 정식 수련이든 일상 속 실천이든 마음 챙김으로 많은 이득을 얻을 수 있다.

⊘ 사소한 순간에 집중하고 충실한 게 중요하다.

해야 할 일

⊘ 현재에 집중하고 호기심을 발휘하며 판단하지 않는 방식으로 보고 듣고 냄새 맡고 만지고 맛보면서 마음 챙김 능력을 키우는 연습을 하자.

05

결심이 흔들릴 때는 이유를 되새기자

신념과 가치를 고수하고 자신의 도덕적 잣대를 따르는 한,
제가 부응해야 할 유일한 기대는 제 자신의 기대임을 배웠습니다.
— 미셸 오바마

무엇이 더 가치 있는 일일까

내가 중고등학생이던 1987년부터 1991년까지 듀크대학교 농구팀은 꾸준히 4강까지 진출했다. 나는 농구에는 크게 관심이 없었지만 팀의 좋은 성적을 축하하는 열혈 팬들이 단합해 있는 공동체의 일원이 되었다고 상상했다. 듀크대학교 캠퍼스를 돌면서 신고딕 양식과 조지 왕조 시대의 건축물에 푹

빠졌다. 여기가 내가 있어야 할 곳이라고 뼛속 깊이 느꼈다. 듀크대학교에 들어가려면 내 수능시험 성적과 심화학습 과정으로는 부족했지만, 반에서 상위 5퍼센트 성적으로 고등학교를 졸업했고 과외 활동과 학생 간부 경험도 풍부했으니 어쩌면 기회가 있을지도 모른다고 생각했다.

내 생각은 틀렸다. 나는 꿈꾸던 학교에 떨어지고 말았다. 듀크대학교 불합격은 다른 대학교의 불합격 소식부터 팟캐스트 출연 거부, 소셜 미디어에서 느낀 냉대, 두 차례에 걸친 악몽 같은 직원 고용, 10년 동안 동화와 수필을 쓰고도 한 권의 책도 출판하지 못한 경험으로 이어진 수많은 실패들의 시작이었다.

평범한 다섯 살부터 열여덟 살까지 아이가 밟아가는 교육 과정에는 최소한의 선택지만 놓여 있다. 그 시기는 의무 교육 과정이고, 공립학교는 지원할 필요도 없으므로 거부당할 일도 없다. 고등학교를 졸업한 다음 첫 직장이나 직업학교, 대학교에 지원하는 일은 우리가 사회생활로 뛰어들면서 처음으로 맞이하는 중대한 선택지다. 흥미진진하기도 하고 두렵기도 하고 희망에 넘치면서도 무섭다. 선택지(및 지원)를 마주하면서 우리는 전에 없던 취약성과 맞닥뜨린다. 잃을 게 많게 느껴지고, 거부에 따르는 위협은 더욱 생생하다.

물론 어릴 적 체육 시간 발야구를 할 때 마지막 선수로 뽑히기도 하고, 학교 연극에서 주인공을 차지하지 못하기도 하고, 댄스파티에 초대했다가 거절당하기도 한다. 어린 시절부터 시작되는 거부 경험도 있다. 우리 아이들만 봐도 초등학교 친구들이 게임에 끼워주지 않거나 생일 파티에 초대받지 못해 상처받았다고 느끼곤 한다. 하지만 아이들은 이런 아픈 경험을 더 빨리 훌훌 털어내는 듯하다. 아이들은 어떻게 상처받은 후에도 계속 잘 어울릴 수 있을까? 어릴 적에는 가지고 있지만 어른이 되면서 잃어버리는 것은 무엇일까?

이는 복잡한 질문이고 당장 완벽한 답을 내놓을 수는 없다. 다만 어릴 적에는 심리적으로 좀 더 유연하지만 시간이 지나면서 3장에서 살펴봤던 언어의 복잡성이 우리를 장악하기 시작하면서 이런 유연성이 감소하기 때문이라고 보는 연구 결과가 있다. 하지만 그 이전에 '아이들에게는 친구와 사귀고 재미있게 노는 게 더 중요'하기 때문에 감정을 느끼고 생각한 다음 다시 돌아가기를 선택한다.

앞에서 나는 글을 쓰면서 겪은 경험을 일부 소개했다. 내 안의 전문가 유형 사기꾼은 사기꾼이라는 느낌을 줄여보겠다고 출판업계와 창작 기법을 배우느라 엄청난 시간과 돈을 투자했다. 그때는 언급하지 않았지만 나는 수많은 원고를 퇴짜 맞으면서도 무려 '10년' 동안 계속해서 글을 썼다. 어쩌면 내가 글쓰기에서 손을 뗐어야 했다고, 10년 동안 계속해서 퇴짜를 맞았다면 글쓰기에 재능이 없다는 증거라고 생각하는 사람도 있을 것이다. 하지만 내게 정말 중요했던 부분은 글쓰기의 '결과'가 아니라 내가 계속해서 글을 쓴 '이유'였다. 물론 책 출판이라는 구체적인 결과도 원했지만 그 목표의 달성 여부가 내가 글을 쓸지 말지를 좌우하진 않았다.

'가치'는 선택의 이유

4장에서 우리는 심리적 유연성을 구성하는 첫 번째 요소인 마음 챙김을 살펴봤다. 마음 챙김은 촉발 요인(가면 상태를 유발하는 거부나 실패 등)과 대응(글쓰기에서 손 떼기) 사이에 공간을 만들어 불편한 느낌이나 자기비판적인 생각 이외의 근거를 바탕으로 선택을 내릴 수 있도록 이끈다. 그 '이외의 근거'가 바로 '가치'다. 가치는 곧 이유다.

가치란 우리가 살아가면서 무엇을 추구하고자 하는지를 나타낸다. 가치는 우리가 옹호하는 것이자 한 번뿐인 인생을 헤쳐 나가면서 어떻게 해서 어떤 사람이 되고 싶은지를 나타낸다. 또한 우리에게 진정으로 중요한 것을 대표하며, 의미 있는 삶을 살아가는 방식이기도 하다. 가치 중심의 삶은 괴로움에서 벗어난 삶이다. 연구에 따르면 고통과 회피가 감소한다고 해서 더욱 의미 있는 삶을 살아가는 것은 아니며, 가치에 부합하는 삶이야말로 고난과 괴로움을 줄여준다고 한다. 먼저 자신의 가치를 파악하기 위해 윗부분이 넓고 아랫부분이 뾰족한 삼단 원뿔 형태로 표현해보자.

제일 상단은 삶의 영역인 우정, 결혼, 육아, 경력, 교육, 대가족, 건강, 영성, 오락, 공동체, 봉사 등의 광범위한 범주다.

두 번째 단은 우리가 하는 일이다. 각 영역 안에서 자신이 가지고 있는 목표나 실행할 법한 행동을 나타낸다. 좀 더 보람 있는 직업을 찾거나 가족과 시간을 보내거나 바람직한 자기 관리를 실천하는 게 여기에 속한다.

스노콘snow cone(잘게 간 얼음에 과일 향 시럽을 뿌린 일종의 빙수—옮긴이)이 그렇듯이 핵심은 세 번째 단인 제일 하단에 모여 있다. 이 단은 내가 말하는 '가치'를 나타낸다. 여기에는 첫 번째 단인 영역 부분에서 두 번째 단에 속하는 행동을 할 때 '구현하고자 하는 자질들'이 속한다. 두 번째 단이 무엇을 하는지를 나타낸다면, 세 번째 단은 '어떻게' 하는지를 나타낸다. 애정 어린, 주의 깊은, 관심을 집중하는, 사려 깊은, 대담한, 용감한, 끈기 있는, 정다운, 자부심이 강한 등과 같은 자질이 여기에 속한다.

세 번째 단에 속하는 자질을 구현하지 못한 채 두 번째 단에 속하는 행동을 한다면 가치 있는 삶이 아니다. 가족(혹은 친구, 반려자 등)과 더 많은 시간 보내기를 예로 들어보자. 매주 일요일 저녁에 다 함께 모여 저녁 식사를 하기로 했다. 식사 시간 내내 소셜 미디어를 들여다보거나 이메일을 확인하거나 전화를 받는다면, 그 자리에 참석했다고 할 수는 있겠지만 그 행동을 '어떻게' 하고 있는지 생각해보자. 만약 당신

일반적 가치의 목록

건강한	배려하는	인을)
겸손한	보살피는	주의 깊은
고결한	부유한	진실한
고마워하는	사려 깊은	진정한
공정한	상냥한	창의력이 있는
공평한	성적인	책임감 있는
관능적인	솔직한	충성스러운
관대한	숨김없는	충실한
근면한	신뢰할 만한	친절한
기여하는	애정 어린	쾌활한
끈질긴	어리석은	탐구심이 강한
낭만적인	영적인	헌신적인
너그러운	용감한	현재에 집중하는
넉넉한	용기 있는	협력하는
능숙한	유연한	호기심이 강한
다정한	의지할 수 있는	확신에 찬
단정한	자유로운	흔쾌히 받아들이는
대담한	자율적인	힘을 주는
도움이 되는	잘 믿는	
독립심이 강한	재치 있는	
마음에서 우러난	정다운(자신과 타인	
모험심이 강한	에게)	
믿을 만한	존중하는(자신과 타	

이 가족(첫 번째 단인 영역)을 소중히 여기고 부모, 형제자매, 자녀, 사촌 등과 더 많은 시간을 보내기로 했다면(두 번째 단인 행동/목표) '어떤' 모습을 보여야 하는지(세 번째 단인 자질)가 이 가치 방정식에서 가장 중요한 변수다. 당신은 집중하지 못하고 산만하게 행동하겠는가? 아니면 주의 깊은 형제자매이거나 쾌활한 부모, 현재에 집중하는 사촌으로 행동하겠는가?

혹은 두 번째 단에서 승진하거나 내 경우처럼 수필을 출판하겠다는 목표를 세웠다고 해보자. 이 목표를 달성하지 못하고, 스스로 사기꾼 같다고 느끼고, 세 번째 단(인내, 용기, 노련, 창의력과 같은 자질)과 교감하지 못한다면 그 목표가 자신에게 중요하더라도 그만둘 가능성이 크다. 목표를 고수하려면 '왜 이번 승진이 내게 중요하지? 내가 진심으로 되고 싶은 사람은 어떤 사람이지? 어떻게 하면 스스로 사기꾼 같다고 느끼고 이 지위에 오르지 못하더라도 계속해서 그런 사람이 될 수 있을까?'를 곰곰이 생각해볼 필요가 있다.

나는 창의력, 도전, 학습, 실력 양성, 용기, 끈기를 구현하는 사람이 되고 싶어 글을 쓴다. 그래서 매번 퇴짜를 맞고 사기꾼처럼 느껴져도 계속해서 시도한다. 10년 동안 줄줄이 퇴짜를 맞은 끝에 나는 11년 만에 첫 번째 수필을 출간했다. 승진에 실패한 사람은 다음번에 승진할 가능성을 높이려면 가치를 어떻게 활용해야 할지 고민할 것이다. 설령 다음번에 또 실패하더라도 자신에게 중요한 방향으로 나아가기 위해 의도한 방식으로 그런 가치를 계속 구현해나갈 수 있다.

일단 결과는 대부분 통제할 수 없고, 결과를 달성하겠다는 마음으로 실행하는 단계만 통제할 수 있다는 점을 명심하자(6장에서 좀 더 자세히 다룰 것이다). 이 삼단 원뿔 전체가 우리의 이유를 나타낸다. 가치를 좀 더 자세히 살펴보기 전에 먼저 자신의 원뿔이 어떤 모습일지 그려보자. 아래에 제시한 예를 보면서 각 영역마다 다른 원뿔을 그려보자.

영역: 경력

목표 또는 행동:
테드엑스 강연 지원
출간 제안서 작성

자질: 끈기 있는,
대담한, 용감한

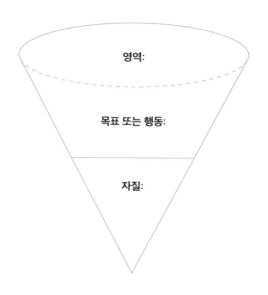

영역:

목표 또는 행동:

자질:

원뿔을 한두 개 채운 다음 확신이 서지 않더라도 걱정할 필요는 없다. 아직 분석할 내용이 많이 남아 있다. 먼저 무엇이 가치이고, 무엇이 가치가 아닌지와 관련해 중요한 점 몇 가지를 짚고 넘어가도록 하자.

가치란 ~이다

가치는 중요하고 의미 있는 행동을 선택하면서 가장 간절하게 되고 싶은 '나'를 나타낸다. 좀 더 자세하게 설명하자면 가치란 자유롭게 선택하고, 계속 이어지며, 무언가를 향한 움직임이다.

가치는 자유롭게 선택한다. 즉, 가치란 '해야 하는 것'이 아니며 부모나 종교, 친구, 문화를 비롯한 어떤 공동체가 선택하는 것도 아니다. 자신의 가치가 부모, 종교, 문화 등과 일치할 수도 있지만, 가치란 외부 압력이나 정해진 규칙과 규제가 없는 상태에서 '당신'이 직접 선택한 거라는 점이 중요하다.

실제로 자신의 가치를 자유롭게 선택하지 못한 사람이라면 심리학자 잭 브렘Jack Brehm이 말하는 '심리적 반발psychological reactance'을 일으킬 가능성이 높다. 심리적 반발이란 외부 기대가 자유 경험을 위협한다고 느낄 때 정반대 방향으로 행동하려는 경향을 말한다. 이런 행동으로 커다란 대가를 치르게 되더라도 우리 안에 존재하고 있는 사춘기 자아가 거세게 반항하고 만다.

가치는 계속 이어진다. 가치에는 끝맺음이 없다. 종료 시점이 있어 할 일 목록에서 지울 수 있는 목표와 달리 가치는 우리가 지속적으로 구현하는 자질이다. 완벽할 정도로 다정한 반려자, 힘을 북돋아주는 동료, 확신에 찬 직원이라는 지위를 얻을 수 있는 날은 절대로 오지 않을 것이다. 다정함,

지지, 확신은 끊임없이 추구해야 할 자질이다. 더 이상 다정하지 않거나 힘을 주지 않거나 확신에 차지 않아도 되는 날은 오지 않는다.

가치란 무언가를 향한 움직임이다. 가치 있는 행동을 할 때 우리는 자신이 되고 싶은 사람과 살고 싶은 삶을 향해 나아간다. 이런 움직임이 편안할 때도 있고 불편할 때도 있다. 이는 갖고 싶지 않거나 느끼고 싶지 않은 것에서 벗어나는 회피성 행동과는 전혀 다르다. 예를 들어 당신이 도움이 되는 일에 가치를 두는 사람이라고 해보자. 선행을 나누고 싶어 추수감사절에 무료 급식소에서 일하는 경우처럼 '도움이 되려고' 나아가는 행동은 그 자체로 보람 있다(희생이 따른다 하더라도).

반면에 거절했을 때 상대방이 화를 낼까 봐 두렵고 죄책감을 느끼고 싶지 않다는 이유로 평일 근무 시간에 공항까지 태워달라는 친구의 부탁에 승낙하는 것은 회피성 '도움'의 예다. 같은 가치인 듯 보여도 실은 서로 다르다. 진정한 가치는 불편을 회피하는 움직임이 아니라 중요한 것을 향해 나아가는 움직임을 나타낸다. 중요한 것을 향한 움직임은 떠밀린다기보다는 이끌리거나 부름을 받는 느낌이라고 생각하면 도움이 될 것이다.

가치는 ~이 아니다

가치는 자유롭게 선택하고, 계속 이어지며, 무언가를 향한 움직임인 동시에 제한이 없고, 감정이 아니며, 기분이 좋은 것과 무관하다.

가치는 제한이 없다. 살아온 이력이나 상황과 관계없이 모든 선택지에서 언제든지 고를 수 있다. 예를 들어 "예전에는 연애에 가치를 뒀지만 심하게 데인 이후로는 연애 따윈 아무래도 상관없어. 도저히 감당이 안 되거든"이라거나 "예전에는 승진에 가치를 뒀지만 어차피 그른 것 같으니 승진에 가치를 둬봐야 뭐 하겠어"라고 말하는 사람들이 있다. 특정한 시기에 특정한 영역에서 실행하는 행동에 우선순위를 두지 않겠다고 선택할 수는 있다. 하지만 가치란 아무런 제한 없이 완전히 자유롭게 선택한 삶을 살아갈 때 의미로 충만한 삶을 살아가도록 이끌어주는 특징을 말한다.

가치에는 제한이 없다는 말은, 가치에 관해서는 '~라는 이유로 그것을 고를 수는 없어'라는 규정이 없다는 뜻이다. 어떤 경우든 더 큰 의미나 활력을 가져오는 행동과 행동 자질을 전적으로 자기 의사로 선택할 수 있다. 물론 생각과 감정이라는 형태로 장벽이 생길 것이다. 우리가 이 세상에서 실제로 할 수 있는 일에 장벽이 있을 때도 있다. 하지만 가치

그 자체에는 제한이 없다. 이런 장벽을 극복하는 방법에 대해서는 이후에 자세히 다룰 것이다.

가치는 감정이 아니다. 우리는 자기가 느끼는 감정을 통제할 수 있다고 믿고 싶어 하지만 실제로는 전혀 그렇지 않다. 사실 어떤 감정을 억누르거나 키우려 할수록 정반대 결과를 얻는 경우가 흔하다. 이에 대해서는 9장에서 좀 더 자세히 다루겠지만, 가치는 우리가 선택할 수 있는 자질이어야 한다는 점에서 여기에서도 짚고 넘어가야 한다. 우리는 느낌을 선택할 수 없다. 따라서 감정 상태는 가치가 될 수 없다. 예를 들어 침착함에는 가치를 둘 수 없지만, 화가 났는데도 정중하게 행동하는 데는 가치를 부여할 수 있다.

가치는 기분 좋은 것과 무관하다. 사람들에게 심리적 유연성 구축에 관해 가르칠 때면 "멋지네요! 제 가치에 따라 살기만 하면 마침내 자기회의와 불안에서 벗어날 수 있다는 말이잖아요!"라는 반응을 보이곤 한다. 나쁜 소식을 알리게 되어 유감이지만 실상은 그렇지 않다. 왜 그럴까? 정말로 중요한 일을 추구할 때는 중대사가 걸려 있기 마련이니 불안해지기 쉽다. 새로운 일에 과감하게 도전하거나 자신의 창작물을 남들에게 소개할 때는 의심할 여지 없이 더 취약하다고 느낄 것이다. 결과에 신경이 쓰이므로 잘해내고 싶어 전전긍긍하게 된다. 이럴 때가 바로 가면 상태가 발생하는 상황이다.

하지만 그런 정서적 고통은 당신이 꼭 있어야 할 곳에 있다는 신호다. 사실 불편함에 주목할 때 자신에게 가장 중요한 것을 더 잘 이해할 수 있다. 또한 불편하다고 느낄 때도 자신에게 가장 중요한 것(당신의 '이유')을 활용해 나아갈 길을 찾을 수 있다. 편안함에는 비용이 따르고, 불편함은 선물을 준다. 고통과 유연하게 마주하는 법을 배우면 기회와 의미, 활기, 보람으로 가는 길을 추구하며 자유롭게 살 수 있다.

2장에서 만났던 재니나가 내 임상 상담 연구실에서 박사과정을 밟는 학생이었을 때 우리 그룹에서 나눴던 가치에 관한 토론을 들으며 감동한 적이 있다. 재니나는 담당 교수인 내가 불안 장애에 시달리는 사람들에게 과학적 근거를 바탕으로 치료를 제공하는 전문 외래 클리닉을 운영하고 있다는 사실을 알고 있었다. 교실 밖에서 이런 치료를 어떻게 제공하는지 배울 기회가 있다고 생각한 재니나는 내 클리닉에 일자리가 있는지 알아보려 했고, 그 생각이 떠오른 순간 재니나는 스스로 사기꾼 같다고 느꼈다고 했다.

그녀는 '교수님이 내게 일자리를 줄 리 없잖아. 난 하찮은 사람이야. 경험도 없고. 교수님은 천하의 질 스토다드인걸'이라고 생각했다(이 마지막 부분을 들었을 때는 '내'가 사기꾼처럼 느껴졌다). 내가 자기를 받아주지 않을 거라고 100퍼센트 확신했고, 극심한 신체적 공황과 자기회의를 경험했으며, 내가 그녀를 탐탁지 않게 여길지도 모른다고 걱정하면서도 일단 덤벼보기로 결심했다. 재니나는 수업 시간에 했던 토론을 떠올리며 '지원하지 않으면 시도조차 하지 않았다는 걸 후회할 거야'라고 되뇌었고, 불편을 회피하는 대신 자기 가치를 향해 나아가기로 결심했다.

2장에서 언급했듯이 재니나는 내가 운영하는 클리닉에서 일한다. 실은 얼마 전에 입사 10주년을 기념했다. 하지만 재니나가 처음 지원했던 날, 사실 나는 거절했다. 재니나가 생각한 최악의 두려움이 현실로 나타난 셈이다. 거부당하고 고통스러운 감정을 느끼기도 했지만 재니나는 의미 있는 기회를 추구하고자 용기를 낸 자신의 선택에 뿌듯함을 느꼈다.

재니나를 고용하지 않기로 하고 며칠 뒤, 나는 이 총명하고 열정적이고 용기 있는 야심가에게 자리를 만들어주지 않은 게 어리석은 짓임을 깨달았다. 나 역시도 내 가치를 따랐다. 결국 우리 두 사람은 모두 이겼다. 재니나에게 내가 채용하지 않았더라도 지원할 가치가 있었는지 물었을 때 그녀는 "100퍼센트요!"라고 대답했다. 가치를 선택할 때는 직감이든 본능이든 지혜든 지식이든 간에 느낌이 올 때가 많다. 원하는 결과가 나오지 않더라도 마음 깊은 곳에서 '그래, 이게 맞아. 나는 이런 일을 더 많이 해야 해'라는 느낌이 들곤 한다. 재니나와 나는 분명히 이런 경우였다.

묘비명을 써보자

묘비명 쓰기는 가치에 관한 생각을 시작할 때 내가 선호하는 방법이다. 소름 끼치게 들릴 수도 있겠지만 일단 동참해주기를 바란다. 그러면 삶을 좀 더 생생하게 즐길 수 있을 것이다. 묘비명이란 고인을 추모하는 마음으로 묘비나 기념비에 새기는 짧은 글을 말한다. 만약 당신이 자신의 묘비명을 쓴다면 스스로 선택한 삶의 방식에 관해 무슨 말을 하고 싶은가?

당신은 묘비명에 다음과 같은 말을 쓰고 싶은가?

"여기에 (당신의 이름)이 잠들다. 거부, 실패, 가면 상태를 피하느라 몸을 사리는 데 뛰어났다."

"여기에 (당신의 이름)이 잠들다. 비판이나 거부를 피하느라 모든 생각과 감정, 의견을 자기 안에 가두고 살았다."

"여기에 (당신의 이름)이 잠들다. 스스로 정당하다고 느끼고 싶어 일 이외의 삶을 잃는 대가로 집요하게 성과를 추구했다."

"여기에 (당신의 이름)이 잠들다. 사기꾼으로 밝혀질까 봐 두려워 도전을 피했다."

아니면 다음과 같은 묘비명을 원하는가?

"여기에 (당신의 이름)이 잠들다. 대담하게 살고 의미 있는 기회를 추구하고자 약점을 드러내고 거부와 실패라는 위험을 무릅쓰는 데 뛰어났다."

"여기에 (당신의 이름)이 잠들다. 진정한 자기 자신이 되기 위해 비판받을 위험을 무릅쓰고 생각과 감정, 아이디어를 솔직하게 표현했다."

"여기에 (당신의 이름)이 잠들다. 일 외에도 중요한 활동과 사람들을 위해 시간을 내어주면서도 자신을 빛낼 기회를 추구했다."

"여기에 (당신의 이름)이 잠들다. 두려움, 불확실성, 자기회의를 느끼면서도 도전을 받아들였다."

당신의 묘비명을 써보자:

여기에 _____이 잠들다.

그는 _____

최근에 내가 묘비명 연습을 시킨 내담자는 써야 할 말을 떠올리지 못했다. 대신 마음속에 미러볼을 떠올렸다. 나는 "당신에게 미러볼은 어떤 의미인가요?"라고 물었다. 그녀는 서로 조합했을 때 반짝반짝 빛나는 사소하고 불완전한 수많은 조각으로 이뤄진 물체를 설명했다. 그러면서 미러볼은 재미를 나타내고, 친근한 에너지를 뿜으며, 빛을 외부로 반사한다고 말했다.

이것이 곧 그녀가 되고 싶은 모습이었다. 그녀는 자신의 사소한 결점을 받아들이고 온전한 인간으로서 제공할 수 있는 것에 초점을 맞추고 싶었다. 또한 다른 사람들의 빛을 반사해 되돌려주는 사람이 되고 싶었다. 그러면서도 재미있고 친근한 존재가 되고 싶었다. 아주 다양한 가치다! 그러니 단어가 잘 떠오르지 않는다면 그녀가 미러볼을 떠올린 것처럼 상징적인 물체를 생각해봐도 좋다.

가치를 반영하는 슬로건을 써보자

죽음이 떠오르는 묘비명에 몰입이 안 된다면 대신에 가치를 반영하는 슬로건을 써보자. 슬로건은 브랜드의 가치와 사명을 나타내는 구호다. 유명한 슬로건을 몇 가지 소개한다.

디즈니랜드: 세상에서 제일 행복한 곳The happiest place on earth.

나이키: 그냥 해Just do it.

올스테이트: 안심하세요You're in good hands.

마스터카드: 돈으로 살 수 없는 것들이 있습니다. 그 외에는 마스터카드가 있습니다There are some things money can't buy. For everything else, there's Mastercard.

엠앤엠즈: 입에서는 녹고 손에서는 안 녹아요Melts in your mouth, not in your hands.

로레알: 당신은 소중하니까요Because you're worth it.

    가장 효과적인 슬로건은 기억에 잘 남고, 의미가 있으며(장점을 전달), 밝거나 긍정적이어야 한다. 그러니 비슷한 느낌으로 자신의 슬로건을 몇 개 만들어보자. 다음은 내가 담아내고자 하는 가치들을 보여주는 나의 슬로건이다.

질: 열심히 일해. 더 열심히 놀고.(근면, 쾌활, 재미, 재치)

질: 보는 대로 얻는다.(진정성)

질: 완벽하게 불완전한 나아가는 여성.(수용, 성장)

질: 살고, 웃고, 사랑하고, 굽히고, 쓰자.(존재감, 재치, 사랑, 심리적 유연성, 창의력)

이제 당신 차례다. 몇 가지 슬로건을 떠올리고, 그 슬로건이 표현하고 자 하는 자질을 적어두자. 당신에게 어울린다면 언제든 내 슬로건을 빌려도 좋다!

(당신의 이름): _____

(당신의 이름): _____

선택인가, 회피인가

우리는 보통 결정이라고 하면 어느 대학에 갈지, 취직 제의 를 받아들일지, 언제 관계를 끊을지 등 거창한 일을 떠올리 곤 한다. 확실히 이런 일들은 중요한 결정이다. 하지만 소소 한 순간에도 수많은 선택지가 있다. 일상생활 속 모든 순간 이 선택의 연속이다.

몇 시에 일어날지, 무엇을 입을지, 무엇을 먹을지, 언제 나 설지, 어디로 갈지, 무엇을 할지 선택한다. 운동을 할까, 다시 알람 버튼을 누를까? 달걀과 과일을 먹을까, 도넛을 먹을까? 고개를 들어 상대방을 보고 웃을까, 계속 휴대전화에 고개를 파묻고 있을까? 앞차에 바짝 붙어 거칠게 핸들을 잡고 왼쪽

차선에서 느리게 가는 운전자에게 욕을 퍼부을까, 앞차와 거리를 띄우고 화를 가라앉힐까?

이런 예들을 보면서 하나하나 '좋은' 선택과 '나쁜' 선택으로 나누어 해석한 사람도 있을 것이다. 침대에 계속 누워 있거나 도넛을 먹는 선택을 비판하지는 않았는지, 내가 비판한다고 비판하지는 않았는지 잘 생각해보자. 실제로 나는 아무런 딱지도 붙이지 않았다. 선택이란 옳고 그름도, 좋고 나쁨도 아니다. 그저 가치를 향해 나아가거나 불편함을 회피하는 목적에 충실할 뿐이다.

위에서 든 예들은 대부분 둘 중 어떤 것이든 선택할 수 있다. 운동은 가치를 바탕으로 하는 다양한 경우를 향해 나아가는 움직임일 수 있다. 건강에 관심을 가지거나 자녀에게 모범이 되고 싶거나 강아지 산책에 신경을 쓸 수도 있다. 하지만 다시 알람 버튼을 누르는 행동 역시 가치를 향해 나아가는 움직임일 수 있다. 사랑하는 사람을 돌보느라 늦은 시간까지 깨어 있던 터라 좀 더 자고 싶었다거나 몸이 아파 회복 중이라거나 따뜻한 담요 밑에서 고양이와 함께 뒹굴며 행복한 순간을 누리고 싶을 수도 있다.

운동이 회피가 될 수도 있다. 회사에 지각하더라도 견디기 힘든 불안을 운동으로 떨치고 싶다거나 (잘못된) 죄책감을 느끼고 싶지 않아 전날 섭취한 칼로리를 전부 태워버리려고 할 수도 있다.

고개를 들어 상대방을 보고 웃는 대신 휴대전화에 고개를 파묻고 있는 이유가 할머니와 영상통화를 하고 있기 때문일 수도 있다. 아이가 태어나기 전에 혹은 사랑하는 사람이 숨을 거두기 전에 병원에 도착하고 싶다면 '비켜주세요!'라는 메시지를 전달하는 비언어적 소통 방법으로 천천히 가는 앞 차에 바짝 붙는 선택을 할 수도 있다.

가치란 다양한 맥락을 바탕으로 어떤 의도로 결정을 내리느냐에 따라 달라진다. 다시 말해 지금 이 상황에서 의도에 따라 사려 깊고 제한이 없는 방식으로 무엇을 중시할지 선택하는 것에 좌우된다.

사실 우리는 그저 타성으로 다시 알람 버튼을 누르거나 도넛을 먹거나 난폭 운전을 할 때가 많다. 그런 순간에는 진짜 선택이라고 할 만한 행위는 일어나지 않는다. 앞에서 마음 챙김이 좀 더 의도에 따른 결정을 내릴 수 있는 여지를 만든다고 이야기했다. 심리적 유연성은 고통에서 벗어나거나 쓸모없고 성급한 생각에 반응해 타성에 젖어 행동하는 게 아니라 가치를 바탕으로 자신의 행동을 선택하겠다는 엄중한 약속이다.

맥락이 중요하다

그렇다면 오늘 당신이 다시 알람 버튼을 누르는 대신에 운동을 선택하면 그런 가치를 바탕으로 한 선택에 앞으로 영원히 얽매인다는 뜻일까? 물론 그렇지 않다. 맥락이 중요하다. 나는 그저 당신이 선택을 마주할 때마다 앞으로도 영원히 '이 행동의 목적이 무엇일까?'라고 끊임없이 자문하기를 바랄 뿐이다.

오늘은 건강을 위해 일어나 운동을 가지만 내일은 회복을 위해 다시 알람 버튼을 누를 수 있다. 다만 그 행동이 진짜 회피인 경우에 굳이 합리화하면서 이를 가치라고 부르지만 않으면 된다! 특정한 언어(합리화, 가정, 예측, 판단 등)는 심리적 경직성을 유발할 수 있다는 사실을 기억하자. 우리 선택은 솔직해야 하고, 이는 쉽지 않은 일이다. 눈을 똑바로 뜨고 선택을 마주하지 않을 때는 회피가 현명할 수도 있다.

내 친구이자 《치료에서의 가치 Values in Therapy》 공저자인 제나 르쥔 Jenna LeJeune에게 선택이 가치를 바탕으로 이뤄졌는지, 선택의 탈을 쓴 회피인지 알아보는 비결이 있는지 물은 적이 있다. 르쥔은 선택 뒤 자신이 느끼는 감정적 반응을 들여다보곤 한다고 말했다. '휴!' 하는 한숨과 함께 안도감을 느끼는 반응이 우세하다면 이는 회피성 선택이라는 신호일 때가 많다고 한다. 살아 있다고 느끼거나 생기, 의미, 자부심이 든다면 대개 가치를 바탕으로 이뤄진 선택이라는 신호다.

대인관계에서 감정을 조절하기 힘들다고 호소하는 내담자를 치료한 적이 있다. 그녀는 과거에 아버지에게 버림받은 적이 있었다. 재혼한 아버지는 그녀보다 재혼 가정을 끔찍이도 우선시하는 사람이었다. 그렇다 보니 당연하게도 그녀는 거부당했다고 느낄 때 무척 예민해졌다. 그녀는 상처받기 쉽고 상처받을까 봐 두려운 중에도 솔직하게 진심으로 마음껏 사랑한다고 느끼며 살아가고 싶었다. 더는 마음을 닫거나 자기 자신을 방어하느라 친밀한 감정을 잃고 싶지 않았다.

함께 치료하는 과정에서 그녀는 자기 가치를 바탕으로 새로운 남자친구와 가깝고 건전한 관계를 용감하게 키워나갔다. 관계가 완벽하지는 않았지만 두 사람은 효과적으로 소통하고 한 팀으로 갈등을 해소할 수 있었다. 그들은 서로에게 심리적으로 안전한 공간을 꾸렸다. 5년이 지난 지금도 두 사람은 여전히 굳건한 관계를 유지하고 있다.

그 내담자는 아버지가 재혼해 꾸린 가정 안에서 사랑이 넘치고 진솔한 관계를 맺고 싶었을 것이다. 하지만 그녀가 다가갈 때마다 상대들은 계속해서 그녀를 거부하거나 버렸다. 이런 맥락에서 내담자는 자신의 가치를 다시 생각해야 했다. 그녀는 안전, 자기 존중, 자기 관리를 우선시하기로 선택했다. 마음을 여는 대신에 경계를 선택했다는 뜻이다.

비슷한 가정환경에 처한 사람도 있을 것이고, 상사나 경영진이 나의 취약점을 무기로 활용하려는 상황에 처한 사람도 있을 것이다. 여성이라면 '히스테리를 부린다'라거나 '불안정하다'라는 딱지가 붙을 만한 상황에서 감정을 표현하는 게 위험할 수도 있다. 흑인이라면 '화난 흑인 남성/여성'이라는 딱지가 붙을 만한 상황에서 분노를 표현하는 게 위험할 수도 있다. 우리 가치가 '바뀌어야' 할 필요는 없지만 어떤 가치를 우선시할지 선택할 때는 맥락이 중요하다.

당신의 장례식

언젠가 죽을 운명임을 직시하면 시간은 그 누구에게도 보장되어 있지 않으며, 충실한 인생이란 의도에 따라 선택한 삶임을 뼈저리게 깨닫게 된다. 당신은 가치를 지침으로 최선을 다해 충실한 삶을 살았다. 당신의 장례식에서 사랑하는 사람들은 당신과 당신이 살아낸 삶에 대해 어떤 말을 할까?

이제 한 발짝 더 나아가 당신의 장례식이 오늘 치러졌다면 사랑하는 사람들이 어떤 말을 할지 생각해보자. 당신이 현재 가면 상태나 자기 회의에 대처하는 방식에 대해 그들은 무슨 말을 할까? 당신이 초조할 때나 불안할 때 하는 선택에 대해서는? 이는 위에서 상상했던 내용과 어떻게 다른가? 그 차이를 직면하기가 괴로울 수 있지만, 이 역시 새로운 선택을 시작하기 위한 출발점이 될 수도 있다.

_____

_____

《일하고, 양육하고, 성공하라Work, Parent, Thrive》의 저자이자 나의 또 다른 팟캐스트 공동 진행자이기도 한 야엘 숀브룬은 어린 세 아들에게 어떤 모범을 보이고 싶은지를 생각하며 가치를 선택한다.

그녀는 아들들에게 완벽하지는 않지만 열심히 노력하는 사람, 감정을 느끼고 이를 다스리는 사람, 일과 아이들에 대한 사랑 사이에서 균형을 잡는 사람, 도움이 되고 싶지만 때로는 머리도 식히고 싶은 사람으로 보이고 싶다고 말했다. 정말 간절하게 되고 싶은 '나'를 생각할 때 그 사람은 어떤 모습인가? 인생에서 가장 중요한 사람들이 당신에게서 무엇을 보기를 바라는가?

보여주고 싶은 내 모습

가장 사랑하는 사람(혹은 동물)의 눈을 들여다볼 때나 거울로 자기 자신의 눈을 들여다볼 때, 어떤 사람을 보고 싶은가? 비디오카메라로 당신의 일거수일투족을 녹화해 그 영상을 당신이나 당신을 우러러보는 사람에게 틀어준다면 어떤 선택을 보고 싶은가? 당신이 가장 절실하게 모범으로 삼고 싶고, 되고 싶은 '나'는 어떤 사람인가?

(   )라면 어떻게 할까

한 내담자가 가치를 바탕으로 한 선택을 자랑스럽게 여겼을 때 내 마음은 설렜다. 나는 "비결이 뭔가요? 어떻게 그런 선택을 할 수 있었나요?"라고 물었다. 그녀는 "간단해요. 선택할 때마다 그냥 'WWJD?'라고 생각했어요"라고 말했다. 머릿속이 정신없이 돌아갔다. '예수님이라면 어떻게 할지 What Would Jesus Do? 생각한다고? 세상에, 왜 신앙심이 깊은 사람인 걸 몰랐지? 난 진짜 최악의 치료사야. 신앙이 이렇게 중요한 사람인 걸 여태 몰랐다니 믿을 수가 없네.'

이런 생각을 하고 있는데 내담자가 나를 구해줬다. 그녀는 "질이라면 어떻게 할지What Would Jill Do? 생각했다고요"라고 말했다. 내담자는 어깨 위에 가상의 질을 태우고 다니면서 선택에 직면할 때마다 지금까지의 치료 시간을 떠올리며 내가 그녀에게 무엇을 권할지 생각했다고 설명했다. 이 방법이 너무 마음에 들었다. 내 자아가 너무 거대해 나 자신을 예수님과 동급이라고 생각해서가 아니라 그녀가 자신의 가치를 중심에 놓는 데 도움이 되는 전략을 생각해냈기 때문이다.

나 역시도 이 전략을 채택해 이후로 수많은 내담자와 워크숍 참가자들에게 가르쳤다. 나를 아는 사람이라면 누구나 알듯이 나는 오프라 윈프리Oprah Winfrey에게 푹 빠져 있다. 그래서 내 경우에는 WWJD가 아니라 WWOD, '오프라라면 어떻게 할까?'라고 생각한다. 내가 오프라 윈프리를 존경하는 이유는 빈곤과 학대, 인종차별, 성차별, 외모 비하를 이겨낸 동시에 자기다움을 잃지 않고 자신에게 중요한 일을 끊임없이 추구했기 때문이다.

개인적인 친분은 없지만 그녀는 자신의 재력과 권력을 세상에 긍정적인 영향을 미치는 데 사용하는 듯 보인다. 그래서 나는 힘겨운 선택에 직면할 때 'WWOD?'라고 생각한다. 당신에게 이런 인물은 누구일지 생각해보고, 그 사람의 머리

글자를 WW_D?에 넣어보자. 존경하는 사람을 선뜻 따라 하기 힘들다면 WW_S, 즉 '(그 사람)이라면 무슨 말Say을 할 지 생각해보는 것도 좋다. 때로는 존경하는 사람이 던진 격 려 한마디가 큰 도움이 되기도 한다.

WWOD와 WWOS는 모두 내가 진로 시 중요한 결정을 내리는 데 도움이 됐다. 2020년 연말 무렵 나는 테드엑스 강 연 기회를 잡았다. 내게는 꿈같은 일이었다. 하지만 팬데믹 기간 동안 체중이 많이 늘었고, 앞에서도 말했듯이 몸매는 언제나 내 콤플렉스였다. 나는 유튜브에서 박제될 내 모습이 두려웠다. '내 문제도 제대로 감당하지 못하는 주제에 무슨 자격으로 남들에게 조언을 하지?'라는 생각에 나 자신이 사 기꾼처럼 느껴졌다. 그 순간 나는 '오프라라면 어떻게 할까?' 라고 자문했다. 오프라라면 강연을 했을 것이다. 그녀는 체 중 감량 문제를 공공연하게 밝혔지만 그 문제가 그녀를 가로 막은 적은 없었다.

이어서 나는 '오프라라면 무슨 말을 할까?'라고 생각했다. 상상 속에서 오프라는 "질, 몸은 당신을 이루는 극히 일부일 뿐이에요. 당신에게는 널리 알려야 할 사명과 메시지가 있습 니다. 그 메시지로 도울 수 있는 사람이 한 명뿐이더라도 그 자리에 나가 강연을 해야 해요. 몸매는 상관없어요"라고 말했다. 그래서 나는 그 강연을 했다. 솔직히 털어놓자면 그 영상을 보는 것은 고역이다. 하지만 그 강연을 한 것은 단 한 순간도 후회하지 않는다. 평생 내 몸에 대해 느낀 감정이 아니라 내 가치에 근거해 그 선택을 한 게 정말 자랑스럽다.

당신의 멘토라면 어떤 행동과 말을 할까?

당신의 멘토는 누구인가? 아는 사람(친척, 선생님, 코치, 친구)이나 안다고 느끼는 사람(유명인, 가공인물)을 선택하자. 스스로 사기꾼 같다고 느낄 때나 그밖에 다른 자기 패배적인 생각이 들 때, 당신 앞을 가로막을 듯한 힘겨운 감정을 느낄 때, 그 사람은 당신의 가치를 반영하는 어떤 행동이나 말을 할까?

이름: _____

행동/메시지: _____

이름: _____

행동/메시지: _____

이름: _____

행동/메시지: _____

가치는 매 순간 소중히 여기기로 선택하는 자질이다. 의미 있는 인생을 살아가는 삶의 방식이다. 가치는 행동이자 행동의 자질이다. 따라서 가치는 결과가 아니라 선택, 그리고 과정과 관련이 있다. 사실 결과를 가볍게 받아들이는 법을 배우는 것은 심리적 유연성이라는 퍼즐을 완성하는 중요한 조각이다.

요약
알아둘 사항

⊘ 가치는 영역, 목표/행동, 자질이라는 3단계로 나눌 수 있다.

⊘ 가치는 개인적이고 자유롭게 선택할 수 있으며 계속 이어지고
무언가를 향해 나아가는 움직임이다.

⊘ 가치는 제한이 없고, 기분이 좋아지는 것과 무관하다.

⊘ 우선으로 선택하는 가치는 맥락에 따라 달라질 수 있다.

⊘ 의도에 따른 신중한 선택이 관건이다.

과제
해야 할 일

⊘ 영역, 행동, 자질로 이뤄진 가치의 3단계 원뿔을 완성하자.

⊘ 가치를 바탕으로 묘비명과 슬로건을 써보자.

⊘ 자신의 장례식을 상상해보자. 사랑하는 사람들이 당신이 선택
한 삶의 방식에 대해 무슨 말을 해주기를 바라는가?

⊘ 진심으로 보여주고 싶고 되고 싶은 내 모습을 생각해보자.

⊘ 존경하는 멘토를 선택해 그 사람이 당신과 비슷한 선택에 직면
했을 때 어떤 행동이나 말을 할지 생각해보자(WW_D, WW_S).

06

결과는 전체 중 일부에 불과하다

정상이 동기를 부여하는 것은 사실이지만, 핵심은 등반 그 자체다.
— 콘래드 앵커(산악인, 작가)

포기하지 않을 이유

마셜 매더스^{Marshall Mathers}는 어렸을 적 스토리텔링에 매료된 만화가 지망생이었다. 편모 가정에서 가난하게 자란 매더스는 고등학교를 중퇴하고 생활비를 벌고자 여러 일자리를 전전했다. 삼촌에게 영화 〈브레이크댄스^{Breakin'}〉의 사운드트랙을 선물로 받은 매더스는 새로운 형식의 스토리텔링을 발견했다. 바로 랩 음악이었다. 그는 얼마 되지 않는 자유 시간을 쪼개 프리스타일 랩 대결과 오픈 마이크^{openmic}(클럽에서 누구나 공연할 수 있는 라이브 무대 형식—옮긴이) 경쟁을 벌였다.

머지않아 에미넴^{Eminem}이라는 아티스트가 탄생했다. 랩을 시작한 지 9년 만인 스물다섯 살에 에미넴은 랩 올림픽에서 2위를 차지했다. 2022년 11월 5일, 에미넴은 로큰롤 명예의 전당에 이름을 올렸다. 닥터 드레는 에미넴을 소개하면서 "디트로이트에서 온 이 겸손한 파란 눈의 백인 남자는 한때 계속 퇴짜를 맞던 사람이었습니다. 하지만 이제는 우리가 편견에 맞설 수밖에 없도록 이끌고 힙합이라는 장르는 물론, 우리 모두를 성장시키면서 우리가 힙합에 대해 알고 있다고 생각한 모든 것을 바꿔놓았습니다"라고 말했다.

어쩌면 에미넴은 별난 사례처럼 보일 수도 있다. 그는 확실히 엄청난 논란을 불러일으켰다. 하지만 자기가 설 자리가 없다고 느꼈을 법한(그런 발언을 대놓고 듣기도 했던) 공간에서 실패를 견디고 목표를 달성한 인물을 아주 잘 보여주는 예이기도 하다. 나는 에미넴이 그런 이유로 가면 현상을 느꼈을 것으로 추측한다(로큰롤 명예의 전당 헌액 기념행사에서 에미넴은 "어쩌다가 오늘 밤 제가 이곳에 있게 되었는지는 잘 모르겠지만"이라는 소감을 밝히기도 했다). 한때 궁핍하고 무명이었던 그는 단

숨에 부와 명성을 거머쥐었다. 하지만 그는 10년 가까운 시간 동안 고군분투했다.

오랫동안 실패를 거듭하며 "여기는 네가 있을 곳이 아니야"라는 소리를 들으면서도 계속 나아간 사람과 그만둔 사람의 차이는 무엇일까? 개인적으로 에미넴을 알지는 못하지만 그에게는 그렇게 견디는 시간 동안 목표 달성을 넘어선 명확한 '이유'가 있었을 거라고 장담한다. 그는 공연을 즐기고, 전하고 싶은 메시지가 있는 아티스트이자 창작자다. 만약 마셜 매더스가 그래미상, 에미상, 오스카상까지 거머쥔 에미넴이 되지 못했더라도 여전히 각운에 맞춰 가사를 쓰고 랩 대결에 나갔을 것이다. 그는 여전히 성공하고 싶어 했을까? 음반 판매와 동료들의 존경을 얻는 목표를 고수했을까? 틀림없이 그랬을 것이다. '동시에' 그런 결과를 내지 못했더라도 계속 나아갔을 것이다.

가치를 위한 선택의 재구성

마셜 매더스가 유명한 에미넴이 되지 못했더라도 우리는 여전히 그를 성공했다고 여길까? 많은 문화권에서는 오로지 목표 달성이라는 기준으로 성공을 규정한다. 성공했다고 여기는 사람을 몇 명 떠올려보자. 당신이 보기에 그들이 어떤 점 때문에 성공했다고 여기는지 생각해보자. 아마도 구체적이고 원대한 목표를 달성한 사람들일 것이다. 하지만 성공을 바라보는 이런 관점에는 어두운 이면이 있다. 특정한 목표를 달성하지 못하면 실패자가 되고 만다.

과감하게 소신을 밝히자면 이런 관점은 완전히 잘못이라고 생각한다. 목표란 대개 우리가 통제할 수 없는 결과물이기 때문이다.

이 책을 내놓으면서 생각하는 가장 큰 목표라면 〈뉴욕타임스〉 베스트셀러 목록에 오르는 것이다. 그렇다고 해서 이 책이 그 목록에 오르지 못하면 내가 실패한 것일까? 내가 모든 것을 완벽하게 해내고 최선을 다해 훌륭한 책을 쓰더라도 〈뉴욕타임스〉 베스트셀러 목록에 오르지 못할 가능성이 있을까? 물론이다. 그 명예로운 목록에 오르는 책은 1년에 500권도 되지 않는다. 이는 출판 서적 전체 중 1퍼센트에도 채 미치지 못하는 수치다.

그렇다면 나머지 99.5퍼센트와 그 책을 쓴 저자들은 전부 쓰레기라는 뜻일까? 그런 책을 쓴 저자는 진짜 작가가 아니라는 뜻일까? 당연히 그렇지 않다. 내 책이 〈뉴욕타임스〉 베스트셀러가 될 가능성을 높이기 위해 할 수 있는 선택이나 절차, 행동은 많지만 그런 일의 실현 가능성은 사실 내 의지에 달린 게 아니다.

> 목표 달성에 치중한 나머지 이를 성공을 판가름하는
> 유일한 기준으로 삼는 관점은 아주 심각한 문제다.

스스로 생각해보자. 사생활에서든, 업무상으로든 목표를 두세 가지 세워보라고 한다면 당신은 어떤 목표를 떠올리겠는가?

1. _____

2. _____

3. _____

과연 그 목표들을 완수할 통제권이 100퍼센트 당신에게 있을까? 결과가 오로지 당사자에게 달려 있지 않은 중대한 목표로는 다음과 같은 예를 들 수 있다.

1. 승진이나 취직

2. 팔로워 1만 명, 좋아요 1,000개, 다운로드 100만 회, 구독자 5,000명 획득

3. 에이전트 고용, 서적 출판, 집필 맡기

4. 반려자나 배우자 찾기

5. 100만 달러(약 13억 2,000만 원) 벌기

6. 완벽한 집을 찾아 구입

7. 고위 공직자, 조직 이사 혹은 임원으로 취임

8. 전 과목에서 A학점 취득

9. 특정한 여학생 클럽, 남학생 클럽, 대학교, 대학원에 입회 혹은 입학

10. 노벨상, 퓰리처상 등 저명한 상 수상

이런 목표를 이룰 '가능성'을 높이기 위해 실행할 수 있는 조치는 많겠지만, 이런 결과가 실제로 실현될 가능성은 수많은 외부 요인이 결정한다. 소셜 미디어 알고리즘이 유리하게 작동하지 않을 수 있다. 당신이 자신의 정치적 입장과 반대 성향에 가까운 지역에 거주 중일 수도 있다. 경쟁 관계에 있는 사람들이 가진 자원이 당신에게는 없을 수도 있다. 잠재적인 외부 장애물은 수없이 많다.

이런 장애물들을 맞닥뜨린 상황에서 공직자 혹은 기업 임원 선거에 출마했다가 졌다면 그것으로 끝장일까? 아니면 에미넴처럼 계속 나아갈 것인가? 만약 당신이 세운 목표가 구체적인 '결과'가 아니라 당신에게 중요한 영역에 속한 '행동'과 '행동의 자질'을 가리킨다면 어떨까? 들어본 말 같은가? 결과와 달리 '행동과 행동의 자질'에는 우리가 영향을 미칠 수 있다. 앞에서 열거한 열 가지 목표 중 하나를 선택해 가치의 원뿔을 만들어볼 수 있다. 다음은 7번 목표인 '고위 공직자, 조직 이사 혹은 임원으로 취임'이라는 목표를 대체하는 원뿔이다.

이 예시에서 출마자는 설사 선거에서 지더라도 계속해서 공동체에 공헌하는 방식의 자선 활동으로 중요한 영역에서 가치 있는 행동과 행동 자질을 선택할 수 있다. 우리는 행동과 자질을 통제할 수 있지만, 결과는 통제할 수 없다. 결과를 통제할 수 없는 목표를 떠올려보고, 이를 가치 원뿔에 맞춰 재구성해보자.

> 우리는 성공을 결과 지향적 목표를 달성하는 행위가 아니라 결과와 관계없이 가치 있는 행동을 지속적으로 선택하는 행위로 다시 규정해야 한다.

일자리, 승진, 팔로워, 에이전트, 돈, 성적 등을 얻지 못하더라도 이유가 확실하다면 계속 나아가며 최선을 다하는 쪽을 선택할 수 있다. 그렇다고 해서 실망, 낙담, 허탈 등 온갖 슬픈 감정을 '느끼지' 않으리라는 뜻은 아니다. 하지만 '이유'를 끊임없이 생각하면서 자신이 되고 싶은 사람의 모습(실패를 극복하고 계속 나아가며, 용기와 의지를 선택하고, 평생 배우고 기량을 키우는 모습)을 보이기로 선택한다면 더 큰 삶의 의미와 활력을 얻을 수 있다. 또한 원하는 결과를 얻을 가능성도 높다. 꿈을 이룰 수 없는 확실한 방법은 꿈을 포기하는 것이다.

결심이 두려움을 줄인다

제임스 클리어James Clear는 베스트셀러 《아주 작은 습관의 힘》에서 결과, 과정(우리가 실행하는 행동), 정체성이 어떻게 다른지 설명한다. 그는 결과를 바탕으로 하는 습관이 아니라 정체성을 바탕으로 하는 습관을 키우라고 권장한다. 이는 무엇을 달성하고 싶은지가 아니라 어떤 사람이 되고 싶은지에 초점을 맞추라는 뜻이다(많이 들어본 말 같은가?).

예를 들어 '술을 줄이려는 중'이라면 술을 거절하는 대신 '술꾼이 아니'라는 이유로 술을 거절하라는 말이다. 클리어는 "내재적 동기의 궁극적인 형태는 습관이 정체성의 일부가 될 때다. 자기 정체성의 특정한 측면에 자부심을 가질수록 그 정체성과 관련된 습관을 유지하려는 의욕이 커진다"라고 설명한다. 에미넴은 래퍼다. 나는 작가다. 당신은 누구인가?

나는 베스트셀러 《페어플레이 프로젝트》와 《유니콘 공간 찾기Find Your Unicorn Space》의 저자 이브 로드스키Eve Rodsky와 이야기를 나눴다. 로드스키는 불확실성과 가면 상태에 직면했을 때 앞으로 나아가기 위해 찾은 최선의 방법은 "결심하면 두려움이 줄어든다"라는 로자 파크스^{Rosa Parks}의 말을 떠올리는 거라고 했다. 로드스키는 준비, 과학, 데이터, 자신의 개인적 경험을 바탕으로 결심한다. 그녀는 오로지 바람직한 결과에만 초점을 맞추기보다는 결심할 때 "그 일을 하기가 쉬워지고 모두가 부정하더라도 그 일에 가치가 있다는 것을 알 수 있다"라고 말했다. 또한 "거부당하는 두려움을 타파"하는 데도 도움이 된다고 한다.

목표 달성이 역효과를 낳을 때

결과 지향적 목표를 달성하지 못했을 때 앞으로 더 나아가기 힘든 것과 마찬가지로, 정한 목표를 달성했을 때도 같은 현상이 일어날 수 있다. 실제로 취직이나 선거에서 승리했을 때 어떤 일이 일어날지 생각해보자. 해야 할 일 목록에서 달성한 목표를 지웠을 때 다 끝났다는 느낌을 받지 않으려면 계속해서 이유(정체성이나 결심)를 명확히 하는 게 중요하다. 아옐릿 피시배크^{Ayelet Fishbach}는 《반드시 끝내는 힘》에서 목표를 이룬 사람들이 새로운 목표가 시야에 들어올 때까지 소극적으로 행동한다는 연구 결과를 소개한다.

예를 들어 42.195킬로미터를 완주하겠다는 목표를 세운 사람은 1년 뒤 그 대회가 닥칠 때까지 달리기 연습에 긴장을 풀게 된다. 달리기를 하는 이유가 그저 결과 지향적 목표를 어쩌다 한 번씩 완수하는 게 아니라 건강, 도전, 존재감, 인내, 기량 등 자신에게 아주 중요한 가치와 관련이 있다면 이는 역효과를 낳을 만한 상황이다.

몇 년 전에 나는 처음으로 5킬로미터를 달리겠다는 목표를 세웠다. 나는 초심자용 훈련 프로그램을 마치고 어머니날에 경주에 나갔다. 목표를 정하자 훈련하겠다는 의욕이 생겼지만, 그 5킬로미터 달리기는 처음이자 마지막이 됐다. 목표와 가치를 연결하지 못했기 때문이다. 아이들에게 건강한 생활 방식을 모범으로 보여주는 것(나의 가치)이 얼마나 중요한지 깨닫고 나서야 운동을 꾸준히 하게 됐다. 최근에 새로 만난 의사가 나를 가리켜 '체육인' 같다고 말하는 바람에 웃음을 터트렸다. 아직은 그 정체성을 받아들이지 못했다. '나는 작가'라는 정체성을 갖기까지 12년이 걸렸다. 하지만 결과를 바탕으로 정해진 목표보다 더 오래가는 습관을 기르기 위해 '나는 체육인'이라는 정체성을 시험해보는 중이다.

목표 달성이 가면 현상을 유발한다면 어떻게 될까? '이런 세상에, 내가 취직을 하다니 믿을 수가 없네'로 시작해서 '내가 누구지? 난 하찮은 인간이야, 사기꾼 같아'로 이어지는 스토리에 겁먹은 나머지 포기하거나 자기 자신을 증명하고자 과도한 성취에 집착하다가 기진맥진해진다. 결과를 좀 더 가볍게 여기고 이유를 가까이한다면 자신이 가장 되고 싶은 '나'를 대변하는 행동과 행동 자질을 계속 선택할 수 있다.

결과를 가볍게 여기자

지금 당장 펜이나 립밤 튜브 등 손에 쥘 수 있는 물건을 찾아보자. 그런 다음 당신이 이루려고 노력해온 결과로서의 목표를 생각해보자. 이 목표를 달성하고자 그동안 기울였던 모든 에너지, 주의, 노력을 떠올려보자. 이제 목표를 이루기 위해 기울였던 그 모든 노력만큼 강하게 그 물체를 꽉 쥐고 그 느낌에 주목하자. 0부터 10까지를 기준으로 할 때 그렇게 쥐는 힘의 강도는 몇 정도인가?

이제 악력을 처음의 반 정도로 낮추고(처음에 8의 힘으로 쥐었다면 4의 힘으로 쥔다) 그 느낌을 관찰하자. 이제 그 물체를 떨어뜨리지 않는 한도 내에서 최대한 가볍게 쥔 다음 그 느낌에 주목하자. 변하지 않은 사실은 무엇인가? 여전히 그 물체를 쥐고 있다는 점이다. 결과를 좀 더 가볍게 여기면서 자신이 가치를 부여하는 자질을 중심으로 목표 달성 가능성을 높이는 행동을 계속하려면 어떻게 해야 할까?

가능성의 지점

대학원에 다닐 때 연수를 받던 불안 클리닉 관리자가 내게 너무 크게 웃는다고 꾸짖은 적이 있다. 나는 사무실에 있던 터라 내담자들에게 내 웃음소리가 들릴 리 없었지만, 그래도 관리자가 조용히 하라고 하니 그렇게 했다. 며칠 뒤, 같은 관리자가 내게 너무 웃지 않는다고 책망했다. 나는 사과한 뒤 너무 크게 웃진 아니하되 좀 더 미소를 띠려 노력했다.

나는 잘 어울리고 싶었고, 무난한 사람으로 보이고 싶었다. 나 자신이 사기꾼처럼 느껴져 두려웠던 나는 그 사실을 들키지 않으려고 더욱 애썼다. 내가 연수받을 당시의 분위기는 아프다고 병가를 내도 문제가 되고, 아픈 채로 출근해도 문제가 됐다. 이러지도 저러지도 못하는 처지 같았다. 심지어 '차에 치여 영구적 손상을 입을 정도는 아니지만 입원할 정도로 부상당하면 큰 문제 없이 쉴 수 있을지도 몰라'라고 생각했을 정도였다.

분명히 힘겨운 상황이었지만 지금 생각해보면 좋은 점도 있었다. 그런 상황에서 일하다 보니 결과를 통제할 수 없듯이 타인의 생각이나 감정, 기대, 행동도 통제할 수 없다는 사실을 깨달았다. 우리가 통제할 수 있는 대상은 매 순간 자기의 몸을 어떻게 움직이고 목소리를 어떻게 사용할지 선택하는 것뿐이다. 그리고 매 순간이 가능성의 지점point of possibility, POP이다. 편안함 대신 가치를 선택한다면 무엇이 가능할까? 인생이 어떻게 활기를 띨까?

소리 내어 웃는 대신 미소를 짓기 시작했을 때 이는 내 선택이 아니었다. 단지 관리자가 바라는 사람이 됐다. 그저 결과를 통제하려고, 즉 관리자의 마음에 들어 인정받으려고 했을 뿐이다. 이는 새로운 가능성이 없는 케케묵은 패턴이었다. 오늘 재도전할 기회가 생긴다면 내 가치를 중요시했을 때 무엇이 가능할지 생각해볼 것이다. 만약 '지금 가능성이 있는 이 지점(POP)에서 가장 간절하게 되고 싶은 나는 누구일까? 이 맥락에서 내 삶이 활기를 띠도록 무엇을 중시하는 선택을 할까?'라고 자문한다면 그 대답의 중심에는 진정성이 있을 것이다.

기쁘거나 즐거울 때, 또는 다른 사람과 친해지고 싶을 때 미소를 지을 것이다. 슬프거나 두렵거나 내가 생각하기에 미소가 어울리지 않는 감정을 느낄 때는 억지로 미소 짓지 않을 것이다. 재미있을 때는 소리 내어 웃을 것이다.

나는 내가 하고 싶은 말을 했을까? 지금은 그렇게 했다고 생각하고 싶지만, 내 가치를 고려했다 하더라도 당시에는 아마 그러지 못했을 것이다. 확실히 권력에 차이가 있는 상황이었고, 역사적으로 볼 때 자신을 평가하는 사람에게 맞서서 좋은 결과를 얻기는 힘들다. 하지만 두려움 때문에 타성에 젖어 입을 다물지는 않을 것이다. 안전과 자기 보존이라는 가치를 구현하는 방식으로 자신의 의견을 마음에 담아두는 쪽을 '선택'할 것이다.

시간이 흘러도 가치는 좀처럼 크게 바뀌지 않는다. 하지만 5장에서 언급했듯이 맥락이 중요하다. 어떤 환경이나 대인관계 상황에서 드러내기로 한 자질들은 다른 상황에서 선택한 자질과 다를 수 있다.

대인관계에서는 대체로 진심을 드러내지만, 상대방이 당신의 취약점을 여러 번 반복해 무기로 사용한 관계에서라면 철저하게 선을 긋게 될 것이다. 관건은 특정한 가치들을 융통성 없고 규칙에 좌우되는 방식으로 적용하는 대신에 사려 깊고 신중하게 선택하는 것이다.

가치 전문가와 상담하기

가치를 발견하는 과정은 지속적인 탐색이자 발견이다. 이 시점에서 당신은 결과를 가볍게 여기면서도 특정한 행동과 자질, 맥락과 관련해 세상을 헤쳐 나가면서 자기 자신을 어떻게 드러내고 싶은지 좀 더 명확하게 파악했을 수도 있다. 또한 자신의 가치를 어떻게 실천하면 좋을지 다소 혼란스러울 수도 있다.

지금까지 우리가 해온 읽기와 쓰기는 훌륭한 시작점이다. 하지만 가치 있는 삶을 살아가려면 실행에 옮겨야 한다. 어떻게 하는 게 사랑, 존재감, 진정성, 용기 같은 가치를 '실행'에 옮기는 일인지 잘 모르겠다면, 치아가 아플 때 치과의사를 만나거나 세금 문제로 회계사를 찾아갈 때처럼 전문가와 상담할 수 있다.

먼저 최우선으로 실행에 옮기고 싶은 가치를 선택하자. 그다음에는 지인 중 그 가치를 아주 훌륭하게 실천하고 있는 사람을 떠올려보자. 그런 사람에게 인터뷰를 요청하자. 이와 관련해 가장 궁금한 점은 무엇인가? 이 가치가 어떤 모습 혹은 어떤 행동으로 실현될지 탐색하는 데 도움이 될 법한 질문들을 준비해 스스로 실행 가능한 행동과 관련된 아이디어를 찾아보자.

용기라는 가치를 예로 들어보자. 용기의 가치를 잘 실천하고 있는 사람에게 "당신의 도전 자세를 정말로 존경합니다. 당신은 자유롭게 의견을 나누고 대담하게 경력을 쌓아가죠.

용기를 보여주는 귀감 그 자체예요. 용기는 제가 무척 소중히 여기는 가치이고, 저는 좀 더 용기 있게 살아가고 싶어요. 지금까지 당신이 어떻게 그토록 용기 있게 살아올 수 있었는지 몇 가지 질문을 드려도 될까요?"라는 말로 접근하면 좋을 것이다. 다음은 관련 질문의 예시다.

1. 당신에게 용감한 삶이란 어떤 의미인가?

2. 용기를 어떻게 실천해왔는가?

3. 늘 용감하게 살아왔는가? 혹시 그렇지 않다면 어떤 계기로 이 가치를 중시하게 되었으며, 어떻게 그런 변화를 이룰 수 있었는가?

4. 용감하게 살기 시작한 이후로 당신은 자기 자신, 인간관계, 경력에 관해 무엇을 알아차렸는가? 당신에게 변화가 일어났는가?

5. 용기 있는 삶이 다른 사람들에게 어떤 영향을 미친다고 생각하는가?

6. 용감하게 행동하는 선택을 방해하는 요인은 무엇인가? 막혔을 때는 무엇이 도움이 되는가?

격식을 차린 인터뷰가 어색하다면 커피를 마시거나 점심

식사를 하면서 나누는 허물없는 대화로도 유사한 정보를 얻을 수 있다. 인터뷰나 대화를 마치고 나면 시간을 들여 배운 점을 돌이켜보도록 하자. 그 사람을 선택한 이유와 인터뷰나 대화를 하면서 느낀 감정을 곰곰이 생각해보자. 선택한 가치를 실천하는 데 도움이 될 만한 무엇을 배웠는가? 방해물이 생길 수도 있다는 사실을 알지만 당신이 고른 사람의 지혜와 경험이 앞으로 나아가도록 용기를 북돋아줬는가? 이 가치를 구현하는 데 전념하기로 했을 때 삶이 어떻게 달라질지 생각해보자.

일시 정지, 선택, 지속 또는 선회

매 순간은 POP, 즉 할 말이나 행동 방식을 결정할 때 결과를 내려놓고(또는 적어도 좀 더 가볍게 여기고) 가치를 중요하게 여길 기회다. POP는 다시 4P로 나눌 수 있다.

첫 번째 P는 '일시 정지Pause'다. 잠시 숨을 돌리고 자신이 POP에 있음을 인식하자! 스스로에게 '이 순간 무엇에 도움이 되고 싶은가? 가치를 향해 나아가고 싶은가, 아니면 불편함을 회피하고 싶은가?'라고 물어보자. 대체로 편안함을 추구하는 선택은 가치에서 벗어나는 선택이 되고 만다(항상 그렇지는 않다).

두 번째 P는 '선택Pick'이다. 이제 골라보자. 이 맥락에서 실천하고 싶은 가치는 무엇인가? 이 순간에 당신이 되고 싶은 '나'는 누구인가?

세 번째와 네 번째 P는 '지속Persist' 또는 '선회Pivot'다. 선택한 가치를 바탕으로 현재 행동을 지속하고 싶은가, 아니면 좀 더 가치에 적합한 새로운 행동이나 행동의 자질로 선회하고 싶은가?

우리가 가진 것은 지금 이 순간뿐이다. 과거는 지나갔고, 미래는 아직 오지 않았다. 이번 장을 읽는 동안에도 당신이 되고 싶은 '나'를 선택해야 하는 순간을 몇 차례 마주쳤다. 당신은 그런 연습을 대충 훑고 지나가거나 건너뛰었는가? 아니면 온전히 주의와 노력을 기울였는가? 옳고 그름은 없다. 다만 가치를 바탕으로 매 순간에 정지하고, 선택하고, 지속 또는 선회할 뿐이다.

'순간moment'이라는 단어에 주목하자. 순간을 뜻하는 단어 'moment'의 정중앙에는 '나me'라는 어휘가 들어 있다. 이 순간의 한가운데에 '나'가 있다. 현재의 순간(POP)에 있을 때 이 단어를 떠올리면서 지금 이 순간에 내가 가장 되고 싶은 '나'는 누구인지 자문해보자.

MO'ME'NT, 순간에 '나' 있다

달성하고자 하는 미래 지향적 목표를 갖는 것은 전혀 문제가
되지 않는다. 그런 목표를 완전히 버리라는 말이 아니다. 다
만 미래 지향적 목표가 가치와 이어져 있어야 한다는 뜻이
다. 그 목표를 추구하는 동안 결과를 가볍게 여기고 자신이
되고 싶은 '나'를 중심으로 행동과 행동의 자질을 선택하면
서 의도에 따라 매 순간에 집중해야 한다.

가치는 어떤 활동을 추구하는 그 자체가 목적이라고 느
끼는 내적 동기를 자아낸다. 즉, 해야 하는 일이 아니라 하고
싶은 일이라고 느끼게 된다. 목표를 달성하고자 하는 행동이
내적 동기에서 비롯되는 경우 그 행동을 지속할 가능성이 높
아진다(설령 원하는 결과를 얻지 못하더라도). 쉽지 않은 일이다.
중요한 일을 선택할 때면 스스로 좀 더 취약하다고 느끼고,
더 큰 위험이 따르기 마련이다. 안전지대를 갈망하는 마음은
방해가 될 수 있다. 우리 내면의 가혹한 비평가의 말에 귀를
기울이는 것도 마찬가지다.

알아둘 사항

⊘ 목표 달성을 성공의 유일한 기준으로 삼으면 문제가 발생하기 쉽고, 목표가 결과인 경우라면 특히 더 그렇다.

⊘ 결과는 대개 우리가 통제할 수 없다.

⊘ 행동(몸과 목소리를 사용하는 방법)은 우리가 통제할 수 있다.

⊘ 성공은 결과와 관계없이 가치 있는 행동을 계속해서 선택하는 행위로 다시 규정할 수 있다.

⊘ 매 순간은 가능성의 지점(POP)이다. 일시 정지, 선택, 지속 또는 선회라는 4P를 활용해 어떻게 나아갈 것인지 결정하자.

과제
해야 할 일

⊘ 가치 원뿔을 활용해 결과 지향적 목표를 다시 설정하자.

⊘ 당신이 구현하고자 하는 가치를 온전하게 실천한 사람을 인터뷰하자.

⊘ POP에 닥쳤을 때 4P를 활용해 가치를 중시하자.

⊘ 매 순간 자신이 되고 싶은 '나'를 선택하자.

07

가혹한 내면의 비평가와의 소통법

"대체 누가 내가 나오는 영화를 또 보고 싶어 하겠어요?
게다가 나는 연기하는 법도 모르는데 왜 이 일을 하고 있을까요?"
― 메릴 스트립(역대 최다 오스카상 후보에 오른 배우)

내면의 비평가 직면하기

우리 마음은 비평의 달인이다. 신랄한 영화 비평가들도 가끔
씩은 강력하게 추천하는 영화가 있기 마련인데, 우리 내면의
비평가는 부적 편향에 빠지기 쉬워서 어떤 상황에서든 지독
할 만큼 자주 혹평을 내놓을 이유를 찾곤 한다. 쓸데없이 잔
인하게 보이지만 내면의 비평가는 원래 유용한 존재다. 함께

사냥하고 채집하고 이동하던 초기 인류는 생존하는 데 유리했다. 인간에게는 몸을 보호할 비늘도 발톱도 없었다. 다만 서로에게 서로가 있었다.

같은 집단에 속한 사람들 사이에서 지위를 유지하는 것은 생사가 갈리는 문제였다. '내가 기대에 미치나? 내가 가치를 제공하고 있나?', '나는 불충분해. 여기는 내가 있을 곳이 아니야'라고 말하는 내면의 목소리는 긴장을 늦추지 않도록 다그치고, 현실에 안주해 공동체 안에서 설 자리를 잃는 일이 없도록 생겨난 장치다. 이런 내면의 비평가는 인류가 진화하는 내내 물려받은 보편적인 인간 경험이다.

잠시 멈추고 당신을 괴롭히는 고통스러운 생각을 하나 떠올려보자. 오랫동안 마음속을 맴돌았고 익숙하며 설득력 있고 진실로 느껴지는 생각 말이다. 장담컨대 그런 생각이 떠오르지 않아 당황한 나머지 머리를 긁적이지는 않을 것이다. 오히려 '음, 뭘 고르지? 너무 많은데!'라고 생각할 가능성이 높다. 수많은 치료와 직업 훈련 프로그램에서 이 질문을 던졌지만, 지금껏 비평하는 내면의 목소리가 없는 사람은 만난 적이 없다. 그 목소리는 우리를 저지하려는 듯 느껴질 수 있고, 어쩌면 당신 내면의 목소리도 방금 그랬을 것이다. 하지만 정반대 역시 사실일 수도 있다. 우리 내면의 비평가들은 우리를 방어하거나 어떤 식으로든 도우려 하는 중일지도 모른다.

만약 당신이 내면의 비평가에게 말을 걸어 "대체 내게 뭘 원해? 그런 비평과 비난을 그만두면 무슨 일이 일어날까 봐 그렇게 두려워하는 거지?"라고 묻는다면 어떻게 될까? 그 목소리는 어떻게 대답할까? 다음은 내면의 비평가가 할 법한 말과 어떻게 도우려는 것인지를 보여주는 예시다. 마지막 줄의 빈칸은 직접 채워보자.

넌 부족해.	나는 네가 더 나아지도록 돕고 실패하지 않도록 방어하려고 애쓰고 있어.
넌 몸매가 엉망이야.	나는 네가 건강을 유지하고, 병에 걸리거나 일찍 사망하거나 손가락질당하거나 거절당하지 않도록 방어하려고 애쓰고 있어.
넌 사기꾼이야.	나는 네가 성공하도록 돕고, 창피당하는 일이 없도록 방어하려고 애쓰고 있어.

문제는 거의 모든 인간이 내면의 비평가와 함께 살아가고 있다면 이런 현상이 고칠 수 있는 병적 이상일 리가 없다는

사실이다. 당신은 분명 내면의 비평가가 입을 다물기를 바랄 것이다. 장담컨대 이미 시도한 적도 있을 것이다. 나는 그런 적이 있다. 그리고 한 번도 성공한 적이 없다. 내면의 비평가와 논쟁을 벌일 때 어떤 일이 일어나는지에 주목하자. 내가 온갖 수단을 동원해 충분히 훌륭하다거나 사기꾼이 아니라고 확신하려 할 때, 내 마음은 그저 '그래, 하지만⋯'이라는 말로 운을 떼며 이를 반박하는 강력한 데이터를 들이민다. 우리는 이 내면의 목소리와 함께 살아가도록 진화했다. 카멜레온을 상대로 보호색을 뺏으려 하지 않듯이(설사 카멜레온이 그 보호색을 추하다고 여기더라도), 어쩌면 우리도 내면의 비평가를 잠재울 필요는 없을지 모른다.

사고 억제의 역설

생각을 바꾸거나 억누르려는 시도는 자주 역효과를 낳는다는 연구 결과가 있다. 예를 들어 한 연구에서는 피험자들에게 북극곰을 생각하지 말라고 요청했다. 그런 노력은 실패로 끝난 정도가 아니라 심지어 북극곰을 생각하라는 요청을 받은 피험자들보다 유의미하게 더 많이 북극곰을 생각했다.

이 실험 결과는 직접 경험으로 검증할 수 있다. 이렇게 해보자. 빨간 풍선을 생각하면서 '빨간 풍선'이라고 다섯 번 말해보자. 그런 다음 빨간 풍선을 생각하지 않도록 최대한 노력하자. 잠시 어떤 일이 일어나는지에 주목하자. 이제 방 안에 있는 물체를 하나 골라 빨간 풍선에 대한 생각을 억누르는 방법으로 그 물체에 주의를 집중하자. 그런 다음 어떤 일이 일어나는지에 주목하자.

내 경우에는 분홍색 전등에 주의를 집중해도 머릿속에서는 네나^{Nena}가 부르는 〈빨간 풍선 99개$^{99\ Red\ Balloons}$〉라는 노래에 맞춰 빨간 풍선이 계속 두둥실 떠오른다. 지금은 스티븐 킹$^{Stephen\ King}$이 쓴 소설 《그것》에 등장하는 페니와이즈를 생각하고 있다. 풍선 생각을 억누르지 못하는 데 좌절하고, 떠올리고 싶지 않은 노래가 머릿속을 맴돌아 짜증 나고, 살인 광대 페니와이즈가 무섭다. 엉망진창이다!

사고 억제가 효과적이지 않은 이유는 어떤 생각을 제대로 회피하고 있는지 확인할 때마다('똑바로 하고 있나? 내가 빨간 풍선을 생각하고 있지 않나?') 확인하는 행동으로 인해 그 생각이 마음속에 떠오른다는 데 있다.

〈스타 트렉: 더 넥스트 제너레이션〉에 등장하는 사이보그 외계인 보그는 '저항은 소용없다'라는 위협적인 구호에 걸맞은 계략을 꾸몄다. 대중문화에서 이 문구가 그토록 유명한 데는 이유가 있다. 평생 〈스타 트렉〉 한 회차를 온전히 본 적 없는 사람이더라도(남편이 안타까워하지만 나 역시 그렇다) 저 문구는 알아본다. 우리에게 필요한 것은 다른 방법이다. 우리는 가면 현상과 얽힌 비판적인 생각들을 좀 더 유용한 방식으로 연관시킬 수 있는 단순한 생각(소리, 음절, 심상)으로 봐야 한다. 다시 말해 내면의 비평가는 문제가 아니다. 우리를 가로막는 것은 그 내면의 목소리에 대응해 학습한 습관적이며 심리적으로 경직된 패턴이다.

어떤 내담자는 우리 마음을 방문 판매원에 비유했다. 강매가 특기인 이 외판원들은 우리를 설득하려 애쓴다. 자기가 파는 물건을 당장 사지 않으면 큰일이라도 날 것처럼 굴고, 그 모습을 보는 우리는 그런 긴박함을 해소하고 부담스러운 외판원이 입을 닫고 나가기를 바라는 마음에 물건을 사고 만다. 일단 판매원이 떠나고 나면 구입한 물건을 반품하고 싶은 기분이 들지만 이미 때는 늦었다.

8장에서는 가면 목소리와 자기비판적인 생각을 '강매'하려는 마음속 판매원과 새롭게 관계 맺는 방법을 소개할 예정이지만, 그에 앞서 우리를 방해하는 생각과 행동 패턴을 좀 더 자세히 살펴보도록 하자. 이런 패턴을 바꿔나가려면 먼저 제대로 알아야 한다.

마음속을 떠나지 않는 생각 패턴

인간의 마음속에는 하루에도 6,000개가 넘는 생각들이 맴돌고, 그중에서도 부정적인 생각이 좀 더 주의를 끈다. 성장하면서 경험을 이해하는 방식으로 생각이 발달한다. 부모로부터 방치된 아이는 '나는 중요하지 않아. 나를 돌봐야 할 사람들을 믿을 수가 없어' 같은 생각을 하게 된다. 생각은 그것이 발달한 당시의 자신을 방어하는 행동으로 이어진다. 그러니 방치되어 자란 아이는 부모가 돌보지 않더라도 무사할 수 있도록 자립심이 무척 강한 사람이 되기 쉽다. 그러면 위험에 노출될 가능성이 줄어든다.

하지만 어른이 되어서도 인간관계에서 좀처럼 신뢰를 쌓지 못하고 다른 사람들에게 의지하지 못한다. 이런 상태에서 스스로 안전하고 통제할 수 있다고 느끼기야 하겠지만 궁극적으로 봤을 때 인간관계를 좀먹게 되고 소진과 외로움을 겪을 가능성이 크다. 당장은 효과가 있지만 언젠가는 끝난다. 게다가 인간관계에서 실패를 경험하고 나면 '나는 중요하지 않아. 나를 돌봐야 할 사람들을 믿을 수가 없어'라는 믿음이 더욱 견고해진다.

전 스탠퍼드대학교 학장이자《헬리콥터 부모가 자녀를 망친다》,《어른의 시간》의 저자 줄리 리스콧-헤임스^{Julie Lythcott-}

Haims는 비만을 혐오하는 문화권에서 살아가는 20세 흑인 혼혈 대학생으로서 겪은 경험을 들려줬다. 그녀는 마른기침을 심하게 해서 학생 보건 센터에 진료 예약을 했다. 기나긴 기다림 끝에 겨우 만난 의사는 그녀와 눈도 마주치지 않은 채 "스탠퍼드에 입학한 이후로 '체중'이 얼마나 늘었는지 아십니까?"라는 질문으로 말문을 열었다. 의사는 화가 난 목소리로 충격이라는 듯 말했다. 그는 그녀에게 서류 더미를 들이밀며 설교를 늘어놓더니 1,200칼로리 식단을 따르라고 지시했다. 기침에 관해서는 아무런 질문도 하지 않았다. 결국 그녀는 "기침은 어떤가요?"라고 물어야 했고, 그 질문에 의사는 무심하게 "아, 항생제를 처방할 겁니다"라고 대답했다. 수치심에 휩싸여 보건 센터에서 뛰쳐나온 그녀는 결국 울음을 터트렸다. 여담이지만 그녀는 체중으로 인한 건강상의 문제는 전혀 겪고 있지 않았다.

이 일을 겪은 후로 리스콧-헤임스는 '진료를 해야 할 의료진은 나 같은 사람들을 모욕할 거야. 의사들이 나 같은 사람들에게 안전하거나 적절한 치료를 해줄 거라고 믿을 수가 없어'라고 생각하게 됐다. 그녀는 위협을 당할 일을 줄이려는 생각에 의사를 찾지 않게 됐다. 아주 급박할 때는 응급실을 찾거나(응급실이라면 체중에 그다지 관심을 두지 않을 것 같았다)

웬만큼 체중이 줄어들 때까지 기다렸다가 진료를 받았다. 그녀의 믿음을 고려할 때 이는 일리 있는 대처였다. 이런 대처는 당장은 '효과'가 있지만(방어하는 느낌) 언젠가는 끝이 난다(고통이 상당할 때도 몇 달씩 진료를 미뤘다).

생각과 스토리에 얽매인 리스콧-헤임스는 회피 행동으로 인해 결국 건강이라는 가치를 대가로 치렀다. 또한 애초에 자신을 방어하기 위한 수단이었던 회피보다도 더욱 문제가 심각한 결과를 낳았다. 그녀는 의사를 만나지 않음으로써 비판과 수치심뿐만 아니라 고통스러웠던 과거 경험의 기억에서도 벗어나고자 했다. 하지만 진료를 받아야 하는 문제가 생길 때마다 진료를 받지 않기로 한 이유를 떠올렸다. 다시 말해 그녀는 의사 진료를 회피할 때마다 처음에 수치를 경험했을 때만큼 혹은 그 이상으로 수치심에 시달렸다. 또한 정기 검진을 회피하면서 더 큰 위험에 빠졌다.

진료를 회피하면 수치심을 겪지 않게 되어 '의사를 회피했으니 괜찮아'라는 믿음이 더욱 강해졌다. 그러면서 '의료진은 나 같은 사람을 모욕할 거야. 의사들이 나 같은 사람에게 안전하거나 적절한 치료를 해줄 거라고 믿을 수 없어'라는 애초의 생각은 더욱 강해졌다. 이제 구체적으로 가면 상태에 해당하는 다른 예시를 살펴보자.

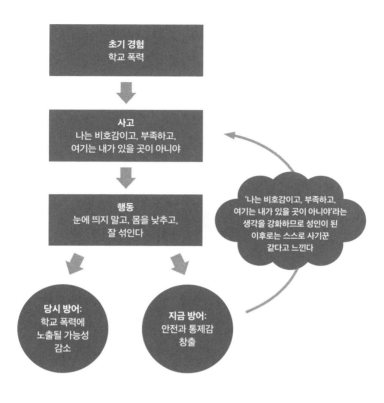

초기 경험
학교 폭력

사고
나는 비호감이고, 부족하고,
여기는 내가 있을 곳이 아니야

행동
눈에 띄지 말고, 몸을 낮추고,
잘 섞인다

'나는 비호감이고, 부족하고,
여기는 내가 있을 곳이 아니야'라는
생각을 강화하므로 성인이 된
이후로는 스스로 사기꾼
같다고 느낀다

당시 방어:
학교 폭력에
노출될 가능성
감소

지금 방어:
안전과 통제감
창출

가면 상태에서는 그림과 같은 패턴에 빠지기 쉽다. 안전과 통제감은 이끌리기 쉬운 감각이다. 하지만 그 대가는 무엇일까? 가면 상태와 소외, 경험의 결과로 어떤 생각과 스토리가 생겨났는가? 그 결과로 어떤 방어 행동이 생겨났는가? 그런 방어 행동은 어떻게 당신을 지켰고, 지금은 어떻게 방어한다고 느끼는가? 그런 방어 행동은 어떤 식으로 당신의 발목을 잡는가? 자신의 경험을 직접 도표로 표현해보자.

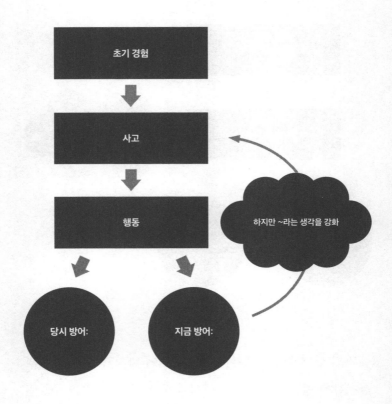

　　자신의 생각과 행동 패턴을 좀 더 깊이 이해하고 나면 기폭장치와 폭탄, 즉 편안함이나 안도, 안전감을 가져다줄 수

있지만 자신의 가치와 일치하지 않는 촉발 요인과 자동 반응을 잘 알아차리게 된다. 그런 인식은 다음 장에서 다룰 폭탄 해체에 꼭 필요하다.

리스콧-헤임스는 지금도 진료 중 체중계에 올라갈 때면 불안을 느끼고 1988년에 만난 그 끔찍한 의사의 목소리가 마음속에서 들린다고 한다. 하지만 이제는 필요한 진료를 받고 있고, 더는 자신의 신체에 대한 타인의 의견에 휘둘려 건강하고 즐거운 삶을 살아갈 권리를 포기하는 일은 없다. 심지어 흑인 여성의 건강을 지원하는 주요 비영리 단체인 흑인 여성 건강 단체Black Women's Health Imperative 이사회 일원으로 자원봉사 활동을 하면서 자기가 겪은 경험에서 한 걸음 더 나아갔다. 그녀는 해묵은 심리적 경직성 패턴에서 벗어나 가치로 가득 찬 폭넓은 삶으로 나아가는 방법을 보여주는 빛나는 사례다.

내 패턴은 자립심과 역량으로 앞길을 헤쳐 나가는 것이다. 엄마는 내 기대를 저버리는 일이 많았고 엄마의 사랑은 학업 성취에 따라 달라졌다. 그래서 나는 '남들에게 의지할 수 없어. 무엇이든 혼자서 잘 해내야 해'라고 생각하게 됐다. 모든 일을 스스로 유능하게 꾸려나가려는 행동 패턴은 실망과 비난을 피하는 데 도움이 되었고 나아가 성공을 거두는 데도 기여했다. 당장은 효과가 있었지만 언젠가는 끝이 났다. 결국은 감당할 수 있는 범위를 벗어난 일까지 도맡아 하다가 전부 무너뜨렸다.

모든 일을 영원히 혼자서 해낼 수 있는 사람은 아무도 없다. 나 역시 이제는 정말로 도움이 필요한데도 차마 도움을 청하지 못할 때 이를 알아차리곤 한다. 때로는 도움을 청했다가 결국 실망하기도 한다. 하지만 대개는 내 주변에 기꺼이 나를 도와줄 훌륭한 사람들이 있다는 사실을 떠올린다. 위험을 감수할 때마다 나는 경험을 곱씹으며 모든 사람이 엄마 같지는 않다는 사실을 떠올린다. 또한 내 필요를 충족시켜줄 가능성이 높은 사람이 누구인지도 알게 됐다. 이는 언어(가정, 예측, 판단)가 아니라 경험을 통해서만 배울 수 있는 중요한 정보다.

이제 당신은 이 책을 절반쯤 읽었다. 가면 상태와 가치, 더는 당신에게 효과가 없는 패턴까지 좀 더 잘 이해하게 되었기를 바란다. 다음 장부터는 풀 사이즈로 살아가는 데 필요한 행동을 선택하는 능력을 갖출 수 있도록 가치 있는 삶을 방해하는 생각과 감정을 다스리는 법을 배울 것이다. 더는 도움이 되지 않는 자동 패턴 반응은 떨쳐버릴 때가 왔다.

문제를 일으키는 생각들, 익숙하고 설득력 넘치는 그 생각들은 시간이 지나고 아무리 열심히 노력해도 좀처럼 바뀌지 않는다. 우리는 이 세상을 이해할 때 부정적인 정보에 초점을 맞추도록 진화했다. 하지만 쓸모없는 행동 패턴으로 이어지는 생각을 알아차릴 수 있고, 이에 따른 대응을 선택할 수 있다. 자신의 생각을 경청하는 게 가치에 부합하는 선택이 될 때도 있고 그렇지 않을 때도 있다. 이 책의 가장 중요한 목표는 심리적 유연성을 기르는 것이다. 그러려면 자신을 비판하는 가면 사고와의 관계를 바꾸고, 자신의 생각을 경청함으로써 유익한 경우를 파악하며, 유익하지 않을 때는 대신에 무엇을 해야 하는지 알아야 한다.

요약
알아둘 사항

- ⊘ 가면 사고를 비롯한 자기비판적 사고는 인간이라면 누구에게나 있는 특징이다.
- ⊘ 우리 내면의 비평가는 우리를 돕고 방어하려 한다.
- ⊘ 생각을 통제하거나 억압하려는 시도는 역효과를 불러일으키고 그런 생각에 더 큰 힘을 실어준다.
- ⊘ 자기방어적 행동은 효과가 있지만 언젠가는 끝이 온다.

과제
해야 할 일

일기장이나 컴퓨터 혹은 책의 여백에 다음 사항을 적어보자.

- ⊘ 자기비판적 사고가 어떻게 당신을 돕거나 방어하려고 하는가?
- ⊘ 자신의 경험, 사고, 행동 패턴(한때는 유용했으나 더는 도움이 되지 않는 것을 이해하는 수단으로)

08

감정의 주도권을 되찾는 생각 사용법

여러분이 무엇을 할 수 없는지 말하는 비평가와 반대론자들은 언제나 있기 마련입니다…
그들은 여러분에게 굴하지 않고, 도전 의식을 불태우며,
그들이 틀렸음을 증명할 의욕을 불러일으킵니다.

— 호세 안드레스(스페인의 유명 요리연구가)

어려운 결정을 내려야 할 때

심리학자로 일하기 시작했을 무렵 내가 치료사로 근무했던
의료 기관은 소속 임상 전문가들보다 연구자들을 더 높게 평
가했다. 임상 전문가들은 환자들을 진료했지만 연구자들은
보조금을 유치했다. 나는 과로에 시달리면서도 인정받지 못
한다고 느꼈고 의욕을 잃었다. 한 친구가 이런 내 상태를 알

아차리고 도와주고 싶었는지 지역 대학교 심리학과에서 박사 과정 교수를 뽑는다고 알려줬다. 선생, 연구자, 멘토, 임상 전문가까지 많은 역할을 겸하는 자리였다.

교수가 매주 4일은 대학교에서 일하고 나머지 하루는 개인 진료소에 근무하다 보니, 학생들은 강의 내용을 직접 실무에 적용하는 교수에게서 배울 수 있었다. 일반적인 대학 환경은 아니었다. 연구를 장려하고 신임 교원에게 소액의 보조금을 종잣돈으로 지급해 스타트업 연구실을 운영하도록 했지만, 일반적인 박사 과정과 달리 임금은 보조금에 따라 달라지지 않고 정해진 금액을 지급했다.

면접을 보러 갔을 때 인상적인 일이 세 차례 있었다. 첫째, 연구 발표(학과 관련자를 대상으로 실시하는 구두 발표)를 시작하기 직전 교수들이 함께 만나 서로 미소를 지으며 '포옹'하고 담소를 나누며 강의실로 들어왔다. 일반적인 학계에서 그런 모습을 본 적이 없었다. 둘째, 내 상사가 될 교수는 미국 프로야구팀 '뉴욕 양키스'의 골수팬이었는데, 내가 '보스턴 레드삭스' 팬만 아니면 채용될 거라고 말했다. 내가 보스턴 출신임을 알고 지레 엄포를 놓았다. 나는 그가 무척 마음에 들었다. 셋째, 내가 다른 자리에도 지원한 사실을 알고 있던 한 교수가 "우리 과정이 그쪽보다 더 나아요"라고 농담을 던지자, 내가 행동주의 심리학자임을 알고 있던 정신분석학자 교수가 "여기는 그런 원시적 방어 수준으로까지 타락하지 않아요"라고 대답하며 내게 윙크했다. 덕분에 이 학교에서는 모든 심리학 이론을 기꺼이 받아들인다는 사실을 알게 됐다.

임용 제안을 받았을 때 기꺼이 수락할 만한 자리였다. 다양한 역할을 수행하면서 임상 전문가로서 높이 평가받을 수 있는 데다가 사이가 돈독하고, 재미있고, 솔직한 사람들과 함께 일할 수 있는 자리였다. 나는 그런 사실들을 되새기려 했지만, 내 마음속 목소리는 '연구 능력도 없는 주제에 연구 프로젝트를 수행하는 학생들을 어떻게 지도할 생각이야? 통계는? 네가 학생들에게 통계를 가르칠 수 있겠어? 웃기지 마. 얼마나 안 들키고 버틸 수 있을 거라고 생각해? 운이 좋아야 한 학기야'라고 말했다.

어려운 결정을 내려야 했다. 이 직장이 내게 안성맞춤이라고 입을 모으는 나의 직감과 지혜, 가치를 따를 수도 있었다. 아니면 내면의 비평가와 가면 목소리에 귀 기울이며 병원 일을 계속할 수도 있었다. 손쉬운 결정처럼 들릴지도 모르겠지만 내면의 비평가와 가면 사고(일어날 수 있는 실패와 망신, 거부로부터 나를 보호하려는 생각)는 엄청난 두려움과 불확실성, 자기회의를 불러일으켰다. 그런 감정에 직면하고 마음속 목소리가 옳을 수도 있다는 것을 무시한 채 철밥통인 병원을 떠나는 결정이 크나큰 위험처럼 느껴졌다.

> 변화가 따르는 중대한 결정을 내리기란 늘 위험하게
> 느껴지기 마련이다. 결과가 어떻게 될지 알 수 있는
> 방법은 없다. 생각과 감정이 앞으로 나아가는 데
> 방해가 되는 경우가 많은 것도 당연하다.

이 무렵 나는 심리적 유연성을 배우고, 가르치고, 기른 지 8년째였다. 나는 여태 사용하고 가르친 도구들을 동원해 도움이 안 되는 생각들을 냉정하게 관찰했다. 내가 그런 생각을 한 이유는 실수하지 않도록 보호하려는 데 있었다. 나는 두려움과 회의감, 불확실성을 온전히 느꼈고, 그 결과를 가볍게 여겼다. 그리고 나의 가치, 즉 일할 때 '가장 되고 싶은 나'에 세심한 주의를 기울였다. 박사 과정 담당 교수를 실망시켰을 때 갖게 될 죄책감을 피하겠다는 이유만으로 아무런 의욕도 생기지 않는 직장에 계속 다니고 싶지 않았다. 자신이 사기꾼 같다는 느낌 때문에 흥미진진한 성장 기회를 놓치

고 싶지 않았다. 나는 가르치는 것을 좋아했고 그 일로 상을 받은 적도 있었다. 그 열정을 다시 불태우고 싶었다.

POP에 선 나는 열정과 용기, 의욕을 끌어모으고 필요한 기술을 연마해(내 마음속 목소리가 심술부리며 비난한 만큼은 아니었지만 실제로 '통계'는 내가 좀 더 공부해야 할 분야였다) 내적 경험은 무시하고 나 자신과 가치에 솔직해지기로 했다. 나는 임용 제안을 수락했다. 그리고 그 일이 너무 좋았다. 2년 차에 우수 교수상을 받을 정도였다. 박사 과정 지도 교수에게 암흑세계에 발을 들였다고 결국 고백했을 때 그는 무척 흐뭇해했다. 지도 교수는 예전에 내가 받은 교수상과 임상 전문가로서의 내 능력을 기억하고 있었다. 알고 보니 내가 일반적인 학자 유형이라고 생각하는 사람들은 없는 모양이었다. 내가 고민했던 여러 힘겨운 생각이나 감정에 휘둘려 결정을 내리지 않아 천만다행이었다.

'나'와 '생각'의 관계를 재구축하라

생각과 감정은 쌍방향으로 영향을 주고받는다. 상사가 회의를 하자고 했을 때 '이런 젠장, 분명히 잘릴 거야'라는 생각이 떠오른다면 두려움이나 불안을 느낄 가능성이 높다(일을 싫어했다면 희망과 기쁨에 부풀 수도 있다. 두둑한 퇴직금을 기원한다!). 불안하다고 느낄 때 애매모호한 발언을 들으면 이를 중립적이 아니라 위협적인 내용으로 해석할 가능성이 높다. 다시 말해 생각은 감정에 영향을 미치고, 감정은 생각에 영향을 미친다. 생각과 감정을 그대로 방치하면 둘 다 행동 방식에 영향을 미칠 수 있다.

지난 50년 동안 생각과 정신 건강을 다룬 주류 심리학 이론은 우리의 생각하는 방식이 느끼는 방식에 영향을 미치므로, 느끼는 방식을 바꾸려면 생각을 바꿔야 한다고 주장했다. 이런 아이디어를 뒷받침하는 연구 결과도 있다. 개인적인 경험을 돌이켜보더라도 이런 이론이 어떻게 도움이 되는지 알 수 있을 것이다.

예를 들어 지독하게 지루한 회의나 꼭 참가해야 했던 의무 인사 연수를 떠올려보자. '이건 아무런 도움도 안 돼. 정말이지 시간 낭비야. 대체 언제 끝나는 거지? 이딴 걸 왜 들으라는 거야? 이 쟁점을 얼마나 더 오랫동안 파고들 셈이야?' 같은 식이다. 그때 기분이 어땠는가? 아마도 지루하고, 짜증나고, 불만스럽고, 조급해졌을 것이다. 연수 자체를 탓하기는 쉽지만 실제로 감정을 유발하는 것은 상황이 아니다. 상황을

생각하는 방식이 우리의 감정을 유발한다. 이를 방정식처럼
생각해보자.

A(전제: 촉발 요인)

↓

B(신념: A를 생각하는 방식)

↓

C(결과: 그 결과로 어떻게 느끼는지)

상황에 따라서는 D(반박: 새로운 B, 신념)를 추가할 수 있다.
그런 다음에 E(평가: C, 즉 결과가 바뀌었는지의 여부를 판단)를
실시하면 인지적 관점을 바꿀 때 이득이 생긴다는 사실을 알
게 된다. 그러니 '이 지긋지긋하고 시간 낭비인 연수는 대체
언제 끝나는 거지?'라고 생각하는 대신에 '세상이 끝나는 것
도 아니고 크게 보면 그리 많은 시간을 투자하는 것도 아니
야. 게다가 짜증을 낸다고 해서 시간이 빨리 가지도 않잖아.
곧 끝나겠지'라고 생각하자. 마법처럼 기분이 좋아지지는 않
겠지만 적어도 지루함과 짜증, 불만, 조급함은 줄어들 것이
다. 이와 더불어 연수를 받으면서 배우거나 얻는 게 늘어날
가능성도 커진다.

이와 같은 전략을 반박하기 어려운 생각에 적용하면 문제가 생긴다. 7장에서 우리는 '나는 충분하지 않아'라는 생각의 진화적 기원과 생각을 억제할 때 생기는 역설적 영향(빨간 풍선을 떠올리지 마)을 언급했다. 힘든 일을 생각하지 않으려는 시도는 효과가 없을 뿐만 아니라 오히려 역효과를 불러와 그런 생각을 하는 빈도, 강도, 지속 시간까지 증가할 수 있다. 마찬가지로 이미 굳은 생각이 진실이 아니라며 자기 자신을 설득해 이를 바꾸려는 시도 역시 역효과를 내기 쉽다.

내 친구이자 동료인 브라이언은 일찍 성공을 거둔 심리학자다. 그는 박사 학위를 취득하고, 성업 중인 진료소에 근무한다. 책도 썼고, 팟캐스트를 진행하며, 여러 전문 위원회의 위원과 위원장을 맡고 있다. 자원봉사 활동으로 다른 사람들을 돕고, 성장 분야인 환각 심리 치료 전문가다. 게다가 기타 연주 실력도 뛰어나다. 이런 브라이언이 '나는 부족해'라는 해묵은 생각을 바꾸려고 하면, 옆의 표에 나타낸 것과 같은 일이 일어난다.

브라이언은 표에서와 같은 논쟁을 끝도 없이 이어갈 수 있다. 정확히 말하면 그의 마음이 그럴 수 있다. 진화론적으로 볼 때 이런 생각은 브라이언이 긴장을 늦추지 않고, 집단에서 뒤처지거나 쫓겨나는 일이 없도록 더 발전하고자 계속

서가명강

서울대 가지 않아도 들을 수 있는 명강의

• 서가명강 시리즈는 계속 출간됩니다.

김형석, 백 년의 지혜
: 105세 철학자가 전하는 세기의 인생론

김형석 지음 | 값 22,000원

시대의 은사 김형석이
시대의 청춘에게 바치는 이야기

이 시대 최후의 지성이라 불리는 김형석 교수는 이 책에서 일상
이 바빠 대중이 잊어버린 사랑과 자유, 평화에 대한 본질과 해
답, 다가올 미래를 위해 후손에게 전해줘야 할 정의, 일제강점기
와 이념 갈등을 겪는 한국인에게 다정한 일침을 전해준다.

행복의 기원

서은국 지음 | 값 22,000원

인간은 행복하기 위해 사는 게 아니라,
살기 위해 행복을 느낀다

"이 시대 최고의 행복 심리학자가 다윈을 만났다!" 심리학 분야
의 문제적 베스트셀러 『행복의 기원』 출간 10주년 기념 개정판.
뇌 속에 설계된 행복의 진실, 진화생물학으로 추적하는 인간 행
복의 기원.

호모 사피엔스

조지프 헨릭 지음 | 주명진, 이병권 옮김 | 값 42,000원

스티븐 핑커, 재러드 다이아몬드, 리처드 도킨스에
정면으로 도전하는 발칙한 책!

인간 진화 가설의 패러다임을 바꾼 충격적인 도서! 하버드대학교
인간진화생물학과 조지프 헨릭 교수는 과거 인류가 어떻게 타인
을 통해 학습하고, 모방하며 생존과 발전을 이루어냈는지, 이러한
과정에서 우리의 집단 협력과 문화적 진화가 어떻게 생존과 진화
의 원동력이 되었는지를 명확하게 밝혀낸다.

평균의 종말
다크호스
집단 착각

토드 로즈 지음 | 정미나, 노정태 옮김 |
각 값 20,000원 / 24,000원

하버드대학 교수 '토드 로즈' 3부작
뿌리 깊이 박혀 있는 편견과
착각에서 벗어나게 하는 책!

고층 입원실의 갱스터 할머니

양유진(빵먹다살찐떡) 지음 | 값 18,800원

100만 크리에이터 빵먹다살찐떡 첫 에세이
처음 고백하는 난치병 '루푸스' 투병

누군가의 오랜 아픔을 마주하는 일이 이토록 환하고 유쾌할 수 있을까? 수많은 이들에게 다정한 웃음을 선사한 크리에이터 '빵먹다살찐떡'이 지금까지 숨겨두었던 난치병 투병을 고백한다. 진솔하고 담백한 문장 속에, 생사의 갈림길마다 씩씩하게 웃을 수 있었던 섬세하고 유쾌한 긍정의 힘이 그대로 담겨 있다.

지구 끝까지 쫓는다

전재홍 지음 | 값 18,000원

〈범죄도시4〉, 〈모범택시2〉 실화 범죄 검거의 주역
대한민국 인터폴을 이끈 전재홍의 추적 르포르타주

지금껏 베일에 가려졌던 인터폴의 국제 공조 과정이 최장기 인터폴계장 전재홍의 시점에서 흥미롭게 펼쳐진다. 범죄자가 마땅히 벌을 받는 세상을 위해서라면 모든 사람이 아니라고 해도 꼿꼿하게 옳은 방향으로 전진하겠다는 지극한 마음이 불확실한 세상을 살아가는 사람들에게 굳센 힘을 준다.

작은 소리로
아들을 위대하게 키우는 법
딸은 세상의 중심으로 키워라

마츠나가 노부후미 지음 | 이수경 옮김 | 각 값 18,800원

누적 40만 부 자녀교육 베스트셀러 개정판!
아들과 딸을 키우는 방법은 어떻게 다른가!

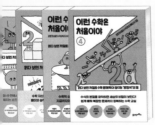

이런 수학은
처음이야 1~4

최영기 지음 | 각 값 17,000원 / 15,800원

청소년 분야 베스트셀러!
서울대 수학교육과 교수의
10대를 위한 수학 강의
읽다 보면 저절로 개념이 잡히는
놀라운 이야기!

아름다운 세상이여, 그대는 어디에

샐리 루니 지음, 김희용 옮김 | 값 19,800원

**"당신은 나에 대해 다 아는데,
나는 당신에 대해 아무것도 몰라."**

전 세계 100만 부 판매 『노멀 피플』 샐리 루니의 최신작.
출간 즉시 《뉴욕타임스》·《선데이타임스》 베스트셀러 1위!
망가진 세상에서 어른이 되어 버린 그들이 선택한 사랑

우리 가족은 모두 살인자다

벤저민 스티븐스 지음 | 이수이 옮김 | 값 22,000원

**우리 가족에게도 공통점이 하나 있다.
바로 가족 모두 누군가를 죽인 적이 있다는 것!**

HBO TV 시리즈 제작 확정 · 전 세계 24개국 번역 출간.
영화 《나이브스 아웃》과 소설 『목요일 살인 클럽』이 만났다!
클래식한 추리 구성과 현대적인 범죄소설 스타일의 절묘한 결

J.R.R. 톨킨: 가운데땅의 창조자

캐서린 맥일웨인 편저 | 이미애 옮김 | 값 130,000원

**판타지의 제왕, 환상의 창조자 J.R.R. 톨킨의
삶과 예술을 책 한 권에 담다!**

2018년 세계 최초 영미 합작 톨킨 전시회, 《톨킨: 가운데땅의
조자》를 그대로 담은 특별 아트 컬렉션북. 세계적인 톨킨 학
들의 다채로운 에세이 6편과 300여 점에 달하는 일러스트
사진, 풍부한 해설로 가운데땅의 창조자, J.R.R. 톨킨의 모든
을 담았다.

후린의 아이들, 베렌과 루시엔, 곤돌린의 몰락

J.R.R. 톨킨 지음 | 크리스토퍼 톨킨 엮음 |
김보원·김번 옮김 | 각 값 39,800원

**J.R.R. 톨킨 레젠다리움 세계관의 기원
크리스토퍼 톨킨 40년 집념의 결실!
가운데땅의 위대한 이야기들**

생각	역효과를 내는 반박
나는 부족해.	아니, 그렇지 않아! 넌 정말 잘하고 있어. 친구도 가족도 정말 좋은 사람들이고, 직업도 좋고, 일도 정말 열심히 하잖아!
그렇긴 하지만 그냥 운이 좋았을 뿐이야. 지금 내 위치를 진짜 누릴 만한 자격은 없는 것 같아.	어떻게 그런 말을 해? 넌 일도 열심히 하고, 다른 사람들을 돕느라 자원봉사도 많이 하잖아. 정말 배려와 애정이 넘치는 사람이야.
배려심이 있을지는 몰라도 빈둥거리느라 시간을 낭비하고 전력을 다하지 않아. 잠재력이 더 많았는데 날려버렸어. 알고 보면 실망스러운 인간이야.	하지만 네 지금 모습을 봐. 박사 학위를 따고 일에서도 성공했어. 책도 쓰고 팟캐스트도 진행하고 자기 분야에서 자리도 잡았잖아.
그냥 어쩌다 보니 일이 잘 풀려 그렇게 되었을 뿐이야. 더 열심히 일했어야 했어.	넌 공부하고 배우느라 고정 수입도 포기하고 대학원에서 9년, 박사 후 연구원으로 2년을 보냈잖아. 절제력이 대단해!
맞는 말이야. 지금보다 더 앞서 나갔어야 했어. 나 자신이 부끄러워.	어휴, 포기다. 넌 형편없어.

노력하게끔 부추기는 역할을 한다. 이런 생각은 지루한 연수에 관한 피상적인 생각과는 다르다(후자는 전자보다 좀 더 반박하기 쉽다).

분명히 당신의 마음도 마찬가지일 것이다. 당신 자신의 생각에 비춰 이를 확인해보자. 자신에게 도움이 안 되는 생각을 떨쳐내려 했던 적이 얼마나 많은가? 생각을 반박하는 게 효과적이어서 가치를 바탕으로 한 활동을 추구할(즉, '실행 가능한') 가능성이 커진다면 멋진 일이다! 나는 차가 막힐 때 자주 반박 기법을 사용하는데, 그러면 견디기가 좀 쉬워진다.

하지만 좀 더 심각한 '나는 _____해'라는 생각은 다른 양상을 보인다. 다시 말하지만 자신이 진짜 뛰어난 사람이라고 확신할 수 있고, 덕분에 원하는 방향으로 대담하게 나아갈 수 있다면 축복받은 일이다! 하지만 브라이언이나 나와 비슷한 사람이라서 이렇게 하기가 힘들다면 이번 장에서 소개하는 대안을 배우기 바란다. 그 대안이란 생각의 '내용'을 바꾸려고 지독하게 열심히 노력하는 대신에 자신과 생각의 '관계'를 바꾸는 법을 배우는 것이다. 이 방법을 배우면 생각이 가치를 바탕으로 하는 삶의 장애물이 되지 않도록 막아줌으로써 심리적 유연성을 구출할 수 있다.

귀를 기울일지 말지는 스스로 선택할 수 있다

우리는 '생각'에 관해 좀처럼 생각하지 않는다. 생각은 그냥 일어나고 우리는 귀를 기울인다. 마음이 '전기 요금 납부

기한이 내일까지야'라고 말하면 납부한다. '배경 음악이 깔리면 좋을 것 같아'라는 생각이 들면 좋아하는 음악을 튼다. 이는 마치 인지적 지름길처럼 자동으로 일어난다. 청구서와 배경 음악을 두고 망설이면서 정신 에너지를 낭비할 필요는 없으니 말이다.

하지만 '이 일은 지루하네. 지금 하기 싫으니까 나중에 할래'라고 생각할 때도 이와 같은 자동적 처리가 일어나고 일을 뒤로 미룬다. 혹은 마음이 '사무실 회식은 재미없을 거야'라고 말하면 가지 않는다. 만약 마감 엄수(미루지 않기)와 동료들과의 관계 형성(사무실 회식 참석)이 당신에게 중요한 일이라면 이는 실행 불가능하거나 가치에 부합하지 않는 반응이 된다. 자신의 생각에 귀를 기울임으로써 가치를 향해 나아갈지, 가치에서 멀어질지 고려하지 않으면 심리적 경직 상태에 빠지게 된다.

이 문제에 대처할 비교적 간단한(쉽지는 않다) 해결책이 있다. 바로 생각에 귀를 기울일지 말지를 선택하는 것이다. 그렇게 하려면 먼저 자신의 생각을 적극적으로 관찰해 알아차려야 한다. 스포츠 대회의 관중이라고 생각해보자. 지금 당신은 사이드라인이나 외야석에 있다. 아니면 어차피 상상이니 비욘세와 함께 스카이박스에 있다고 생각해도 좋다. 어디에서 보든 간에 당신은 그저 보고 있을 뿐이다. 호기심 어린 시선으로 세심한 주의를 기울이고 있지만 그것은 행위와는 동떨어져 있다. 일어나고 있는 일에 관심을 기울인다. 팀의 가치를 응원하거나 팀의 사기꾼을 야유할 수도 있겠지만, 행위에는 직접 뛰어들지 않고 멀리서 관찰하는 중이다.

그러다가 이 순간이 가능성의 지점(POP)이 된다. 6장에서 소개했던 4P를 기억하는가? 4P는 '일시 정지', '선택', '지속' 또는 '선회'다. 여기에서 좀 더 자세히 살펴보자. 앞에서 자신이 POP에 있음을 알아차리고 자신의 선택이 무엇에 도움이 되는지(가치를 향해 나아가는지, 불편함을 회피하는지) 묻는 법을 배웠다. 이제 '일시 정지' 상태에서 당신은 자신의 생각을 관찰하고 있다. '선택'할 때 당신은 '이 순간에 내 가치는 무엇일까?'라고 묻는다. 만약 내가 내 마음의 소리에 귀를 기울인다면, 나는 그런 가치를 향해 나아가게 될까, 가치에서 멀어지게 될까?

그다음 당신은 자신의 행동이 실행 가능(가치에 부합)하다고 판단해 '지속'하거나 실행 불가능(가치에 부합하지 않음)하다고 판단해 '선회'한다. 마음의 소리가 전기 요금 납부 기한이 내일이라고 말하고, 가족들이 불편하지 않도록 계속 전기가 들어오기를 바란다면 그 생각에 귀를 기울여 요금 납부를 향해 나아가는 움직임을 '지속'할 것이다. 마음이 사무실 회식이 재미없을 거라고 말하더라도, 적극적이고 열의가 있는 동료가 되는 게 중요한 일이라면 마음이 하는 말을 무시하고 회식에 참석하는 쪽으로 '선회'할 것이다.

때로는 이 과정이 복잡해질 수 있는데, 가면 사고가 바로 그런 사례다. 예를 들어 당신이 대학원이나 새로운 일자리에 지원하고 싶다고 해보자. 마음속 목소리가 당신은 자격이 없다고 말하면 그 소리에 귀를 기울여야 할까? 내가 "말도 안 돼요! 펀 사이즈가 아니라 풀 사이즈로 살아야죠!"라고 말할 거라고 생각하는 사람도 있을 것이다. 하지만 사실 이는 좀 더 미묘한 문제다. 이 생각을 4P에 따라 분석해보자.

- 일시 정지: 숨을 돌리고 느긋한 마음으로 스토리에 주목하자. '나는 자격이 없어. 대체 내가 뭐라고 여기에 지원하겠다는 거지?'
- 선택: 이 맥락에서 당신의 가치는 무엇인가? 아마도 용기나 의향(위험을 감수하고 취약성을 드러내며 두려움과 자기 회의를 느낄), 대담함일 것이다. 어쩌면 자기인식, 정직, 겸손일 수도 있다.
- 지속 또는 선회: 그 모든 가치를 전면에 내세우고 자기

자신의 진짜 자격과 그 자격 요건이 직무 기술에 얼마나 잘 들어맞는지 솔직하게 판단하는 동시에 용기 내어 거절당할 위험을 기꺼이 감수할 때, 당신은 지원을 지속해야 하는가, 아니면 더 많은 지식이나 경험을 쌓는 방향으로 선회해야 하는가?

우리는 정답과 오답을 확실하게 가리고 싶어 하지만 인생은 그리 단순하지 않다. 실망스러울 수도 있겠지만 일단 심리학자 마샤 리네한Marsha Linehan이 말하는 '지혜로운 마음'으로 희망을 북돋워보자.

지혜로운 마음에 도움 청하기

리네한은 변증법 행동 치료dialectical behavior therapy의 창시자다. 변증법 행동 치료란 격렬한 감정에 시달리는 사람들을 돕고자 경험에 바탕을 두어 만든 치료법이다. 리네한은 우리에게 감정적인 마음, 이성적인 마음, 지혜로운 마음이라는 세 가지 주요 마음 상태가 있다고 설명한다. 뇌의 감정적 측면(해부학적이 아닌 비유적으로)은 창의성이나 사랑, 흥분, 상처, 질투와 같은 감정을 담당한다. 하지만 '감정적인 마음emotion mind' 상태란 논리적 사고가 사라진 상태를 가리킨다. 계획을 세우기가 어렵고, 감정 동요로 데이터를 잘못 해석하기 십상이다.

뇌의 이성적 측면은 계획 수립, 일정 관리, 청구서 지불, 사실 파악을 담당한다. 그러나 '이성적인 마음rational mind'이란 분석이나 지식에 지나치게 치우쳐 감정을 무시하는 상태를 말한다. 감정적인 마음이나 이성적인 마음 중 한 곳으로 치우치면 대가가 따른다. 반면에 '지혜로운 마음wise mind'은 감정적인 마음과 이성적인 마음이 교차하는 부분이다.

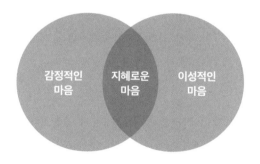

지혜로운 마음은 이성적인 마음에 따르는 논리와 사실, 감정적인 마음에 따르는 느낌을 결합해 직관적으로 인식하는 공간을 만들어낸다. 이는 장점과 단점을 고려(이성적인 마음)

하고 느낌에 주의를 기울인(감정적인 마음) 다음, 근거를 바탕으로 무엇을 해야겠다는 직감에 도달했을 때 얻게 되는 감각이다.

지속할지, 선회할지 확신이 서지 않을 때는 지혜로운 마음이 도움을 줄 수 있다. 지혜로운 마음에 닿기가 항상 쉬운 것은 아니다. 억지로 노력해서 지혜로운 마음에 도달할 수 있는 마법 같은 비결은 없다. 하지만 해야 '마땅한' 일을 깨달았을 당시를 떠올려보면 도움이 된다. 여전히 불확실성을 느끼겠지만(어떤 결정이든 결정을 내리는 시점에 그 결과를 알 수는 없으므로) 자신이 지혜로운 선택을 했다는 차분하고 안정적인 감각을 느끼게 된다.

나는 천천히 현재에 의식을 집중해 몇 차례 호흡한 뒤, 나 자신에게 아래의 질문을 던지며 지혜로운 마음을 찾는다.

- 불안하거나 걱정스럽지 않다면 무엇을 선택할까?
- 결과가 두렵지 않다면 무엇을 할까?
- 아무도 내가 이 일을 하고 있다는 사실을 몰라도 이 일을 계속할까?(이는 동기와 관련한 질문이다. 즉, 남들에게 좋은 인상을 남기려는 의도일 뿐일까, 아니면 마음속 깊이 내가 해야 할 일이라고 느끼는가?)

- 내가 존경하는 사람이 지금 나를 보고 있다면 지속할까, 아니면 선회할까?(이는 인상 관리가 아니라 내가 선택한 행동에 책임을 지는 문제다)

- 여기서 정말 나 자신에게 솔직해진다면 무엇이 정말 마땅하다고 느낄까?

- 설령 이 모든 게 망할 가능성이 있다 하더라도 지금 현재는 이것이 올바른 선택이라고 느끼는가?

POP에 있을 때 가치가 명확하게 드러난다면 지혜로운 마음에 도움을 청해 지속할지, 선회할지 판단해보자.

간극의 함정 인식하기

예전에 체중 감량에 도움을 받고 싶다면서 찾아온 내담자가 있었다(이렇게 아이러니할 수가). 그녀는 똑똑하고 친절하고 재미있는 데다가 야심 차고 훌륭한 엄마였다. 그런데도 그녀는 갇힌 듯한 기분을 느꼈다. 이혼한 상태였던 그녀는 연애를 하고 싶어 했다. 업무가 침체해 있다고 느끼던 터라 전문성도 높이고 싶었다. 준비도 되어 있었고 의욕도 넘쳤으나 살을 빼기 전까지는 어느 쪽도 제대로 해낼 수 없다고 생각했다. 그녀는 간극의 함정에 빠져 있었다.

그녀의 마음속 스토리는 이런 식이었다. '20킬로그램만 빼면 곧장 온라인 만남 앱 프로필을 작성할 거야. 옷의 사이즈가 10까지 줄어들면 취업 원서를 내기 시작해야지.' 그녀는 체중이 많이 나가는 여성이 연애와 취업 시장에서 차별당하고 있다는 사실을 뒷받침하는 냉정하고 확실한 데이터를 가지고 있었다. 이 스토리는 너무나 설득력 있고 그럴듯했다. 이를 귀 기울여 들은 그녀는 연애하고 새로운 일자리를 구하는 대신 체중 감량에 초점을 맞추며 기다렸다. 그녀는 가치와 자신감 사이에 '간극'이 있다고 지각했으므로 정체된 삶이라는 '함정'에 빠져 있었다.

게다가 이런 몸부림은 최근에 생긴 일도, 단기간에 걸쳐 일어난 일도 아니었다. 그녀는 '17년' 동안 이런 생각에 귀를 기울여왔다. 20년 가까이 꿈을 뒷전으로 미뤘다. 그녀가 조사한 증거는 틀리지 않았다. 몸무게가 많이 나가는 여성은 차별받고 있다. 하지만 그 와중에도 일을 하고 연애를 한다. 그녀도 그 사실을 알고는 있었지만 자기 스토리에 사로잡혀 거절당할까 봐 두려워한 나머지 그녀의 삶은 아주 오랫동안 정체 상태였다.

물론 우리는 체중 감량이 목표가 아니라 건강에 관한 가치를 바탕으로 한 선택을 하면서도 몸집에 관계없이 풍요롭고 의미 있는 삶을 추구하는 데 초점을 맞췄다.

자신의 간극의 함정을 한번 생각해보자. 당신은 가치를 바탕으로 선택하고 앞으로 나아가기 전에 어떤 전제조건을 갖춰야 한다고 생각하며 기다리고 있는가? 나를 찾아온 내담자는 체중을 줄이고 자신감을 키워야 한다고 생각했다. 가면 상태를 겪는 경우라면 그런 전제조건은 대개 수업이나 학위, 경력 같은 어떤 형태의 지식이나 경험, 전문지식(특히 전문가 유형의 사기꾼이라면)을 먼저 갖춰야 한다고 스스로에게 되뇌는 것이다.

소외 집단에 속한 사람은 특히 간극의 함정에 빠지기 쉽다. 주로 WHMP(1장에서 살펴본 백인 이성애자 남성 특권계층)가 중요한 자리를 차지할 자격이 있다고 보는 문화권에서는 소외 집단에 속한다는 사실이 '나는 충분하지 않아'라는 스토리를 촉발할 수 있다. 당연하게도 인종, 성적 지향, 성 정체감, 장애 유무, 특권계층에 속한 내력이나 경험은 바꿀 수 없다. 그리고 어떻게든 이를 보완해야 하며, 충분하려면 두 배는 뛰어나야 한다고 느낀다. 그래서 기다린다. 교수 임용을 제안받았을 때 나는 통계 재교육 과정을 수강할 때까지 사양하고 싶었다. 내 전문지식에 '간극'이 있다고 믿었으므로 보람 없는 일자리라는 '함정'에 계속 머무를 뻔했다.

간극 메우기

시작하기 전에 미리 간극을 메워야 한다는 믿음은 함정을 판다. 하지만 POP에 멈춰 서서 자신의 생각에 주목하면 'Y가 되자마자 X를 할 것'이라는 스토리에 귀를 기울여도 실행 가능하고 심리적으로 유연한 행동으로 이어지지 않는다는 사실을 알 수 있다. 아무리 오랜 세월을 기다리더라도 간극을 메우려면 대안이 필요하다. 이번 장에서 이미 언급했듯이 이 대안이란 자신과 생각의 관계를 새롭게 구축하는 것이다. 지금부터 이를 실현할 전략을 살펴보도록 하자.

연날리기와 거리 두기

얼마 전 유난히 바람이 거세게 불던 어느 날, 나는 아이들을 데리고 공원에 갔다. 공원에는 똑같은 여름용 원피스와 샌들을 착용한 여자아이가 두 명 있었다. 한 명은 여섯 살,

다른 한 명은 여덟 살쯤 되어 보였다. 둘 다 연을 들고 있었다. 큰아이가 달리기 시작했다. 처음에는 연을 몸에 바짝 대고 달렸는데 서서히 얼레를 풀자 연이 점점 더 높이 올라갔다. 연이 하늘 높이 날아오르자 아이는 달리기를 멈추고 연을 머리 위로 높이 띄웠다. 아이는 가끔씩 연을 쳐다보다가 아빠에게 얼레를 건네며 연을 고정해달라고 했다. 그렇게 연이 자력으로 나는 동안 아이는 원을 그리며 돌다가 비눗방울을 불었다.

그다음은 동생 차례였다. 동생도 연을 몸에 바짝 붙이고 있었다. 하지만 언니와 달리 얼레를 조금밖에 풀지 않았다. 순식간에 연이 낮게 드리운 나뭇가지에 걸렸다. 연이 나뭇가지에 엉켜 점점 더 빼내기가 어려워지자 동생은 줄을 잡아당기다가 울기 시작했다. 다행히도 키가 큰 부모가 연을 풀어냈고 몇 가지 요령을 알려주며 다시 시도해보라고 했다.

이 장면을 보면서 나는 '아, 생각도 딱 이런 식이야'라고 했다. 생각을 너무 가까이하면 전부 뒤얽혀 우리의 주의를 빼앗는다. 하지만 거리를 두면 생각이 춤추는 모습을 지켜보거나 아예 내려놓고 다른 일을 할 수 있다. 생각은 내려놓아도 사라지지 않고 여전히 그 자리를 떠돌지만 그런 생각에 주의를 기울이지 않거나 어떻게 주의를 기울일지는 우리가 선택할 수 있다.

우리 마음은 놀랍도록 유능하다. 연을 생각하는 게 가면 사고에 대처하는 효과적인 방법처럼 느껴지지 않을 수도 있다. 하지만 일단은 학교에 있던 녹색 칠판을 떠올려보자. 당신과 내가 그 칠판 앞에 서 있다고 상상해보자. 내가 긴 손톱을 세워 칠판을 수직으로 긁었다. 어떤 일이 일어났는가? 당신의 어깨가 귀까지 올라왔는가? 얼굴이 일그러졌는가? 혹시 내게 화가 났는가? 하지만 지금 당신이 있는 실제 환경에는 칠판이 없다(게다가 나는 손톱이 짧아서 긁어봐야 어차피 별로 소리도 나지 않을 것이다).

레몬이나 피클을 생각하면 입에 침이 고인다. 사랑하는 사람이 갑자기 죽는다고 상상하면 그런 비극이 실제로 일어났을 때 느낄 법한 감정이 밀려온다. 우리의 마음이 아무리 단단해도 죽음을 상상하면 그 생각에 얽매여 강렬한 감정을 유발하게 되듯이, 우리 생각이 떠다니는 연과 같다고 상상하면 바로 그 생각의 힘을 줄일 수 있다.

다음에 POP에 있을 때 내면의 가면 목소리가 모습을 드러내면, 그런 생각을 연에 실어 조금씩 하늘로 띄워 보내는 상상을 하자. 연은 완전히 날아가버리지 않으며, 생각 역시 마찬가지다. 하지만 우리의 생각도 연날리기처럼 어느 정도

거리를 두면 거기에 얽매이지 않고 관찰하면서 가치를 선택하고, 실행 가능한 선택을 지속하거나 그쪽으로 선회할 수 있는 위치에 서게 된다.

조용히 해, 실라!

정확히 언제부터 시작했는지 기억은 나지 않지만, 몇 년 전부터 나는 내면의 비평가와 가면 목소리가 모습을 드러낼 때마다 '조용히 해, 실라. 내가 알아서 해!'라고 대답하기 시작했다. 이름이 '실라'인 사람들에게는 미안하지만 악의는 없다. 나는 〈오, 실라〉라는 노래에 나오는 실라 외에는 아는 실라가 아무도 없다. 지나치게 감상적으로 보일 수도 있겠지만 사실 생각에 이름을 붙이는 것은 생각에서 한 발 물러나 관찰하는, 즉 생각에 사로잡히지 않는 기법이다.

《아직도 내 아이를 모른다》를 쓴 공저자 대니얼 시겔Daniel J. Siegel은 "길들이려면 이름을 붙여야"한다고 말한다. POP에서 내면의 목소리에 이름을 붙이면 실행 가능한 대안으로 선회하게끔 선택할 수 있는 공간이 생긴다. 정확히 말하면 실라에게 조용히 하라고 한다고 해서 실라가 입을 닫는 것은 아니다. 그렇다면 좋겠지만 지금쯤이면 그게 마음처럼 잘되지 않는다는 사실을 다들 알 것이다. '조용히 해'라는 말은 마음속에 떠오르는 생각이 내가 무엇을 선택할지를 지시할 수는 없을 거라고 못 박아두는 압축된 방식에 가깝다.

당신 내면의 비평가와 가면 목소리에도 이름을 붙여보자. 나를 찾아온 내담자들은 불한당, 가짜 뉴스, 폭군, 빌(내 남편 이름이라서 가장 마음에 든다. 조용히 해, 빌!) 같은 이름을 선택했다. 실라나 빌처럼 평범한 이름을 붙여도 좋고, 마음속 악령 같은 칭호로 불러도 좋다. 정답도 오답도 없다. 완벽한 선택지를 떠올리기가 어렵다면 그것을 가볍게 여기면서 뭔가가 살포시 떠오르는지 살펴보자. 내게 이메일을 보내거나 소셜 미디어에 올리고 내 계정을 태그해주기 바란다. 독자들이 어떤 이름을 생각해내는지 꼭 알고 싶다! 막히는 사람이 있다면 나와 함께 생각해보자.

안개 속 혹은 구름의 한가운데

어느 날 아침, 아이들과 함께 눈을 떠보니 동네가 온통 짙은 안개로 뒤덮여 있었다. 학교로 운전해 가는 길에는 앞차의 브레이크 등조차 제대로 보이지 않았다. 길에서 자전거를 타는 학생에게 소리 내어 주의를 줬다. 우리 아이들은 구름과 안개가 서로 위치한 곳만 다를 뿐 실은 똑같다고 얘기하며, 안개 속에 있는 우리는 사실상 구름 한가운데에 서 있는 것이나 마찬가지라고 귀엽게 알려줬다.

연을 날리던 소녀들을 봤을 때처럼 이 말을 들었을 때도 생각에 관한 게 떠올랐다. 생각의 내용에 사로잡혀 있을 때는 안개 속에 서 있는 것 같아서 안개 외에는 그 무엇도 좀처럼 보이지 않는다. 잠재적인 위험을 염두에 두고 조심스럽게 움직여야 한다. 생각에 사로잡혀 있지 않을 때, 즉 생각에서 떨어져 관찰하고 있을 때는 마치 구름을 바라보는 것과 같다. 땅에 발을 딛고 서서 저 멀리 하늘 높은 곳에 둥둥 떠다니는 구름을 올려다본다. 우리는 구름에 영향을 받지 않으면서 그 색깔, 질감, 이동 속도 같은 성질을 관찰할 수 있다.

가능성의 지점(POP)에 멈춰 섰을 때는 위험을 피하도록 조심스럽게 행동하면서, 내면의 비평가와 가면 사고가 사방을 둘러싸고 있지는 않은지 잘 살펴보자. 그러면서 안개를 모아 구름처럼 만들어 하늘로 띄워 보낼 수 있다고 상상해보자. 구름이 하늘을 가로지르는 모습을 관찰하자. 생각이 마음속을 가로지르는 모습을 관찰하자. 이 연습을 통해 자신의 가치를 선택하고 가치를 바탕으로 한 선택을 지속하거나 그쪽으로 선회할 수 있다.

생각의 힘을 빼는 비장의 무기

소셜 미디어를 스크롤하다가 가끔씩 귀엽거나 흥미로운 릴스가 보이면 클릭하곤 한다. 주로 젊은 엄마가 귀여운 아기에게 뭔가 이야기하거나, 보호자가 자신의 강아지에 대해 이야기할 거라고 기대한다. 그렇게 눌러보면 가끔씩 릴스를 만든 사람이 직접 녹음한 본인 목소리 대신에 오싹한 로봇 목소리의 내레이션이 흘러나오곤 한다. 그런 릴스를 보면서 내면의 가면 목소리와 새로운 관계를 구축하는 연습에 아주 적합한 방법이라는 생각이 들었다.

보통은 머릿속에서 '너는 사기꾼이야'라고 말하는 목소리는 자기 자신의 목소리다. 그런 생각을 오싹한 로봇 같은 목소리로 되풀이하면 어떻게 될지 살펴보자.

'www.texttospeechrobot.com'과 같은 무료 텍스트 음성 변환 웹사이트에 들어가 자신의 생각을 입력하면 좀 더 쉽게 다가올 것이다. 굳이 소셜 미디어에 올릴 필요는 없지만 만약 올린다면 나도 꼭 보고 싶다! 아니면 밈이나 GIF 파일을 만들어보자. '항상 내가 원하는 바를 추구하는 것은 아니지만, 그렇게 하는 날이면 진짜 내 모습인 사기꾼이 드러날 것입니다' 같은 문장처럼 '세상에서 가장 흥미진진한 사람' 밈(멕시코 맥주 '도스에퀴스' 광고에서 비롯된 인기 인터넷 밈—옮긴이)이 탄생할지도 모른다.

이런 연습이 아주 고통스러운 내면 경험을 축소하는 것처럼 들릴 수도 있다. 어느 정도는 사실이기도 하다. 우리 생각에는 초능력이 없다. 생각은 우리가 부여할 때만 힘을 발휘하는 소리이자 음절이자 심상이다. 어떻게 하면 생각의 힘을 뺄 수 있을까? 생각을 그리 심각하게 받아들이지 않으면 된다. 생각을 장난스럽게 받아들이는 것은 내면의 사기꾼을 공략할 비장의 무기와도 같다. 당장 시도해보자. 당신을 괴롭히는 케케묵은 고통스러운 생각이나 스토리를 하나 고르자. 이제 호머 심슨 특유의 감탄사인 '아뿔싸'를 끝에 붙여가며 그 생각이나 스토리를 말하는 모습을 상상해보자.

아니면 머라이어 캐리가 가장 높은 옥타브로 그 내용을 노래한다고 상상해보자. 혹은 2개 국어를 구사하는 친구나 구글 번역기가 당신이 이해하지 못하는 언어로 그 말을 한다고 생각해보자. 말은 그대로지만 그 의미와 힘은 바뀌었다. 가능성의 지점에서 이런 변화는 좀 더 자유롭게 유연한 선택을 할 수 있는 맥락을 만들어낸다. 다음번에 웃기는 릴스나 밈, GIF를 마주치면 평소에 지나치게 심각하게 여겼던 생각과 이를 엮어 상상해보자. 그런 다음 그 생각이 지니는 힘이 어떻게 되는지 잘 살펴보자.

자기 제약적 신념 self-limiting belief 을 마치 반드시 따라야 할 격언이라도 되는 듯이 귀 기울여 들으면 심리적으로 경직된 행동을 하게 된다. 우리 생각을 좀 더 호기심 어린 시선으로 관찰하면서 있는 그대로 보자. 즉, 설득력 있다고 '느껴질' 수도 있지만 실제로는 아무런 힘이 없는 글자와 심상의 조합으로 본다면, 실행 가능한 행동을 할 가능성이 높다. 가능성의 지점에서 우리는 생각에 어떻게 대응할지를 선택할 수 있다.

생각을 떠다니는 연처럼 바라보고, 생각에 이름을 붙이고, 안개 같은 생각을 구름 같은 생각으로 바꾸고, 생각을 장난기 어린 마음으로 대하면 가치 선택과 지속 혹은 선회를 좀 더 쉽게 할 수 있다. 생각은 우리를 실행 불가능한 행동에 갇히도록 위협하는 방정식의 절반이다. 나머지 절반은 불편한 느낌(감정, 감각, 충동)과 안전지대의 유혹이다.

알아둘 사항

⊘ 상황을 어떻게 생각하는지는 우리가 느끼는 감정에 영향을 미친다. 이를 방치하면 행동에까지 영향을 미칠 수 있다.

⊘ 생각을 바꾸는 것은 가치에 부합하는 행동을 향해 나아가도록 이끌어 효과를 나타낼 때만 바람직하다.

⊘ 지혜로운 마음에 도움을 청해 지속할지, 선회할지 결정하자.

⊘ 지식, 경험, 전문지식, 자신감에 간극이 있다고 지각함으로써 정체 상태라는 함정에 빠지는 간극의 함정에 주의하자.

해야 할 일

⊘ 생각에 귀 기울여야 할 때와 그냥 관찰해야 할 때를 선택하자.

⊘ 가면 목소리에 이름을 붙이자.

⊘ 생각을 연처럼 멀리 띄워 보내고, 안개를 구름으로 바꾸자.

⊘ 생각을 장난기 어린 마음으로 대하자. 생각을 바꿔도 효과가 없을 때는 생각과 당신의 관계를 바꿀 수 있다. 생각을 관찰한 다음 경청이 실행 가능한 행동으로 이어질지의 여부를 선택하자.

09

성장을 가로막는 안전지대의 유혹

삶은 고통입니다, 공주님.
다른 말을 하는 사람은 뭔가를 팔려는 속셈이죠.
— 영화 〈프린세스 브라이드〉 중 웨슬리의 대사

불안이 영혼을 잠식할 때

첫 번째 책이 출판되었을 때 나는 출판사가 마련한 저자 만찬회에 초대받았다. 만찬회가 열리던 날 저녁, 나는 신경안정제를 얻기 위해서라면 아이도 내줄 수 있을 것 같은 마음이었다. 물론 과장이기는 하지만, 지금까지 업무 관련 행사에 참석하면서 그렇게까지 불안한 적은 없었다. 지금 겪고 있는 강렬한 불안에서 벗어나는 유일한 방법은 자리를 뜨는 것뿐이었으므로 빠져나갈지, 말지를 한참 고민했다. 나는 도망치는 대신 호텔 방에서 와인 한 잔을 들이켠 뒤 남편에게 내 곁을 떠나지 말라고 간절히 부탁하고는 방을 나섰다.

나는 유명한 ACT 심리학자이자 활발한 저작 활동을 펼치고 있는 맷 매케이Matt McKay와 이야기를 나누기 시작했다. 그는 내게 "선생님은 누구세요?"라고 물었다. 언뜻 마음속에 떠오른 생각을 불쑥 내뱉었다면 "아, 전 아무도 아니에요"라고 대답했을 것이다. 다행히도 나는 정신을 차리고 니로파 아파리Niloofar Afari와 함께 《수용전념치료 은유 모음집》을 쓴 공저자라고 소개했다. 매케이가 책이 정말 좋았다고 구구절절 말해준 덕분에 나는 안도와 기쁨을 느꼈다.

동료들이 쾌활한 농담을 던질 때마다 나는 점점 마음이 편안해졌다. 우리는 직장 이야기는 물론 가족이나 여행, 미래 계획에 대해서도 이야기했다. 공황 상태와 자기회의, 부끄러운 실언으로 시작된 상황이 지금껏 내가 보낸 가장 즐겁고 보람찬 밤으로 바뀌었다. 다음 해에 다시 저자 만찬회에 초대받았을 때는 긴장감이 조금은 사그라졌다. 아는 사람들도 있고, 견딜 수 있을 거라고 생각했다. 3년째가 되자 내 분야의 영웅들을 친구라고 부르게 됐다.

토스트를 태웠을 뿐인데

강렬한 불안이나 공황, 자기회의, 가면 상태를 경험한 때를 떠올려보자. 당신은 어떻게 했는가? 초청장을 받았을 때 '참석' 버튼을 누르지 않았을 수도 있다. '될 대로 돼라'라고 생각하면서 그런 감정을 유발하는 원인을 회피했을 수도 있다. 만약 그랬다면 이는 우리 몸이 타고 난 그대로의 반응, 즉 자기 자신을 위험에서 보호하는 반응을 보인 셈이다. 생물학과 진화의 관점에서 볼 때 인간으로서 우리가 해야 할 진짜 중요한 일은 오로지 살아남아 자손을 남기는 것이다. 그래서 그 본분에 충실하도록 태어날 때부터 위협 탐지 시스템을 갖추고 있다.

운전을 하다가 갑자기 브레이크가 끼익 하는 소리를 들으면 심박수 증가, 호흡 곤란, 어지러움 등 공포 반응을 경험할 가능성이 높다. 이는 잠재적으로 위험한 상황에 적절하게 반응할 수 있도록 교감신경계가 활성화된 상태에서 일어난다. 이때 당신은 브레이크를 밟고 주변을 둘러본 다음, 차량의 거울들을 살펴 재빠르게 상황을 판단하고 나서야 운행을 계속할 것이다. 예기치 못한 갑작스러운 비행기 난기류 역시 비슷한 반응을 유발하곤 한다. 신체는 잠재적 위협에 반응을 나타낸다. 일단 조종사가 걱정하지 않아도 된다는 방송을 하면 부교감신경계가 작동하면서 기분이 진정된다.

실제 위험에 직면했을 때 공포 반응은 생존 가능성을 최대로 끌어올릴 수 있도록 투쟁, 도피, 또는 경직 반응으로 대비한다(내가 쓴《굳세어라》1장에서 불안, 두려움/공황, 걱정, 스트레스 및 우리 몸의 신체, 감정, 인지, 행동 반응을 자세하게 다룬다). 위협 감지 시스템은 생사를 가르는 물리적 위협의 존재에 관심을 기울이는 데 그치지 않고 사회적 위협도 항상 경계한다. 또한 물리적 위험과 사회적 위험이 발생한 경우에 실제로 상황이 안전하더라도 우리 몸과 마음은 마치 진짜 위협을 경험하는 듯한 반응을 보일 수 있다. 마치 화재 경보가 울리는 것과 같다. 진짜 불이 난 경우도 있지만, 대개는 그저 토스트를 태웠을 뿐이다. 다만 우리 몸은 그 차이를 구별하지 못한다.

저자 만찬회에 초대받았을 때, 내 몸과 마음은 맷 매케이가 내 목에 칼을 들이댔을 때 나타낼 법한 반응을 보였다. 사회적 상황이 위협적으로 '느껴졌지만' 맷 매케이는 좋은 사람이다. 왜 그 상황이 그토록 위협적으로 느껴졌을까? 이는 그 일이 내게 너무나도 중요했기 때문이다. 나와 같은 가치를 많이 공유한 똑똑하고 성공한 사람들이 모인 그 집단에 꼭 들어가고 싶었다. 사기꾼임을 들켜 그 모임에서 쫓겨나고 싶지 않았다. 이런 두려움은 진화에 그 뿌리를 두고 있으며, 오늘날에도 우리의 대뇌변연계는 실제 위험과 지각한 위협을 똑똑히 구별할 수 있도록 진화하지 않았다.

위협 감지 시스템이, 파도가 9미터 높이일 때는 수영하지 말라거나 2층 건물에서 뛰어내리지 말라거나 모닥불에 너무 가까이 가지 말라고 말할 때는 이런 감각에 의지해 안전을 지킬 수 있다. 두려움을 느낄 때마다 여기에 의지해 계속 회피한다면 그 순간 두려움에서는 벗어날 것이다. 하지만 그런 해방감에는 엄청난 대가가 따른다. 브레이크 소음과 난기류는 모두 알고 보니 안전한 상황이었다. 하지만 처음 느낀 두려움에 운전과 비행을 포기하면 그 순간에 느끼는 두려움은 줄어들지 몰라도 기회를 놓치는 대가를 치르게 된다.

만약 내가 출판사의 만찬회 초대를 거절했더라면 그 순간에 느낀 공황과 사기꾼 같다는 느낌은 즉시 사그라졌을 것이다. 하지만 동시에 즐거움과 보람, 우정, 중요한 인맥을 만들 기회를 놓쳤을 것이다. 게다가 앞으로 닥칠 두려움에서 벗어나는 가장 좋은 방법은 일단 그 원인을 회피하는 거라고 나 자신에게 가르친 셈이었을 것이다. 다시 말해 회피는 더 많은 회피를 낳고, 시간이 흐르면서 우리 삶은 점점 더 쪼그라들게 된다.

경험 회피

정서적 고통은 인간임을 인정하는 대가다. 인간인 이상, 그 누구도 고통에서 벗어날 수 없다. 하지만 어떻게든 시도한다. 불쾌감을 '원하는' 사람은 없지만, 편안하고 싶은 욕구에만 의존하면 가치를 희생하는 경우가 많다. 우리는 경직된 심리로 인해 실행 가능성을 잃는다. 위에 소개한 사례에서 내가 느낀 공황과 사기꾼 같다는 느낌은 문제가 아니었다. 그런 느낌을 회피하고 싶은 욕구가 계속 편 사이즈로 살아가도록 위협했다. 풀 사이즈로 살아가려면 좀 더 마음을 열고 감정을 경험해야 했다.

처음에 나는 호텔에서 와인을 들이켜고 남편에게 매달리는 편법을 썼다. 완벽한 사람은 없다. 하지만 바보 같은 짓을 저지를 정도로 많이 마시지는 않았고, 무서운 사람들과 대화를 하지 않으려 입을 다물고 자리를 피하지도 않았다. 4장에서 살펴봤듯이 문제는 고통이 아니며, 고통을 선뜻 받아들이지 않으려는 거리낌이 우리를 가로막는다. 이런 생각은 불교에서 말하는 '고통×저항=괴로움'이라는 방정식으로 요약할 수 있다. 인간에게 고통은 기정사실이자 상수다. 하지만 저항은 우리가 새로운 반응을 선택해 정서적 고통을 줄여줄 힘이 있는 영역이다.

무엇이 정말로 당신을 방해하고 초라하게 하는지 생각해보자. 당신이 느끼는 두려움과 가면 상태인가? 아니면 그런 감정이 나타날 때 당신이 반응하는 방식인가? 불안이나 자기회의 같은 불편한 감정을 줄이고 싶은 마음에 우리는 종종 경험 회피experiential avoidance를 선택한다.

> 경험 회피란 원하지 않는 감정을 덜 느끼거나
> 원하는 감정을 더 느끼고 두려운 결과가 일어나지
> 않도록 예방하고자 우리가 하거나 하지
> 않는 일을 뜻한다.

경험 회피의 예로는 상황 회피, 약물 사용, 주의 분산(소셜미디어나 드라마 몰아보기 등), 폭언, 완벽주의, 미루기, 고립, 강박적 도박, 섹스, 쇼핑을 들 수 있다. 다음 장에서 경험 회피의 주요 범주 다섯 가지를 다룬다. 사기꾼의 유형처럼 경험회피도 여러 유형으로 나타날 수 있지만 주로 그중 한 가지를 찾을 가능성이 높다.

효과가 있으니 하는 것

위에서 언급한 경험 회피 목록을 보고 "윽, 회피는 정말 나쁘네요. 왜 내가 굳이 이런 짓을 하는 거죠?"라고 말하는 사람도 있을 것이다. 우리 모두가 굳이 이런 짓을 하는 이유는 회피가 효과적이기 때문이다! 자녀나 동료 때문에 짜증이 나는가? 그만두게 하거나 정신을 차리도록 소리를 지른다. 그러면 당장 짜증이 해소된다. 기나긴 하루를 보내고 스트레스를 받는가? 와인을 한두 잔 마신다. 알코올은 중추신경계를 억제해 불안감을 빠르게 줄여준다. 자기회의가 들고 자신이 사기꾼이라는 사실이 드러날까 봐 두려움을 느끼는가? 밤늦게까지 일터에 남아 일하고 동분서주한다. 오늘은 들키지 않으리라는 생각에 마음이 놓인다.

우리가 선택하는 행동에는 목적, 즉 기능이 있다. 그런 행동은 어떤 식으로든 고통을 완화하고 때로는 힘을 낼 도파민까지 더해준다. 그런 안전지대의 유혹을 뿌리치기는 어렵다. 뭐니 뭐니 해도 안전지대는 안락하다. 하지만 회피에는 대가가 따른다. 술을 많이 마시면 오늘은 안심이 되어도 내일은 불안이 두 배가 되고 두통에 과민 반응까지 얻게 된다. 자녀나 동료에게 화를 내면 평판이 떨어지고 인간관계가 나빠진다. 과도한 성취 지향에는 소진 증후군을 일으킬 위험이 따르고 결코 가면 상태를 넘어설 수 없다. 무엇보다도 이런 대가는 대체로 가치와 직접 얽혀 있다. 표를 살펴보고 직접 겪은 경험을 두세 가지 추가해보자.

효과가 있다(효과가 끝날 때까지는)

불편감	경험 회피	효과가 있다!(기능)	효과가 끝날 때까지는(대가)
불안	음주	단기적으로 안심하고 기분이 전환된다.	불안이 두 배가 되고, 두통과 과민 반응이 따르며, 과음에 대한 죄책감이 든다.
과민 반응	폭언 고함	그 순간에 짜증이 해소된다, 통제감 혹은 권력감을 느낀다.	인간관계와 평판에 금이 간다.
자기회의 가면 상태	과로 과도한 성취	일시적으로 통제감이 증가하고, 자신이 사기꾼임이 드러나지 않을 것 같은 기분이 든다.	소진 증후군을 유발하고 장기적으로 사기꾼 같다는 느낌을 지울 수 없다.

최소 저항 경로

어느 날 남편은 사촌들로부터 할머니가 쓰러졌으니 빨리 비행기를 타고 오라는 연락을 받았다. 남편은 제정신이 아니었다. 사랑하는 할머니가 임종을 앞두고 있었고 야간 운행 시간에 맞춰 비행기를 타기 전에 해결해야 할 일들이 너무 많아 감당하기가 힘들었다. 결국 그는 비행기 예약을 며칠 뒤로 미뤘고, 할머니가 돌아가시기 전에 도착하지 못했다. 남편은 죄책감과 후회에 시달렸다.

장례식에 참석하기 위해 다시 짐을 쌀 때는 여행용 가방에 짐을 아무렇게나 싸면서 "될 대로 되라고 해. 필요한 게 생기면 그냥 도착해서 사지 뭐"라고 말했다. 그곳에 도착했을 때 가방에는 장례용 정장이 없었다. 그 말은 장례용 정장을 찾아 몸에 맞춰 수선하는 데 꼬박 하루의 시간과 많은 돈을 써야 한다는 뜻이었다. 단기간의 고통을 회피하고자 휘둘린 끝에 겨우 사흘 만에 훨씬 더 큰 괴로움에 시달려야 했다.

경제학자들은 장기 이익 대신에 단기 이익을 선택하는 경향을 가리켜 '현재 편향present bias'이라고 한다. 노벨상을 받은 심리학자 대니얼 카너먼Daniel Kahneman은 이 현상을 '최소 노력의 일반 법칙general law of least effort'이라고 부르고, 행동 과학자 케이티 밀크먼Katy Milkman은 그냥 '충동impulsivity'이라고 부른다. 간단히 말해 어떤 목표를 달성하는 방법이 여러 가지라면 인간은 그 목표를 달성하기 위해 가장 힘이 덜 드는 경로를 선택할 거라는 뜻이다. 부르는 명칭은 여러 가지이지만 최소 저항 경로는 경험 회피를 보여주는 아주 흔한 형태다.

'효과가 있다(효과가 끝날 때까지는)' 표에서 제시한 예와 마찬가지로 최소 저항 경로는 기분이 좋다. 최소 저항 경로는 안도감을 준다. 장기적으로 치러야 하는 대가가 발생하기 전까지 일시적으로는 그렇다. 프로젝트를 진행하기가 두려운가? 일단 뒤로 미룬다. 미루면 프로젝트로 인한 두려움이 즉시 해소된다. 자신의 감정을 친구나 반려자에게 털어놓기가 두려운가? 일단 비밀로 한다. 문제는 해결됐다! 당장은 거부당하거나 나약하다고 느낄 위험이 없다. 자기회의가 들고 사기꾼임이 드러날까 봐 두려운가? 내년까지 승진이나 새로운 일자리를 추구하며 기다리자. 휴, 위기는 피했다! 오늘은 들키지 않을 것이다.

하지만 당연하게도 오늘 할 일을 미루면 내일도 일은 줄어들지 않고 마감 기한까지 남은 시간만 줄어든다. 전날 일시적으로 두려움을 해소하면 오늘 느끼는 두려움은 두 배로 늘어난다. 친구에게 마음을 털어놓지 않으면 오늘은 안전하다고 느끼겠지만 관계에서 친밀함은 줄어들고 앞으로 거부당할 위험은 더 커진다. 업무상 난관을 회피하면 단기적으로는 사기꾼 같다는 느낌이 줄어들지 몰라도 장기적으로는 경력이 초라해진다. 최소 저항 경로는 일시적으로 안전지대로 가는 지름길을 제공하지만 대체로 가치와 공동체에서 멀어지게 되고, 얼마 안 가 다시 고통으로 되돌아간다.

자아 고갈

일과가 끝날 때까지 기다렸다가 운동하겠다고 생각하면, 운동을 하는 날이 거의 없다. 결국 TV 앞에 널브러져 배도 고프지 않은데 굳이 야식을 먹는다. 신체적, 감정적 또는 인지적으로 부담이 심한 하루를 보낸 날에 유난히 최소 저항 경로와 경험 회피에 취약한 모습을 보이는 것은 흔한 일이다.

심리학자 로이 바우마이스터$^{Roy\ Baumeister}$는 이 현상을 가리켜 '자아 고갈$^{ego\ depletion}$'이라고 한다. 바우마이스터는 여러 실험을 통해 자제 능력은 연속으로 난관에 직면하면 고갈되는 한정된 자원과 같다는 사실을 증명했다. 심리학계에는 자기통제 능력에 한계가 있다는 생각이 뿌리 깊게 자리 잡고 있다. 하지만 니르 이얄$^{Nir\ Eyal}$은 《초집중》이라는 책에서 자아 고갈 이론이 "가장 만연한 일상 심리학의 잔재"라고 평하면서 독자들에게 이 개념을 다시 생각해보라고 권한다. 이는 바우마이스터의 연구 결과를 좀 더 깊이 파고든 연구자들이 그가 실시한 연구가 부정확하게 해석되었을 가능성을 시사했기 때문이다.

성장 마인드셋growth mindset 연구로 유명한 캐럴 드웩은 바우마이스터의 자아 고갈 이론을 검증하면서 자기통제 능력이 한정된 자원이라고 믿는 참가자들의 경우에만 자기통제 능력이 한정된 자원이었다는 결론을 내렸다. 이얄의 지적처럼 드웩이 내린 결론이 맞다면 앞으로는 자기통제가 한정된 자원이라는 생각을 멈춰야 한다. 자아 고갈이 정말로 생각의 문제일 뿐이라면 그런 생각에 초점을 맞춰야 한다.

지루한 서류 작업을 마치거나 운동을 하거나 건강한 음식을 고를 때처럼 POP와 마주쳤을 때 오전에는 능숙하게 가치에 부합하는 선택으로 선회하다가 오후가 되면서 경험 회피로 퇴행한다면, 자아 고갈 혹은 자아 고갈을 믿는 신념이 원인일 수 있다. 따라서 밤에 음식이나 술을 자제하지 못하고 먹거나 주변 사람들에게 인내심을 발휘하지 못하거나 할 일을 미루게 될 가능성이 높아지는 것처럼 보일 수 있다. 어쨌든 경험 회피, 최소 저항 경로, 자아 고갈, 자아 고갈에 대한 잘못된 믿음은 다음 세 가지 방법으로 해결할 수 있다.

1. 현재에 집중하면서 생각과 감정 자각하기(4장에서 설명)

2. 이유를 가까이하고 가치를 명심하기(5장과 6장에서 설명)

3. 기꺼이 하기(아래에서 언급하고, 11장에서 자세히 설명)

옷을 더 많이 입을 수 있겠어?

자의식이 강해지기 전, 어린아이였던 때를 돌이켜보자. 알몸으로 수영했을 때나 목욕한 다음에 믿을 수 있는 보호자에게서 달아나던 때를 상상하며 그때 느낀 자유로운 기분을 떠올려보자. 지금 나는 일고여덟 살 무렵에 비키니를 입고 찍은 영상을 떠올리고 있다. 그때가 아마 내가 마지막으로 비키니를 입은 때였을 것이다. 영상 속에서 나는 사촌과 함께 있고, 카메라에 잘 찍히려고 자리를 잡아가며 춤추고 뛰었다. 우리는 팔다리를 사방팔방으로 흔들었다. 머리도 양쪽으로 흔들었다. 몸을 드러낸 채 원하는 대로 마음껏 몸을 움직이며 자유를 만끽했다.

경험 회피를 떨쳐내는 것도 비슷할 수 있다. 어른이 되면 언어의 함정(규칙, 가정, 판단, 예측, 합리화)이 발달하고, 어릴 때처럼 자유롭게 느끼지 않을 가능성이 크다. 하지만 자신을 지켜주는 동시에 움직임을 제한하는 껍질을 기꺼이 벗어내기로 한다면, 몸과 목소리가 자유를 되찾아 자기 자신을 있는 그대로 자신의 가치에 부합하도록 표현할 수 있다. 실제로 비디오카메라 앞에서 비키니를 입고 우스꽝스러운 춤을 다시 출 날이 올지는 모르겠지만, 정말 내게 중요한 사생활과 업무 분야에서 꼭 그런 마음으로 살아가고 싶다.

수치심에 대한 두려움

보호막을 한 꺼풀씩 벗어던지면서 드러내는 상상을 할 때, 어떤 감정을 느끼는가? 진정으로 당당하게 100퍼센트 당신인 모습을 상상할 때 느끼기 마련인 일반적인 취약성과 더불어 떠오르는 감정은 무엇인가? 추측하건대 아마도 두려움, 어쩌면 공포를 느낄 것이다. 그리고 수치심도 어느 정도 느끼지 않을까 싶다.

인간은 유대감과 소속감을 갈구하도록 진화했다. 건강과 웰빙을 가장 강력하게 예측하는 요인이 바로 양질의 인간관계라는 사실은 여러 연구로 증명된 바 있다. 보호막을 벗어던지고 맨몸으로 살아가는 모습을 상상하면, 바로 그런 유대감으로 인해 위험에 처할 것 같은 느낌이 들 수 있다. '만약 내가 진짜 있는 그대로의 내 모습을 보여준다면 사람들은 어떤 말이나 행동을 할까?' 거부당하거나 버림받을까 봐 두려울 수 있다. 자신이 부족하거나 가치가 없거나 사랑스럽지 않다고 느끼면 수치심을 느낄 수도 있다. 가면 상태에 시달리는 많은 이들이 그렇듯이 소외된 경험이 있다면, 오명으로 인해 수치심이 생길 수 있다. 수치심은 인간이 있는 힘껏 도피하거나 회피하려 애쓰는 경험이다.

브레네 브라운은 《리더의 용기》에서 수치심이 단절에 대한 두려움이라고 설명한다. 브라운은 "수치심이란 자신에게 결함이 있어서 사랑과 소속감, 유대감을 느낄 가치가 없다고 믿는 대단히 고통스러운 감정"이라고 말한다. 보호막으로 자신을 감싸고 숨어 있을 때 우리는 가치가 없다는 느낌을 회피하고 수치심에서 도망친다. 회피는 단기적으로 효과가 있어 심리적 안정감을 준다. 하지만 진실한 자신의 모습을 숨기면 결국에는 사랑과 소속감을 느낄 기회가 줄어들고 단절이 일어나기 쉽다.

가면 상태일 때 우리는 자신이 사기꾼이라는 사실이 드러나지 않도록 부족하다는 두려움을 숨기곤 한다. 소속감을 느끼고 수치심을 회피하려 냉가슴을 앓지만 결국에는 자기 자신을 더욱더 소외시키기에 이르고, 더 큰 단절과 외로움에 시달린다.

유대감과 소속감은 서로에게 기꺼이 벌거벗은 속내를 보여줄 때 생긴다(벌거벗은 몸을 보여줄 때도 생길 수 있겠지만 업무 관련 상황에서는 추천하지 않는다). 친밀감은 취약성에서 비롯된다. 보호막을 벗어던지고 상처와 결점까지 포함한 진실한 모습을 서로에게 보여줄 때 생겨난다. 완벽은 유대감을 부르지 않는다. 그야말로 인간다운 결점을 털어놓을 때 유대감이 생긴다.

자기의 경험에 비춰 생각해보자. 다른 사람과 유대감을 느낀 순간을 떠올려보자. 어떤 맥락이었는가? 티끌 하나 없이 깨끗한 집에서, 공부는 물론 예체능까지 잘하는 아이들이 얌전하게 협조해주는 가운데 직접 요리한 유기농 미식 코스 요리를 대접받았을 때 유대감을 느꼈을까? 장담컨대 그렇지 않았을 것이다.

나는 심리학 박사 후 연구원이었던 데니스의 집에 처음으로 갔던 때를 절대 잊지 못한다. 데니스는 내가 방문하기 전에 미리 청소를 하지 않았고 그냥 집이 지저분해서 미안하다고 가볍게 사과했다. 그때만큼 그녀가 사랑스러운 적이 없었다. 집의 평소 모습을 그대로 보여줄 만큼 나를 신뢰한다는 사실이 너무 좋았다. 만약 데니스의 집이 우리 집과 달리 티끌 하나 없이 깨끗했다면 나 자신이 가치 없고 부족하다고 느꼈을 것이다. 수치심과 단절을 회피하려 보호복을 겹겹이 껴입었을 것이고, 역설적이게도 우리 관계를 위협하기에 딱 좋은 상황을 만들었을 것이다.

그 순간에 나는 서로에게 진실한 모습을 보여도 안전하다는 사실을 깨달았다. 진정한 유대감을 느낀 순간이었다. 당신이 유대감을 느낀 순간을 떠올려보자. 보호막을 벗어던지고 속내를 드러내 취약해졌던 순간 말이다. 누구와 함께 있었는가? 어떤 일이 일어났는가? 그때 기분은 어땠는가?

전문가를 위한 책에서 사적인 유대감을 다룬다는 점이 이상하게 보일 수도 있다. 하지만 자기의 경험을 돌이켜보면, 공사를 불문하고 당신의 경험 회피도 상당수는 수치심과 단절에 대한 두려움에서 비롯되었을 것이다.

사기꾼임을 들킬까 봐 두려운 마음의 근간에는
무엇이 있는가? 당신이 두려워하는 진짜 자기 모습을
남들이 보게 될 것이고, 보고 나면 그들이 당신을
거부하고 돌아설 거라는 생각이 있다. 간절하게
속하고 싶은 집단에서 쫓겨날 거라는 공포가 있다.

이번 장의 목적은 자신이 보이는 경험 회피의 패턴을 알아내는 것이다. 11장에서는 두려움, 수치심, 가면 상태 등 모든 불편한 감정과 당신의 관계를 바꾸는 법을 자세하게 다룰 것이다. 그러면 더는 이런 불편한 감정에 발목 잡혀 대담한 행동을 추구하지 못하는 일은 없을 것이다.

완벽주의자 유형의 셸리

셸리는 오랫동안 법률 사무소와 부동산 사무소에서 뛰어난 관리 능력을 발휘했다. 그녀는 10~15명 정도 되는 직원들을 감독하고 한 번에 임원 네 명을 보좌했다. 새로운 고급 기술을 독학으로 익혔다. 하지만 석박사 학위가 없다는 이유로 자기가 이룬 성취를 전혀 높게 평가하지 않았다. 게다가 여성은 반드시 남성과 결혼해야 하며, 남성이 여성을 부양하고, 자신은 스스로 성공할 수 있을 만큼 똑똑하지 않다고 믿도록 교육받았다.

셸리는 자신감이 부족했지만(어쩌면 부족했기 때문에) 학위를 하나도 둘도 아닌 세 개를 취득하기로 했다. 게다가 경쟁력 있는 심리학 박사 과정에 들어갔는데도 늘 자신에게 실망하는 기분이 들었다. 과제에서 좋은 성적을 받았을 때도 재수강을 하며 실수나 개선이 필요한 부분에 초점을 맞추곤 했다. 임상 업무를 할 때는 내담자와 무관한 사소한 실수에 집착했다. 게다가 셸리는 아직 학생이었는데도 경력이 10년 이상인 사람들을 포함한 모든 사람과 자신을 같은 기준으로 비교했다.

심지어 셸리는 두 아이를 키우면서 이 모든 일을 했다. 그 많은 일을 잘해내는 자신을 칭찬하는 대신에, 밀린 빨래와 생각만큼 진전이 없는 내담자들에게 지나치게 집중했다(그 와중에 '왜 자꾸 나를 만나러 오지? 내가 사기꾼인 걸 모르나?'라고 생각했다). 셸리가 오스트레일리아 최고의 심리학 석사 과정에 들어갔을 때는(이미 박사 학위를 받은 후였지만 내담자를 진단하려면 그 심리학 석사 학위가 필요했다) 심사 과정에 실수가 있었거나 자신이 불쌍해 보여 기회를 얻었다고 확신했다.

완벽주의자 유형의 사기꾼인 셸리는 무능함이 드러날지도 모른다는 두려움을 상쇄하고자 자기 자신에게 극단적으로 높은 기준을 적용했다. 이런 성향은 성공에 도움이 됐다. 심지어 그녀가 쓴 석사 논문은 단 한 번의 수정도 없이 통과됐다. 이는 거의 있을 수 없는 일이다. 하지만 그런 완벽주의도 자신이 사기꾼 같다는 느낌을 지우지 못했다. 셸리는 다른 사람들이 실수했다거나 '그냥 친절'하다거나 자신에게 관대해서 자기가 성공할 수 있었다고 여겼다. 한동안은 효과가 있었지만 결국 그 효과도 끝났고, 셸리의 상태는 항상 소진 증후군에 빠지기 직전이었다. 만약 셸리가 '효과가 있다(효과가 끝날 때까지는)' 표를 작성했다면 다음과 같을 것이다.

불편감	경험 회피	효과가 있다!(기능)	효과가 끝날 때까지는(대가)
낮은 자신감과 불안	다수의 학위를 취득한다.	통제감이 증가하고, 자신감이 커질 거라고 기대한다.	시간, 돈, 노력이 들며, 장기적인 불안을 해소하는 데 도움이 되지 않는다. 박사 학위가 있으니 더 많이 알아야 한다는 생각에 석사 과정에서 가면 상태가 악화된다.
실망 (자기에게)	실수와 실패가 아닌 실패에 초점을 맞춘다.	나는 발전할 수 있다고 느끼는 덕분에 앞으로는 실수와 실패를 회피할 수 있다고 믿는다.	슬퍼하고 낙담하며 스스로 부족하다고 느끼면서 장기적으로 더욱 실망한다.
가면 상태와 들킬지 모른다는 두려움	성공을 묵살하고, 완벽주의자가 된다.	좋은 성과, 일시적인 두려움 완화	시간과 노력이 들며, 스트레스가 증가한다. 달성 불가능한 기준을 만들어 자신이 더욱 실패자 같다고 느낀다. 장기적으로 두려움을 해소하는 데 효과가 없다.

이처럼 지독하게 고통스러운 내적 경험과 상당한 경험 회피에 시달리면서도 셸리는 경력을 착실히 쌓아갔다. 셸리는 인생을 풀 사이즈로 살아가기 위해 안전지대에서 벗어나 두려움과 실망, 불안을 마주하기로 했다.

임상 심리 전문가가 된 셸리는 개인 클리닉에서 꿈꾸던 일을 하고 있다. 셸리는 사람들이 심리적 유연성을 기를 수 있도록 돕기 위해 스스로 심리적 유연성을 키웠다. 요즘 셸리는 보람이 없거나 가치에 부합하지 않는 역할에서 물러나 임상 심리학자로서의 역할에 더욱 깊이 몰두한다. 선을 그으면서 동료들을 실망시킬지도 모른다는 두려움을 느꼈지만 그래도 그렇게 결정했다. 셸리는 "이 결정을 내리고 이게 나에게 100퍼센트 옳은 일임을 알고 나니 정말 자유로워지는 기분이었어요"라고 말했다.

모든 회피가 '나쁜' 것은 아니다

경험 회피가 실행 불가능한 행동으로 이어질 수는 있지만, 모든 경험 회피가 문제를 일으키지는 않는다. 예를 들어 오늘 아침에 잠에서 깼을 때 나는 엄청난 생리적 불안을 느꼈다. 나는 평소처럼 아이들을 학교에 데려다준 다음 요가를 하러 갔다. 요가 수련을 마치자 불안이 사라졌다. 그렇다면 요가 수련이 경험 회피의 예일까? 요가 수련은 내가 느끼고 싶지 않은 감정을 줄여줬으니 경험 회피라고 할 수 있다. 그것이 문제일까?

이 질문에 대한 답은 비용이 따르느냐의 여부에 달려 있다. 요가를 하려면 두 시간이 소요되고(요가복으로 갈아입고 차로 스튜디오까지 가서 75분 동안 수업에 참여하고 다시 집으로 돌아와 샤워하고 근무복을 차려입는 데 드는 시간) 15달러를 내야 한다. 오늘은 여유가 두 시간 정도 있었고, 15달러도 낼 수 있었으며, 요가가 가치를 바탕으로 하는 다른 활동에 방해가 되지도 않았다. 아이들은 학교에 갔고, 글을 쓸 시간도 충분히 남아 있었다. 또한 함께 요가하는 사람들과의 관계도 중요했고 몸 관리도 중요했다. 그러니 요가 수련을 하면서 내적 경험을 바꾸는 데 든 비용은 많지 않았고, 내 가치도 전혀 해치지 않았다.

게다가 요가 수련을 하면서 명상하는 기분을 느낀 덕분에 글을 쓸 의욕이 생겼고, 이는 내가 중요하게 생각하는 가치인 창의력에 부합했다. 이 경우 요가로 회피한 선택은 문제가 되지 않았다. 하지만 만약 내가 불안을 느끼고 싶지 않다는 이유로 가족들과 보낼 수 있는 유일한 시간(나에게 중요한 시간)인 저녁에 매일 두 시간씩 요가를 한다면 이는 대가가 따르는 회피이므로 실행 불가능한 행동이 된다.

회피를 '선택'하게 될 때도 있지만 그래도 괜찮다. 다만 그런 회피가 타성으로, 즉 저절로 일어나는 상태가 아니라 두 눈을 크게 뜨고 의도에 따라 신중하게 한 선택이었으면 좋겠다. 예를 들어 유난히 힘들었던 하루의 끝에 아직 써야 할 보고서가 남아 있는 상황에서 자기 관리의 일환으로 이를 하루 미뤄 내일 꼭 하기로 결심한다면 괜찮다. 평소에는 당이나 알코올 섭취를 줄여 건강한 식생활을 우선시하지만, 친한 친구의 결혼을 축하가기 위해 웨딩 케이크를 먹고 샴페인을 마시기로 한다면 문제없다.

경험 회피는 다양한 양상으로 나타나고 심지어 알아보기 힘든 탈을 쓰기도 한다(요가 예시처럼). 나는 오랫동안 수용전념치료, 불안, 가면 상태를 전문으로 다루면서 경험 회피의 다섯 가지 주요 유형을 파악했다. 대부분의 사람은 이런 범주 중 둘 이상에 해당하며, 그중에서도 주로 사용하는 경험 회피 유형이 있기 마련이다. 10장에서 이에 대해 알아보자.

⊘ 정서적 고통은 문제가 아니다. 정서적 고통을 회피하려 하는 모든 행동이 우리를 가로막는다.

⊘ 경험 회피는 원하지 않는 감정을 덜 느끼거나 원하는 감정을 더 느끼려고 우리가 하거나 하지 않는 일을 말한다.

⊘ 경험 회피는 단기적으로 해방감을 주지만 대체로 대가, 특히 가치와 관련한 대가가 따른다.

⊘ 경험 회피의 밑바닥에는 대개 수치심, 단절에 대한 두려움, 최소 저항 경로가 있다.

⊘ 모든 경험 회피가 문제가 되는 것은 아니다. 관건은 대가가 따르느냐의 여부다.

⊘ 회피 행동의 기능과 대가를 비롯해 자신의 회피 패턴을 이해할 수 있도록 '효과가 있다(효과가 끝날 때까지는)' 표를 완성해보자.

10

회피의 5가지 유형

문제를 해결할 때 회피는 결코 훌륭한 전술이 아닙니다. 살아가면서
마주하는 대부분의 상황에 제대로 대처하지 않으면 사태가 더 악화될 뿐이죠.
— 러비 아자이 존스(《반항의 기술》 저자)

누구에게나 회피 전략이 있다

내가 집안을 여기저기 쏘다니고 있을 때 남편이 소파에서 나
를 불렀다. 토요일 늦은 아침이었고, 아이가 생기기 전이었
다. 남편은 아직 잠옷을 입은 채로 이미 봤던 마블 영화를 또
보고 있었다. 대학원을 졸업한 나는 주말에 과제를 할 필요
가 없었다. 다시 말해 남편 옆에 바짝 달라붙어 소파에서 뒹

굴어도 괜찮았다. 하지만 나는 지금은 기억도 나지 않는 어떤 일을 하느라 계속 바쁘게 몸을 움직였다. 그저 뭔가를 하기 위해 무엇이든 했다. 이것이 나의 회피 전략이었다.

이 전략은 학교에서 성공하는 데 효과가 있었지만, 그냥 가만히 있지 못하는 지경이 되면서 대가가 따랐다. 다시 말해 내가 가장 사랑하는 사람들과 조용히 마음을 나눌 기회를 잃었다는 뜻이다. 내담자들에게 명상을 추천하면서 구구절절 설득했던 장점을 나 자신은 회피하면서 실천하지 못했다는 뜻이다. 이리저리 움직이다 보면 가만히 앉아 있을 때 생기는 불안은 피할 수 있지만, 그 대신 항상 절박한 상태에서 무슨 일이든 덥석 받아들이는 데 따르는 불안이 생겼다. 그 당시의 나는 인생이 속력을 다해 혼돈의 소용돌이로 질주하는 디즈니 만화 캐릭터 태즈메이니아 데블 같았다.

나처럼 이런 식으로 회피하는 유형을 가리켜 행동가라고 한다. 정신 건강 분야의 종사자이자 불안 전문가로 20년 동안 일하면서 나는 해로운 회피 유형을 행동인, 은둔인, 충동인, 의존인, 사색인이라는 다섯 가지 주요 유형으로 분류할 수 있다는 사실을 발견했다. 사람들은 모든 회피 유형을 조금씩 보이지만, 그중 한 가지 전략을 주로 사용한다.

9장에서는 회피의 작동 방식(회피하는 이유)과 회피에 따르는 대가를 자세하게 살펴봤다. 회피 행동이 어떤 기능을 하는지 파악하면 패턴을 포착해 좀 더 실행 가능한 새로운 선택을 할 수 있다. 이번 장에서는 당신이 주로 사용하는 회피 전략을 파악함으로써 경험 회피를 한층 더 심도 있게 이해하고자 한다. 정서적 고통과 가면 상태가 생겼을 때 자신이 무엇을 하거나 하지 않는지 인식하면 행동을 바꿔 심리적 유연성을 높일 수 있다.

행동인 유형

행동인doer은 바쁜 데 집착한다. 그들은 정서적 고통과 괴로운 생각들을 경험할 여유가 없을 정도로 쉴 새 없이 움직여 이를 회피하곤 한다. 행동인의 방식은 '동분서주'다. 행동인은 목록을 만들고, 그 목록에 적힌 과제들을 달성하느라 돌아다니고, 목록에서 항목을 지우는 것을 즐긴다. 행동인의 본능이 특히 강한 사람이라면 항목을 지울 때 오는 만족감을 느끼려고 이미 완료한 일도 할 일 목록에 넣곤 한다.

행동인은 과도할 정도로 준비하고, 일중독이며, 부족하다는 느낌을 피하려고 끝없이 지식, 기술, 자격증, 학위를 추구한다. 또한 취미나 '자기 관리'처럼 생산적으로 보이는 일도 하지만, 이조차 은밀한 회피 수단일 때가 많다. 예를 들어 한 가할 때 골프를 치거나 손발톱 관리를 받는 이유가 이런 일이 휴식보다 생산적이어서 시간 낭비가 아니라고 느끼기 때문이다. 행동인은 시간 낭비에 민감해 좀처럼 쉬지 않는다.

은둔인 유형

우리 아들 윌리엄은 어렸을 때 끊임없이 떼를 쓰는 기나긴 시기를 거쳤다. 유치원 선생님 의자에서 납땜한 연철 다리를 떼어냈다가 쫓겨날 뻔한 적도 있다. 잊을 만하면 꽉 찬 기저귀 쓰레기통에 보석 장신구를 넣었고, 변기에 인형과 전자 제품을 빠뜨렸다. 침대 시트를 걷어 내거나 옷걸이에 걸어둔 셔츠들을 모조리 패대기치기도 했다. 지금 돌이켜보면 웃어넘길 수 있는 일이지만 당시에는 정말 힘들었다.

좌절감과 무력감에 젖은 남편은 사무실에서 컴퓨터를 쓰는 시간이 점점 늘어났다. 그 시간은 남편에게 간절한 휴식이었지만(효과가 없었다면 하지 않았을 것이다) 그 바람에 우리 어린 악마를 나 홀로 돌봐야 했고, 당연하게도 부자관계에

좋지 않은 영향을 미쳤다. 윌리엄을 돌보기 힘든 마음은 이해하고도 남았지만, 그런 괴로움을 견디기 위한 몸부림은 남편에게 무엇보다 중요한 결혼생활과 부자관계를 망가뜨렸다. 다행히도 윌리엄과 남편은 버거운 감정에 대처할 수 있는 유연한(심리적으로) 방법을 찾아냈고, 덕분에 모두의 관계가 좋아졌다.

내 남편 빌은 은둔인^{hider}이다. 은둔인은 행동인과 반대로 눈에 띄지 않음으로써 위안을 구하는 사람이다. 두려움, 불확실성, 분노, 공포, 불안정, 가면 상태 같은 힘겨운 감정이 생길 때 은둔인은 마음을 닫고, 말수를 줄이고, 수동적으로 행동하고, 할 일을 미루고, 외톨이가 되고, 불편함을 유발하는 상황을 회피함으로써 고통에서 벗어난다.

은둔인은 소셜 미디어를 둘러보거나 TV 프로그램을 몰아보거나 비디오 게임을 하거나 책을 읽거나 낮잠을 자면서 기분을 전환한다. 은둔인은 안전지대에서 위로받지만 그 대가로 관계, 업무, 학업을 희생한다. 일을 맡기도 하지만 끝내기가 힘들 때면 나쁜 평가를 받거나 다른 사람들을 실망시킬까봐 두려워 그 사실을 전달하지 못한다. 결국 은둔인은 이처럼 의사소통이 부족한 탓에 자기가 피하고 싶어 하는 부정적 평가를 받게 된다.

충동인 유형

'제이'는 목숨이 위태로울 만큼 심각한 자살 기도를 했던 날짜에 나에게 처음 치료 상담을 받은 내담자였다. 제이는 어린 시절을 아주 힘들게 보냈고 트라우마를 겪은 적이 있다. 격렬한 정서적 고통에 효과적으로 대처하는 법을 배운 적이 없던 그는 자해, 타인에게 가하는 폭력, 강박, 충동적인 문신과 피어싱, 약물 중독에 의존했다.

제이는 이런 행동들을 하면서 잠깐은 극심한 고통을 잊을 수 있었지만, 제대로 된 인생을 살아가기가 무척 힘들었다. 의미 있는 인간관계를 맺지 못한 채 병원과 교도소를 들락날락했고, 시간이 흐르면서 고통은 점점 커져만 갔다. 치료를 받으면서 제이는 이런 행동을 조금씩 줄여나갈 수 있었고, 입원과 수감생활도 감소했다.

제이는 충동인 pulsive이다. 충동인은 약물 사용, 쇼핑, 피부 뜯기, 자해, 과식, 도박, 섹스, 머리카락 뽑기, 손톱 물어뜯기, 숫자 세기, 확인 등을 비롯한 의식 행위 등 강박적이고 충동적인 행동을 하면서 괴로움에서 벗어나고자 한다. 충동인은 화가 나거나 좌절감을 느낄 때 말이나 행동으로 과하게 표출하곤 한다. 보통 정서적 괴로움을 느낄 때 따르는 긴장감이

나 절박함은 충동인의 행동으로 해소된다. 강박적이고 충동적인 행동은 일시적인 안도감과 통제감을 줄 수 있지만 시간이 흐르면서 통제감은 줄어들기 마련이다. 이런 행동을 꼭 해야 할 것 같은 압박감은 증가하지만 그 행동에 따르는 안도감은 줄어들기 때문이다.

의존인 유형

'제니'는 누가 저녁 식사를 하거나 영화를 보러 가자고 하면 항상 상대방이 원하는 음식과 영화를 먹고 본다. 나와 인터뷰를 했을 때 제니는 "그냥 타고난 성향이에요. 거의 모든 결정을 내릴 때 일단 본능적으로 남의 의견을 살펴요"라고 말했다. 그녀는 음악, 정치적 성향, 그 밖의 호불호가 정말로 자기 의견인지도 잘 모른다. 정보를 제대로 이해하기도 전에 남들에게 먼저 의견을 구하기 때문이다.

　제니는 다른 사람들에게 의지하는 게 여러모로 편했다. 상대방이 만족할 때 기분이 좋고, '잘못된' 결정(자신이나 다른 사람들을 언짢게 하는 결정)을 피할 수 있으며, 자신의 선택이나 의견이 소중한 사람들의 선택이나 의견과 다르다는 이유로 버림받을지도 모른다는 두려움에서 벗어날 수 있다. 하지만 그 대가로 제니는 새로운 시도의 기회를 놓친다. 또한 자신이 두려워하는 결과가 일어나지 않는 상황에서 선택하거나 의견을 내는 경험을 직접 한 적이 없으므로 자신감과 자기효능감이 부족하다.

다시 말해 제니는 계속 회피하는 행동을 하면서 다른 사람들이 언짢아하거나 더는 자기와 친하게 지내지 않을 거라는 믿음을 뒤집을 경험적 증거를 얻지 못하고, 따라서 그런 믿음도 지속된다. 최근 제니의 아버지는 오랫동안 치매로 고생한 끝에 세상을 떠났다. 제니는 다른 사람의 욕구에 초점을 맞추는 경향(어머니가 슬픔을 극복하도록 돕는 일 등)이 뿌리 깊은 나머지 정작 자신의 정서 경험은 제대로 돌보지 못한다는 사실을 깨달았다. 그녀는 다른 사람들의 감정에 초점을 맞춤으로써 자신의 감정을 회피한다.

제니는 의존인otherer이다. 의존인은 고통을 손쉽게 회피하기 위해 타인에게 의존한다. 그 방법으로 남들에게서 안심을 구하고, 남들의 비위를 맞추고, 이끌기보다는 따르는 사람이 된다. 의존인은 영화나 음식점을 좀처럼 선택하지 않고 다른 사람이 결정하는 편을 선호한다. 꼭 스스로 결정해야 할 때는 결정하기 전에 많은 조언을 구한다. 온라인 검색(인터넷이

지식이 풍부한 '다른 사람'의 역할을 담당한다)을 하기도 하고 여러 친구들이나 가족, 직장 동료들에게 의견을 구하기도 한다. 이렇게 해서 의존인은 '잘못된' 결정을 내리거나 비판받거나 부정적인 평가를 받을 위험을 회피한다.

또한 비슷한 이유로 자기주장을 하거나 거절하거나 경계를 설정할 때도 어려움을 겪는다. 자기 자신을 희생하면서까지 다른 사람들의 요구에 필요 이상으로 주의를 기울이기도 하고, 사과할 일이 아닌데도 과도하게 사과하곤 한다. 때로는 의존인의 진자가 흔들리기도 한다. 시간이 흐르면서 소극적인 성향과 비위를 맞추는 일이 친절한 보살핌에서 분노에 찬 억울함으로 바뀔 수 있다. 이런 변화는 인간관계에 부정적인 영향을 미칠 수 있다. 마찬가지로 지나치게 안심을 구하는 의존인의 행동이 인간관계에 부담을 주기도 한다.

사색인 유형

'애너벨'은 석사 학위 과정을 마친 후 연례 동창회 초대장을 받았다. 예전 친구들을 만난다면 정말 즐거울 테니 꼭 참석하고 싶다고 생각했다. 하지만 애너벨은 즉시 참석하겠다고 답변하는 대신 몇 주일 동안이나 마음속으로 온갖 복잡다단한 생각을 하면서 자신에게 수많은 질문을 던지고, 모든 계획과 장단점을 철저하게 검토했다. 그녀의 마음속에는 '동창회 전주에도 주말에 집을 비워야 해. 2주 연속으로 집을 비워도 될까? 또 우리 강아지를 혼자 둬도 될까? 가면 어디에 묵지? 몇 박이나 하지? 누가 오려나? 방을 같이 써야 할까? 코로나는 어떻게 하지? 요즘 휘발유가 엄청 비싼데, 꽤 장거리란 말이지' 같은 생각들이 줄줄이 떠올랐다.

애너벨은 가능한 한 모든 세부 사항을 전부 검토해야 한다고 느꼈다. 이로써 애너벨은 자신이 허를 찔리는 일이 없도록 대비하고 문제를 해결하고 있다는 듯, 단기적으로는 통제감을 느꼈다. 하지만 동시에 동창회를 떠올릴 때마다 스트레스에 시달렸다. 애너벨은 응답 기한이 될 때까지 답변을 미뤘고, 대개 그렇듯이 처음에 떠오른 바로 그 선택을 했다. 즉, 가기로 했다. 애너벨은 자신의 심리 과정이 마치 트레드밀(러닝머신)을 달리는 것과 같아서 정말 열심히 움직이지만 결코 새로운 곳에 이르지 못한다고 비유했다.

애너벨은 지나친 생각에 기진맥진했다. 게다가 겉으로는 잘 지내는 듯 보여도 내면에서는 남들이 모르는 수많은 힘든 일이 일어나고 있어서 때로는 외롭다고 설명했다. 마음속에서 일어나는 절차는 압박감과 긴장감을 유발했고, 이로 인해 충동인(피부 뜯기 등)과 의존인('올바른' 대답이 확고해지도록 다른 사람들에게 의견 구하기 등)이 하는 회피 행동을 하곤 했다.

애너벨은 사색인thinker이다. 사색인은 일어날 수 있는 모든 가능성을 걱정, 반추, 심사숙고(및 마음속으로 해결)하고 모든 상황이나 결정을 과도하게 분석함으로써 괴로움을 줄이거나 회피하는 사람이다. 사색인은 항상 상상한다. 늘 만약의 경우를 걱정한다. 최악의 사태를 계획하고 논리적으로 분석한다. 과거에 했던 대화나 경험, 심지어 소셜 미디어 게시물까지도 반추하거나 반복해서 들여다본다. 앞으로 일어날 대화에 대비해 미리 준비한다.

이런 인지 전략은 잘 대비했고 문제를 해결했다는 느낌을 줄 뿐만 아니라 통제감과 확신도 키운다. 하지만 동시에 만약의 경우를 낱낱이 상상하면서 그 고통을 경험하게 되고(그냥 실제로 발생하는 한 가지 결과에 따르는 고통에 그치지 않고) 현재 순간에 온전히 집중하기가 어려울 수 있다. 다른 분야에서도 심각한 회피 성향을 나타내는 사색인도 있다. 사색인 성향이 있는 은둔인인 내 남편은 "과도하게 생각하다 보니 숨게 돼"라고 말했다. 애너벨은 과도한 생각이 충동인과 의존인의 행동을 유발한다고 설명했다.

능동 / 행동	수동 / 후퇴
행동인	은둔인
충동인	의존인
사색인	

　다섯 가지의 회피 전략 중 둘은 비교적 능동적인 회피 유형(행동인과 충동인)이고, 둘은 비교적 수동적인 회피 유형(은둔인과 의존인)이며, 나머지 하나(사색인)는 능동과 수동이 뒤섞인 유형이다. 각 전략에는 나름의 이점이 있지만(효과가 없다면 그런 전략은 사용하지 않을 것이다) 모두 대가가 따른다. 게다가 결국에는 더 큰 고통과 회피 욕구를 유발해 우리가 가장 소중하게 여기는 가치를 빼앗곤 한다.

　자신이 주로 사용하는 회피 전략을 파악하고 싶다면 'www.jillstoddard.com/quizzes'에서 퀴즈를 풀어보자. 바꾸고 싶다면 먼저 자신의 회피 유형을 알아야 한다. 그런 다음 불편함을 기꺼이 받아들여야 한다.

알아둘 사항

- ⊘ 회피 전략은 행동인, 은둔인, 충동인, 의존인, 사색인이라는 다섯 가지 주요 유형으로 분류할 수 있다.
- ⊘ 대개의 사람들이 다섯 가지 전략을 모두 사용하지만 그중에서도 가장 꾸준하게 사용하는 회피 전략이 있다.

해야 할 일

- ⊘ 'www.jillstoddard.com/quizzes'에서 퀴즈를 풀어 자신이 주로 사용하는 회피 전략 유형을 알아보자.

II

불편함에 익숙해지기

여러분은 이제 안락했던 도시를 떠나 직감의 황야로 가야 합니다…
멋진 것을 발견하게 될 것입니다. 바로 여러분 자신을.
— 알란 알다(영화배우)

긴장 풀고 깃털처럼

엘리자베스 퀴블러 로스와 데이비드 케슬러가 쓴《인생수업》은 스테파니의 이야기로 시작한다. 친구들과 주말여행을 가기로 한 스테파니는 로스앤젤레스부터 팜스프링스까지 정체가 심하기로 악명 높은 남부 캘리포니아 도로를 달리고 있었다. 앞서 달리던 차들이 멈춰 서자 스테파니도 멈췄다. 차를 멈추고 백미러를 보자, 뒤차가 속도를 줄이는 기색도 없이 달려오고 있었다. 순간 스테파니는 곧 뒤차가 추돌할 것이며, 그 차가 달리는 속도를 고려할 때 어쩌면 죽을지도 모른다고 생각했다. 그녀는 눈을 감고, 운전대를 움켜쥐고 있던 손의 힘을 빼고 놓아버렸다. 뒤차가 전속력으로 달려와 추돌했지만 스테파니는 기적처럼 다치지 않았다. 스테파니가 타고 있던 차와 앞차, 뒤에서 추돌한 차 모두 심각하게 부서졌지만 그녀는 괜찮았다.

스테파니는 단념한 덕분에 살아남았다. 만약 그녀가 몸에서 긴장을 풀지 않은 채 계속 운전대를 잡고 있었더라면 중상을 입었을 것이다. 저항을 그만두고 앞으로 일어날 일을 그대로 받아들였기에 다치지 않을 수 있었다. 스테파니는 자신이 죽을힘을 다해 운전대를 꼭 쥐듯이 인생을 살아왔다는 사실을 깨달았다. 교통사고를 계기로 그녀는 인생을 손바닥 위에 올려놓은 깃털처럼 대해야겠다고 느꼈다.

내적 경험에도 이런 식으로 대처해야 한다. 죽을힘을 다해 내적 경험을 쥐고 있던 손에 힘을 풀고 마치 손바닥 위에 올려놓은 깃털처럼 쥐어야 한다. 스테파니는 두려움에 맞서 긴장하는 대신 두려움을 있는 그대로 느꼈다. 이렇게 수용하는 관계 덕분에 자유로워졌다.

9장과 10장에서는 경험 회피의 유형을 살펴봤다. 이제는 원하지 않는 감정을 통제하고 새로운 관계를 구축하려는 몸부림에서 벗어날 수 있는 새로운 기술을 익혀 자유로워질 시간이다. 이는 더 이상 감정이 가치를 바탕으로 하는 선택을 가로막는 장애물이 되지 않을 거라는 뜻이다.

몸부림에서 벗어나는 방법

통제가 문제라면 놓아버리기가 해답이다. 이것이 ACT(수용전념치료)의 A가 의미하는 수용이다. 수용이란 어떤 경험을 좋아하거나 원한다는 뜻이 아니다. 포기나 항복을 뜻하지도 않는다. 수용이란 어차피 이미 그 자리에 있는 것을 그대로 존재하도록 둔다는 뜻이다. 내적 경험을 수용할 때 우리는 약하든 강하든, 편하든 불편하든 간에 경험을 있는 그대로 달갑게 받아들인다. 감정을 통제하려 몸부림칠수록 그런 감정은 더 강력해져 떨쳐내기가 한층 더 힘들어진다. 고통은 인간다움의 일부다. 고통에 저항하면 한층 더 피로워지고 중요한 가치에서 점점 더 멀어진다. 저항하기를 그만두면 피로움도 줄어든다.

홀라후프 돌리기와 같다고 생각해보자. 누구나 홀라후프를 허리에 끼고 몇 번은 돌릴 수 있다. 서커스 곡예사 같은 사람들은 허리, 팔, 다리에까지 홀라후프를 끼우고 원하는 만큼 계속해서 돌릴 수 있다. 하지만 어떤 경우든 홀라후프는 결국 떨어지기 마련이고, 서커스 곡예사라면 홀라후프를 한꺼번에 너무 많이 돌리다가 앞을 볼 수 없거나 옴짝달싹하지 못하게 된다.

마찬가지로 원하지 않는 감정을 통제하거나 억압하려 하면 당분간은 그렇게 할 수 있을 것처럼 보이기도 한다. 하지만 결국에는 계속 통제하고 억압하는 능력이 떨어진다. 혹은 자신의 감정을 다스리는 데 몰두한 나머지 다른 그 무엇도 볼 수 없게 된다. 막다른 골목에 몰린 셈이다. 만약 그 대신에 서커스 공연장에서 홀라후프 곡예를 그만둔다면 어떻게 될까? 몸부림을 그만두고 모든 노력에서 발을 뺀다면? 스테파니가 그랬듯이 당신도 놓아버리고, 단념하고, '수용'한다.

수용에 따르는 이점은 연구 결과가 뒷받침한다. 통증 내성을 다룬 한 연구에서는 참가자들에게 얼음물에 손을 담그도록 요청했다. 얼음물에 손을 담그기 전에 참가자들을 세 집단으로 나눴다. 첫 번째 집단(억압)에는 통증과 관련된 정서, 생각, 감각을 억압하라고 요청했다. 두 번째 집단(수용)에는 통증과 관련된 감각, 정서, 생각을 수용하고 관찰하며 통제하지 말라고 요청했다. 세 번째 집단(자발적 대처/통제)에는 통증 교육을 실시하고 그 정보를 활용해 통증에 대처하도록 지시했다. 수용 집단 참가자들은 다른 두 집단보다 통증과 괴로움을 느끼는 수준이 낮고 내성 수준이 높다고 보고했다.

다른 연구에서도 이명(만성적 귀울림), 만성 통증, 공황 등과 관련해 비슷한 결과를 내놓았다. 물론 말보다 행동은 어렵겠지만 수용 능력을 키우는 연습 방법은 많다. 쉽고 즐거운 연습으로 시작해서 좀 더 난도가 높은 연습으로 옮겨갈 수 있다. 지금부터 살펴보도록 하자.

호흡법으로 불편함 수용하기

적극적 수용 연습에 들어가기 전에 수용을 실천할 때 어떤 식으로 나타날지 잠시 살펴보도록 하자. 나는 내담자들에게서 수용이라는 개념을 이론상으로는 이해하겠지만 막상 수용을 실천하려 하면 무엇을 '해야' 할지 잘 모르겠다는 말을 종종 듣는다. 내가 찾은 가장 효과적인 수용 활용법은 불편함을 달갑게 받아들이고 저항을 그만두는 매개체로 호흡을 사용하는 것이다.

지금부터 자연스럽게 숨을 쉬면서 자기의 몸을 관찰하자. 숨을 들이쉴 때마다 가슴과 배가 어떻게 부푸는지, 숨을 내쉴 때마다 가슴과 배가 어떻게 수축하는지에 주목하자. 이제 몸에서 긴장감이나 불편함을 느끼는 부분을 찾아보자. 숨을 들이쉬면서 호흡으로 긴장감이나 불편함의 주변을 넓혀나가자. 숨을 내쉬면서 저항을 놓아버리자. 저항을 놓아버린다는 게 긴장감이나 불편함을 놓아버린다는 뜻은 아니다. 이는 긴장감이나 불편함을 '통제'할 필요를 놓아버린다는 의미다. 나는 호흡을 몇 차례 한 다음 자신에게 들려주는 격려나 교훈을 떠올리곤 한다. 예를 들면 다음과 같다.

들숨 … 마음을 열고 확장하자.

날숨 … 저항을 놓아버리자.

들숨 … 용납하자.

날숨 … 단념하자.

들숨 … 지금 여기에 있다.

날숨 … 놓아버리자.

들숨 … 내게는 이럴 여유가 있다.

날숨 … 여기에서 해야 할 일은 아무것도 없다.

들숨 … 여유를 만들자.

날숨 … 위의 말을 되뇌면서 어깨를 늘어뜨리고, 얼굴 근육을 풀고, 턱에 힘을 빼고, 주먹을 쥐지 않는다. 억지로 이완하는 방법이 아니라 우리가 몸 안에 품고 있는 저항을 놓아버리는 방법이다.

처음에는 저항을 놓아버리면서 내적 경험에 필요한 여유를 만들려면 눈을 감고 호흡을 사용하는 데 집중해야 할 것이다. 연습을 몇 차례 거듭하다 보면 눈을 뜬 채 운전이나 힘겨운 대인관계 소통 극복 같은 다른 일에 집중하면서도 실천할 수 있을 것이다.

기꺼운 불편함

수용 능력을 키우는 관건은 기꺼이 불편함을 느끼려는 태도다. 불편함을 느끼는 자극에는 여러 종류가 있다. 보고 싶지 않은 대상, 듣고 싶지 않은 소리, 불쾌한 냄새, 역겹다고 느끼는 맛이나 질감 등이 여기에 속한다. 우리는 이런 자극을 사용해 수용 능력을 키울 것이며, 호흡법을 사용해 저항을 놓아버리고 불편함을 느낄 여유를 만들 수 있다.

> 고통×저항=괴로움이라는 방정식을 기억하자.
> 고통은 상수이지만 저항하지 않으면 괴로움을
> 거부할 수 있다.

하루를 보내는 동안 우리의 뇌와 눈, 귀, 코, 입, 피부는 많은 자극을 처리한다. 석양이나 무지개처럼 아름다운 대상을 볼 때면 자리에 멈춰 서서 그 아름다움을 감상하곤 한다. 도로의 소음이나 컴퓨터 팬 같은 소리를 들을 때는 거의 주의를 기울이지 않는다. 토사물처럼 불쾌한 냄새를 맡으면 코를 틀어쥐고 그런 냄새에서 벗어나려 최선을 다한다.

수용하면서 심리적 유연성을 구축할 때 우리는 생겨난 감각에 어떻게 반응할지 좀 더 의식해서 선택한다. 즉, 불쾌하다고 느끼는 내적 경험에서 회피하거나 도피하는 타성에 젖은 반응을 거부한다는 뜻이다. 토사물의 냄새를 수용하는 데 가치가 있을까? 아무런 맥락이 없다면 꼭 그렇다고 할 수는 없다. 게다가 이는 '고진감래' 실습이 아니다.

하지만 만약 사랑하는 사람이 병에 걸려 그 사람을 돌봐야 하거나 돌보고 싶다면 어떨까? 역겨운 느낌에 제대로 대면할 수 있다면 간병을 좀 더 온전히 해낼 수 있을 것이다. 또한 경험으로 직접 알게 되겠지만(그냥 내가 그렇다고 말하기 때문만이 아니라), 감정을 있는 그대로 달갑게 받아들일수록 혐오스러운 감정이 있을 때 겪는 괴로움은 줄어든다.

다음 연습은 당신과 내적 경험의 관계를 바꿀 수 있다. 그렇게 함으로써 불편함을 꺼리는 마음이 제약받지 않고 다양한 행동 패턴을 선택할 자유를 누릴 수 있다. 그러면 좀 더 자유롭게 가치를 선택할 수 있다. 다음 연습을 할 때는 특히 회피하려는 '충동'에 주의를 기울이도록 하자. '이것들'은 실행 가능한 행동 대신 안전지대를 선택할 때 종종 타성에 젖어 반응하는 감정이다.

시각 수용 능력 키우기

먼저 매력 있다고 느끼는 시각 자극을 고르자. 집안이나 자연 속에서 골라도 되고, 컴퓨터에서(예를 들어 유튜브나 구글 이미지 활용) 선택해도 된다. 꽃이나 그림, 반려동물, 사진 같은 자극을 골라 몇 분 동안 유념하며 바라보자. 대상의 색깔, 질감, 형태는 물론 전반적인 특성에 초점을 맞추자. 자신이 어떻게 느끼는지에 주목하자.

다음으로는 불쾌한 시각 자극을 선택하자. 이때는 과감한 선택이 바람직하다. 10점 만점인 반감 척도에서 최소 5점 이상인 대상을 고르자. 뱀이나 거미 사진이 좋은 예일 것이다. 내가 이 연습을 할 때 즐겨 고르는 대상은 발이다. 평소와 다름없이 그 자극을 보면서 순순히 저항하자.

아마도 근육이 긴장하거나 눈을 찡그리거나 고개를 돌릴 것이다. 자신이 어떻게 느끼는지, 불쾌한 대상을 볼 때 어떤 행동을 하는지에 주의를 기울이자. 그리고 자신이 느끼는 감정을 느끼지 않으려고 애쓰자. 불편함, 저항, 괴로움의 경험을 0에서 10점 척도로 평가하자. 괴로움을 어떻게 평가해야 할지 잘 모르겠다면, 불편함에 따르는 고통이나 저항에 따르는 긴장감, 저항에 실패했을 때 느낄 법한 부정적인 감정 같다고 생각해보자.

예를 들어 긴 발톱에 때가 껴서 흉한 커다란 남자 발을 볼 때 내가 느끼는 불편함은 10점 만점 중 8점이다. 경험을 회피하려 최선을 다할 것(얼굴을 찡그리고 몸을 긴장해 '으으, 역겨워, 젠장!'이라고 말하고, 가능하다면 눈길을 돌리고, 마음속에서 본 장면의 기억을 몰아내려 애쓴다)이므로 내 저항은 9점이다. 나 자신이 불편하게 느끼는 것도 싫고, 저항해봐야 기분이 좋아지지 않는다는 점도 싫으므로(일단 봤으므로 아무리 애써도 안

본 것으로 할 수는 없다) 괴로움의 척도는 9점이다. 다음의 표를 사용해 자신의 경험을 기록하자.

시각 자극	불편함 0~10	저항 0~10	괴로움 0~10	관찰 결과
발	8	9	9	목, 가슴, 배가 조여들고, 눈을 감고, 얼굴을 찡그리고, 툴툴거리고, 눈길을 돌리지 않으려 하지만 실은 눈길을 돌리고 싶다.

불편감을 느끼는 대상을 평소처럼 저항하면서 바라본 다음 이를 다르게 보는 법을 연습하자. 어깨를 늘어뜨리고 얼굴을 펴자. 색깔, 질감을 비롯한 여러 특징을 판단하지 말고 주목하자.

호흡으로 마음을 열고 불쾌한 자극을 바라볼 때 생기는 감각을 확장하자. 그 상태를 유지한다. 호흡하면서 내적 경험을 있는 그대로 내버려두자. 호기심을 가지고 관찰 대상과 자신의 감각을 살펴봐도 좋다. 다시 말해 저항을 내려놓고 수용을 연습하자. 불편함, 저항, 괴로움을 0에서 10점 척도로 평가하고 다음 표에 자신의 경험을 기록하자.

시각 자극	불편함 0~10	저항 0~10	괴로움 0~10	관찰 결과
발	5	2	2	마음을 열고, 긴장을 풀고, 호기심을 자극한다. 여전히 대상의 외형이 마음에 들지 않지만 긴장감과 고통이 줄어들고, 좀 더 오랫동안 볼 수 있다.

저항할 때와 수용할 때의 경험이 어떻게 다른지에 주목하자. 불편함과 괴로움에 대한 평가가 달라졌는가? 자극을 계속 관찰하려는 의향이 바뀌었는가? 행동도 바뀌었는가?

청각 수용 능력 키우기

나는 우리 집 반려견이 코를 고는 소리가 너무너무 좋다. 프렌치불도그라서 가끔은 깨어 있을 때도 코를 곤다. 너무 사랑스럽고 웃겨서 눌린 듯한 자그마한 얼굴에 뽀뽀하고 싶어진다. 하지만 인간이 입으로 내는 소리라면? 정중하게 사절이다.

손톱을 물어뜯는 남편과 딸에게 잔소리할 때마다 10센트를 받을 수 있다면, 나는 아마 세상에서 10센트 동전을 가장 많이 모은 사람이 될 것이다. 잔소리할 때마다 반사적으로 팔을 때려 두 사람이 깜짝 놀라곤 한다. 썩 상냥한 행동은 아니다. 그래서 남편 빌과 딸 스칼렛이 입으로 내는 소리를 수용하는 연습을 시작했다.

당신은 어떤 소리를 좋아하고, 그런 소리를 들을 때 어떤 기분이 드는가? 어떤 소리를 들을 때 깜짝 놀라곤 하는가? 깜짝 놀라게 되는 소리를 수용하는 능력을 키우는 연습을 해보자. 먼저 음악이나 새소리, 파도소리처럼 기분 좋다고 느끼는 소리로 시작하자. 몇 분 동안 그 소리를 유념하며 들어보자. 음량, 높낮이, 음색 등 소리의 전반적인 특징에 초점을 맞추자. 판단을 내려놓고 느낌에 주목하자.

다음으로는 불쾌하다고 느끼는 청각 자극을 선택하자. 앞에서도 말했듯이 과감하게 10점 만점인 반감 척도에서 최소 5점 이상인 자극을 선택하자. 아기 울음소리나 손톱으로 칠판을 긁는 소리(진짜 칠판이 없더라도 유튜브에서 쉽게 이 소리를 찾을 수 있다), 싫어하는 가수나 질색하는 장르의 음악이 그런 자극이 될 수 있다. 저항하면서 들을 때 느낀 당신의 불편함, 저항, 괴로움의 경험을 10점 척도로 평가하고 아래 표에 기록하자.

청각 자극	불편함 0~10	저항 0~10	괴로움 0~10	관찰 결과
싫어하는 록 밴드의 노래	6	7	7	역겹고 짜증 나는 느낌, 끝나기를 갈망, 귀가 아픔.

이제 수용하는 마음으로 들어보자. 음악을 듣고 있다면 각 악기가 내는 소리에 주목해 들어보자. 판단하는 대신에 호기심을 갖고 소리의 특성에 초점을 맞춰보자. 호흡을 사용해 떠오르는 감정을 있는 그대로 느껴보자. 수용하면서 들을 때 느낀 불편함, 저항, 괴로움의 경험을 10점 척도로 평가하고 다음 표에 기록하자.

청각 자극	불편함 0~10	저항 0~10	괴로움 0~10	관찰 결과
싫어하는 록 밴드의 노래	3	1	1	전에는 알아차리지 못한 흥미로운 악기들에 관심이 생겼고, 조급해하지 않고 끝까지 들을 수 있었으며, 화음이 마음에 들었다.

후각 수용 능력 키우기

이해하기 힘들겠지만 나는 휘발유 냄새를 정말 좋아한다. 살충제 냄새와 모닥불 냄새도 좋아한다. 반면에 증류주의 일종인 진 냄새를 맡으면 구역질이 난다. 물론 그렇게 된 데는 그럴 만한 이유가 있지만 그 이야기는 다른 책에서 털어놓으련다. 가정이나 업소에서 쓰는 세제 중 상당수에서 진과 똑같은 냄새가 나는지라 그 냄새를 피해 다니기는 힘들다. 그렇다면 대안은 무엇일까? 수용이다. 당신은 어떤 냄새를 좋아하는가? 싫어하는 냄새는? 피하고 싶은 냄새를 수용하는 연습을 해보자.

먼저 강아지의 숨결이나 꽃, 반려자가 쓰는 향수, 아기의 정수리 냄새 등 자신이 매력을 느끼는 향기를 선택하자. 몇 분 동안 이 자극의 향기를 유념해 맡아보자. 향기의 전반적인 특성에 초점을 맞추자. 판단을 내려놓고 오로지 느낌에 주목하자.

다음으로 불쾌하다고 느끼는 냄새를 고르자. 10점 만점인 반감 척도에서 최소 5점 이상인 자극을 선택하자. 냄새가 심한 치즈나 반려자의 발 냄새, 청소하기 직전의 반려동물 화장실이 여기에 해당할 것이다. 평소처럼 저항하면서 자극의 냄새를 맡아보자. 코를 틀어쥐거나 역겨운 기분을 소리 내서 말할지도 모른다. 불쾌한 냄새를 맡을 때 느끼는 기분과 행동에 주의를 기울이자. 불편함, 저항, 괴로움을 느낀 경험을 0에서 10점 척도로 평가하고 아래 표에 기록하자.

후각 자극	불편함 0~10	저항 0~10	괴로움 0~10	관찰 결과
남편 빌의 발	8	10	8	역겨움 그 자체, 소리 내서 표현, 대체 왜 이런 냄새가 나는지 의문 표시, 얼굴 찡그림, 얼굴을 돌리고 곧 포기.

평소처럼 저항하며 냄새를 맡은 다음 다르게 냄새 맡는 법을 연습하자. 코를 찡그리지 않는다. 판단하지 말고 특징에 주목하자. 호흡하면서 마음을 열고 불쾌한 냄새를 맡을 때 발생하는 감각을 확장하자. 그 상태를 유지하자. 호흡하면서 내적 경험을 있는 그대로 내버려두자. 저항을 내려놓고 수용을 연습하자. 불편함, 저항, 괴로움을 0에서 10점 척도로 평가하고 아래 표에 기록하자.

후각 자극	불편함 0~10	저항 0~10	괴로움 0~10	관찰 결과
남편 빌의 발	5	3	3	여전히 좋지는 않지만 견딜 만하고 냄새를 이루는 다양한 세부 사항에 호기심이 발생. 실은 원시인 같은 발이 조금 귀엽게 느껴지기도 함.

저항할 때와 수용할 때의 경험이 어떻게 다른지에 주목하자. 불편함과 괴로움의 점수가 바뀌었는가? 자극을 기꺼이 받아들이려는 의향이 바뀌었는가? 행동은 어떠한가?

미각 수용 능력 키우기(빈부즐드 젤리빈에 도전)

2020년 2월 말, 장난꾸러기 우리 아들 윌리엄은 귀에 돌을 넣으면 무슨 일이 벌어지는지 알고 싶었던 모양이다. 덕분에 소아과에 갔더니 응급실로 데려가라고 했다. 다시 말하지만 때는 2020년 2월이었다. 일주일 뒤 윌리엄은 무엇을 먹든 "맛없어!"라고 말했다. 다행히도 코로나19 바이러스 감염으로 인한 미각과 후각 상실은 일시적(병세도 가벼웠다)이었지만 심한 편식 증상은 지금까지도 이어지고 있다. 물론 음식에 관해서는 누구나 호불호가 있다. 필수 영양소를 충분히 섭취한다면 싫어하는 음식을 억지로 먹을 필요는 없다. 하지만 이는 수용 능력 키우기를 연습하는 좋은 방법이다. 실은 내가 제일 좋아하는 방법이기도 하다.

이전과 마찬가지로 먼저 즐겨 먹는 음식을 선택하자. 몇 분 동안 이 음식을 마음 깊이 생각하며 즐기자. 맛과 질감을 비롯해 음식의 전반적인 특징에 초점을 맞춘다. 판단을 내려놓고 느낌에 주목하자.

다음으로 싫어하는 음식을 선택하자. 나는 내담자들과 빈부즐드 BeanBoozled 젤리빈(겉보기에는 동일하지만 일반적인 맛과 괴상한 맛이 섞여 있는 복불복 놀이용 젤리빈―옮긴이)으로 이 연습을 즐겨한다. 이 젤리빈은 색깔과 맛이 다양하다. 붉은 반점이 있는 복숭아색 젤리는 딸기 바나나 스무디 맛일 수도 있고 죽은 물고기 맛일 수도 있다. 알록달록한 점이 박힌 흰색 젤리는 생일 케이크 맛 혹은 구정물 맛이다. 젤리빈을 구매하고 싶지 않다면 다른 싫어하는 음식으로 해도 된다.

평소처럼 저항하면서 그 음식을 맛보자. 빈부즐드 젤리빈 하나를 입 안에 넣고 기대감과 함께 공포가 따르는 호기심을 느껴보자. 젤리빈을 씹고 맛을 느끼면서 '맛있는' 맛일 때 느끼는 안도감에 주목하자. '괴상한' 맛이 날 때 뱉고 싶은 강한 충동에 주목하자. 처음에는 평소에 하듯이 그냥 뱉어버리자. 불쾌한 음식을 맛봤을 때 어떻게 느끼고 무슨 행동을 하는지에 주의를 기울이자. 불편함, 저항, 괴로움을 느낀 경험을 0에서 10점 척도로 평가하고 아래 표에 기록하자.

미각 자극	불편함 0~10	저항 0~10	괴로움 0~10	관찰 결과
빈부즐드 젤리빈	7	10	8	두려워하다가 죽은 물고기 맛이 나자마자 얼굴을 찌푸리고 역겨워하며 이를 소리 내 말하고 난 뒤 뱉어버렸다.

평소처럼 저항하며 음식을 먹은 다음 다르게 맛보는 법을 연습하자. 판단하지 말고 풍미와 질감을 비롯한 여러 특성에 주목하자. 호흡하면서 마음을 열고 싫어하는 음식을 맛볼 때 발생하는 감각을 확장하자. 그 상태를 유지하자. 호흡하면서 내적 경험을 그대로 내버려두자. 빈부즐드 젤리빈에 도전하는 경우라면, 일단 전부 그냥 젤리빈이라는 사실을 염두에 두고 어떤 맛이 걸리든 마음을 열고 호기심 넘치며 개의치 않는 자세로 연습하자. 다시 말해 저항을 내려놓고 수용을 연습하자. 불편함, 저항, 괴로움을 0에서 10점 척도로 평가하고 아래 표에 기록하자.

미각 자극	불편함 0~10	저항 0~10	괴로움 0~10	관찰 결과
빈부즐드 젤리빈	0	0	0	마음을 열고 호기심에 가득 차 관심을 보인다. 썩은 달걀이 아니라 버터맛 팝콘이었을 때 안도했다!

저항할 때와 수용할 때의 경험이 어떻게 다른지에 주목하

자. 불편함과 괴로움의 점수가 바뀌었는가? 자극을 기꺼이 받아들이려는 의향이 바뀌었는가? 행동은 어떠한가?

촉각 수용 능력 키우기

나는 지갑에 현금을 넣을 때 액면가 순서대로 같은 면이 앞으로 오도록 정리한다. 테이크아웃용 커피 컵의 이음매가 컵의 홀더 이음매와 나란히 겹치도록 놓는다. 머리카락을 말 때는 항상 왼쪽부터 만 다음 오른쪽을 만다. 시계는 항상 왼쪽 손목에 찬다. 현금이 제멋대로 들어있거나, 컵 이음매가 어긋나거나, 머리카락을 마는 순서가 잘못되거나, 시계를 오른손에 차면 뭔가 잘못된 것처럼 불편하다. 잘못된 듯한 기분은 수용을 연습하는 올바른 방법이다.

이 연습을 할 때는 양치, 면도, 샤워, 옷 입기, 신발끈 묶기, 설거지, 빨래 등 무엇이든 선택할 수 있다. 또한 장신구, 안경, 이어폰 착용처럼 피부에 닿는 느낌의 일이라면 무엇이든 선택할 수 있다. 먼저 이런 일을 평소 하듯이 해보자. 늘 하듯이 바지를 입을 때 한 번에 한 다리씩 넣는다. 왼손 중지에 반지를 낀다면 그렇게 하자. 그럴 때 어떤 느낌이 드는지에 주목하자. 평소에는 아예 신경조차 쓰이지 않는다는 점에 주목하자!

이제 평소와 다르게 바꿔보자. 뭔가 어색한 느낌이 들도록 해보자. 반지를 평소에 끼지 않던 손가락에 낀다. 이를 닦을 때도 평소에 잘 쓰지 않던 손으로 닦자. 평소와 다른 순서로 샤워를 하자(예를 들어 샴푸 전에 비누질 먼저 하는 식). 안경을 거꾸로 쓰거나 이어폰을 좌우 반대로 끼워보자. 장난기를 발휘해 즐겁게 해보자!

뭔가 옳지 않다는 기분이 들 때 어떻게 느끼고 무슨 행동을 하는지에 관심을 기울이자. 편한 방식으로 돌아가고 싶은 충동에 주목하자. 처음에는 자신이 저항할 수 있도록 하면서, 그런 욕구가 솟아나자마자 편안한 느낌이 드는 방식으로 돌아가자. 불편함, 저항, 괴로움을 느낀 경험을 0에서 10점 척도로 평가하고 아래 표에 기록하자.

촉각 자극	불편함 0~10	저항 0~10	괴로움 0~10	관찰 결과
손깍지를 '잘못된' 방식으로 끼기	4	10	4	어색하고 괴로운 느낌, 당장 바꿔 끼고 싶은 충동이 느껴져 즉시 '올바른' 방식으로 꼈다.

이제 어색한 느낌의 방식을 허용하는 연습을 하자. 그냥 경험에 주목하자. 호흡하면서 마음을 열고 발생하는 감각을 확장하자. 그 상태를 유지하자. 호흡하면서 내적 경험을 그대로 내버려두자. 충동을 호기심 어린 시선으로 바라봐도 좋다. 저항을 내려놓고 수용을 연습하자. 불편함, 저항, 괴로움을 0에서 10점 척도로 평가하고 아래 표에 기록하자.

촉각 자극	불편함 0~10	저항 0~10	괴로움 0~10	관찰 결과
손깍지를 '잘못된' 방식으로 끼기	2	0	0	손깍지를 그대로 두고 그냥 관찰하며 내버려뒀다. 여전히 어색하지만 시간이 지나면서 그런 느낌이 서서히 줄어들었고 괴롭지는 않았다.

저항할 때와 수용할 때의 경험이 어떻게 다른지에 주목하자. 불편함과 괴로움의 점수가 바뀌었는가? 자극을 기꺼이 받아들이려는 의향이 바뀌었는가? 행동은 어떠한가?

이 연습은 우스꽝스럽고 가면 행위와는 무관하게 보일 수도 있다. 하지만 만약 내가 "그냥 자기회의와 불안을 받아들이고 풀 사이즈 인생을 살아가세요!"라고 말한다면 그것은 평생 단 하루도 뛰는 훈련을 해본 적 없는 사람에게 "그냥 마라톤 대회에 나가서 뛰세요!"라고 말하는 것과 같다. 이렇게 장난스럽고 부드러운 방식으로 불편함을 받아들이는 연습은 일종의 훈련이다.

훈련을 통해 어색한 기분을 느끼며 이를 닦는 방식부터 불안, 자기회의, 불안정, 공포, 분노, 질투, 죄책감, 수치심 등 우리가 회피하려 애쓰는 온갖 불쾌한 느낌을 수용하기까지 서서히 나아갈 수 있다. 믿어도 좋다. 불편함에 익숙해질 수 있다면, 지금까지 눌려 있던 엄청난 자유를 누리게 될 것이다. 당신이 했던 장난스러운 연습을 소셜 미디어에 올리고, 내 계정을 태그한 다음, 해시태그 '#imposternomore'를 달아 공유하기 바란다.

감정 수용 능력 키우기

아직 끝이 아니다. 오감 수용 능력 키우기는 시작일 뿐이다. 이제 오감보다 좀 더 중대한 감정을 연습할 시간이다. 9

장과 10장에서 이야기했듯이 자신이 중요하게 여기는 가치에 부합하지 않는 삶의 영역은 대개 불편한 감정을 회피하려는 마음이 큰 부분을 차지하곤 한다. 그러니 지금부터 다른 방법을 연습해보자.

앞에서 했던 오감 수용 능력 키우기와 마찬가지로 즐겁다고 느끼는 감정부터 시작하자. 웃음이 터지는 시트콤이나 코미디 프로그램을 봐도 좋고, 놀이기구를 좋아한다면(나는 좋아한다!) 롤러코스터를 타도 좋다. 무엇을 선택하든 그런 행동을 할 때 어떤 기분이 드는지, 즐겁다고 느끼는 감정에 어떻게 반응하는지에 주목하자.

다음으로는 감당하기 힘겨운 느낌을 불러일으키는 자극을 선택하자. 유튜브에서 〈마이 걸〉이나 〈두 여인〉, 〈애정의 조건〉 같은 영화에 나오는 슬픈 장면을 찾아봐도 좋다. 내가 제일 좋아하는 클립은 〈말리와 나〉에서 말리의 마지막 순간들을 담은 가슴이 찢어지는 듯한 몽타주다. 갑자기 튀어나와 사람을 놀라게 하는 장면이 나오는 공포 영화 클립을 봐도 좋고, 놀이기구를 질색하는 사람이라면 롤러코스터를 타도 좋다.

질투에 시달리는 사람이면 비즈니스 전문 소셜 미디어 플랫폼인 링크드인 프로필을 샅샅이 살피면서 자기보다 더 성공한 듯한 전문가들을 보는 방법도 있다. 분노 자극을 유발할 때는 싫어하는 정치인을 찾아 그가 한 연설을 들어보자. 선택지에는 끝이 없다. 생각이 나지 않으면 내게 연락해도 좋다. 그러면 꼭 맞는 선택지를 고를 수 있도록 도와줄 것이다.

감정을 유발하는 자극을 처음 접할 때는 저항하면서 그 경험에 주목하자. 불편함, 저항, 괴로움을 0에서 10점 척도로 평가하고 아래 표에 기록하자.

정서 자극	불편함 0~10	저항 0~10	괴로움 0~10	관찰 결과
〈말리와 나〉	9	10	9	금방 눈물이 터졌지만 참으려고 애썼다. 가슴과 목, 배가 조여왔다. 보기 시작한 지 30초 만에 꺼버렸다.

그다음에는 수용을 연습하면서 계속해보자. 오감 수용 연습을 했다면 이제 꽤 익숙해졌을 것이다. 익숙해졌다고 해서 꼭 기분이 나아진다거나 편안해진다는 뜻은 아니다! 단지 불편함을 기꺼이 받아들이려는 의향을 키우고 있다는 뜻이다. 다음 표에 경험을 기록하자.

정서 자극	불편함 0~10	저항 0~10	괴로움 0~10	관찰 결과
〈말리와 나〉	5	0	0	심호흡을 하면서 마음을 열고, 관심을 보이면서 용납하고, 사랑과 유대감에 초점을 맞췄다.

저항할 때와 수용할 때의 경험이 어떻게 다른지에 주목하자. 불편함과 괴로움의 점수가 바뀌었는가? 자극을 기꺼이 받아들이려는 의향이 바뀌었는가? 행동은 어떠한가?

이제 이런 연습을 실생활에 도입해보자. 불편한 대상에 저항하는 자신을 볼 때 더는 운전대를 움켜쥐듯이 긴장하지 말자. 손바닥에 깃털을 올려놓듯이 그 경험을 받아들이자. 감정을 통제하거나 억압하려 애쓰지 말고 호흡과 함께 그 감정에 주목하며 용납하자. 그다음에 가치를 바탕으로 행동을 지속할지, 선회할지 선택하자.

이렇게 하면 내적 경험이 가치를 바탕으로 하는 선택을 더는 가로막지 않는 새로운 맥락이 생긴다. 어떤 생각이 얼마나 설득력 있게 느껴지는지, 어떤 느낌이 얼마나 불편한지와 상관없이 중요한 것을 생각하고 느끼게 된다. 다시 말해 우리는 '플렉스FLEX'하게 된다.

F: 감정을 느낀다feel feelings

L: 생각을 넘긴다let thoughts pass

EX: 가치 있는 행동을 실행한다execute valued behavior

불편함을 수용하는 법을 배운다는 것은 평생 계속해야 하는 과정이다. 어느 날 아침 눈을 떠 갑자기 "아하, 경지에 이르렀어! 수용을 통달했어! 할 일 목록에서 지우고 다음으로 넘어가야지!"라고 말할 날은 영영 오지 않는다. 수용은 매일 새로 시작해야 하는 일이다. 물론 연습하면 할수록 쉬워지겠지만 수용하는 법을 배우는 것은 어디까지나 과정일 뿐, 종점은 없다.

생각 및 감정과의 관계를 바꿔 생각에 사로잡히지 않은 채 이를 관찰하고, 저항하지 않으면서 감정을 용납하는 게 심리적 유연성을 키우는 관건이다.

무엇을 기꺼이 느낄 것인가

기쁨과 고통은 동전의 양면과 같다. 사랑하면 실연할 위험이 따른다. 성공하려면 실패할 위험을 무릅써야 한다. 창작에는 비평이 따르기 마련이다. 풀 사이즈 인생을 살아가려면 즐거운 감정은 물론, 겪기 힘든 감정까지도 기꺼이 받아들여야 한다. 당신은 원하는 인생을 살아가기 위해 무엇을 기꺼이 느낄 것인가? 아래에 제시한 내 사례를 참고해 빈칸에 당신 자신의 예시를 한두 개 써보자.

하고 싶은 일	그 일을 했을 때 느낄 법한 기분	그 일을 하지 않았을 때 느낄 법한 기분
이틀짜리 실시간 워크숍 새로 만들기	두려워! 사람들이 싫어하면서 돈 낭비라고 느끼면 어떻게 하지? 아무에게도 도움이 되지 않으면 어떻게 하지? 실패하면 어쩌지? 하지만 도전한 나 자신이 자랑스러울지도 몰라.	나에게 정말로 중요한 일을 시도하지 않은 것에 실망. 자기 회의에 휩쓸려 결정했다는 것에 분노. 기분 때문에 일을 못 한 것에 대한 낙심.

'하고 싶은 일'을 색인 카드나 메모지에 적고 그 뒷면에 '그 일을 했을 때 느낄 법한 기분'을 적어보자. 불편한 기분을 내던지고 싶다면 언제라도 종이를 찢어버릴 수 있다. 하지만 그런 행동은 꿈을 내버리는 일이기도 하다.

자신의 가치에 따라 산다고 해서 반드시 기분이 좋아지는 것은 아니다! 원하는 바를 추구하려면 기꺼이 위험을 감수하고 취약성을 드러내야 한다. 그러면 더욱더 불편한 기분이 들 가능성이 높다. 적어도 처음에는 그렇다. 하지만 그런 불편함과 더불어 자부심, 생기, 목적, 의미, 나아가 한층 더 살아 있다는 기분까지 느끼게 된다. 불편함을 감수할 가치가 있다. 또한 당신은 그 일을 해낼 수 있다. 3부에서 살펴보겠지만 공동체와 더불어 연민을 가지고 문화를 바꿔가며 해나가야 한다.

262
263

알아둘 사항

⊘ 어떻게 느끼는지를 통제하려는 시도가 문제라면 수용이 해결책이다.

⊘ 수용이란 좋아하거나 원하거나 포기하거나 굴복한다는 뜻이 아니다. 이미 여기에 있는 것을 그대로 둔다는 뜻이다.

⊘ 오감을 활용하고, 일과를 바꾸고, 감정을 불러일으켜 수용을 연습할 수 있다.

⊘ 수용은 계속 진행되는 과정이며, 종점은 없다.

⊘ 플렉스: 감정을 느끼고, 생각을 넘기고, 가치 있는 행동을 실행한다.

⊘ 고통과 기쁨은 동전의 양면이다. 기쁨을 얻으려면 고통도 기꺼이 감수해야 한다.

해야 할 일

⊘ 감각과 일과를 활용하고 힘겨운 감정을 자극함으로써 수용을 연습하자. 호흡을 매개체로 활용하자.

⊘ 자신이 무엇을 원하는지, 그것을 얻기 위해서라면 어떤 기분을
기꺼이 느껴야 하는지 생각해보자. 그런 감정을 수용하는 연습
을 하자.

PART 3

안주하여 만족할 것인가,
도전하여 충만할 것인가

12

함께하는 것에는 분명한 이점이 있다

혼자서 할 수 있는 일은 별로 없습니다.
함께라면 훨씬 많은 일을 할 수 있죠.
— 헬렌 켈러

기댈 곳이 있다는 것

맥락 행동 과학 협회Association for Contextual Behavioral Science라는
공동체의 지원과 격려 덕분에 나는 이사 최종 후보로 올랐고
당선도 됐다. 특임이사로 재임하는 기간 동안 총무이사 겸
재무이사 후보로도 지명받았고 그 직위에도 뽑혔다. 실패와
망신을 겪을지도 모르는 상황에서 심리적으로 유연하게 행

동하기 어려웠을 때 나는 공동체에 기대어 용기와 끈기라는 가치를 구현할 수 있었다. 만약 또 실패했더라도 공동체가 내 편이 되어줬을 테니 괜찮았을 것이다.

인간은 유대를 갈망하고, 공동체에는 확실한 이득이 따른다. 즉, 공통의 태도와 이해, 목표를 공유하면서 다른 사람에게 동료애를 느끼게 된다. 교사는 공동체를 우선시하는 학교에서 일할 때 더 큰 효능감, 사기, 만족감, 참석률을 나타낸다. 사람들이 모인 공동체가 호흡을 맞춰 함께 움직일 때, 그들은 강한 유대감을 경험하고 더 큰 신뢰와 협력, 고통을 견디는 내성을 보여준다.

건전한 또래 집단에 속한 아동과 청소년은 성인이 되어 약물 사용 문제를 일으킬 가능성이 낮다. 집단 소속감이 강한 사람들은 좀 더 관대하고 다른 사람들의 결과에 관심을 기울이는 경향을 보인다. 반면에 타인과 단절되었다고 느끼는 감정 상태인 외로움은 흡연만큼이나 건강에 해롭다. 종단 연구 16건을 대상으로 실시한 메타 분석 결과, 사회적 유대가 부족하면 심혈관계 질환에 걸릴 위험이 증가했고, 질병률과 사망률 예측 역시 확고하게 나타났다.

직업생활을 풀 사이즈로 키워나가고자 한다면, 자기회의와 가면 상태가 추악하게 고개를 들 때 공동체 구축이 앞으로 나아가는 데 어떤 도움이 될지 생각해보기 바란다.

베스트셀러 작가 이브 로드스키에게 가치를 바탕으로 하는 변화를 만들어 나갈 때 공동체가 담당하는 역할에 대해 물었다. 로드스키는 공동체가 주는 중요한 이점 두 가지를 꼽았다. 첫째, 공동체는 '부서지기 쉬운 꿈'의 단계를 통과할 수 있도록 돕는다는 점이다. 둘째, 조력자가 있으면 소외감에 맞서 싸우는 데 도움이 된다는 점이다. 자신과 비슷한 인생 경험을 한 다른 사람들과 경험을 공유하다 보면 자신이 혼자가 아님을 깨닫고, 인정받는다고 느끼며, 사기꾼 같다는 느낌이 줄어든다. 로드스키가 처음에 썼던《페어플레이 프로젝트》출간 제안서가 퇴짜를 맞았을 때도 그랬다. 그녀는 자신과 마찬가지로 절박한 상황에 몰린 워킹맘 수백 명의 경험을 바탕으로 양성평등을 달성하기 위한 페어플레이 시스템을 만들었다.

제안서가 퇴짜를 맞고 자기회의에 시달리고 있었을 때 로드스키는 자기가 지지하는 여성들을 떠올렸다. 로드스키는 그들을 실망시키고 싶지 않았다. 또한 자신은 혼자가 아님을 알고 있었으므로 옹호하기가 더 쉬웠다고 말했다. 로드스키는 베스트셀러 두 권을 낸 작가로서 유명한 매체에 다수 출연했고, 배우 리즈 위더스푼Reese Witherspoon이 세운 미디어 기업 헬로 선샤인Hello Sunshine과 함께 〈페어플레이〉라는 다큐멘터리를 만들기도 했다. 로드스키는 공동체가 있었기에 자신이 성공할 수 있었다고 말한다.

공동체 꾸리는 법

공동체를 꾸린다는 개념은 엄두가 나지 않을 정도로 어렵게 느껴질 수도 있지만 이를 실행에 옮길 수 있는 방법은 많다. 이미 있는 관계 위에 쌓아 올리는 방법이 그중 하나다. 대학교 기숙사에서 같은 방을 쓰면서 친해진 트레이시는 군인을 배우자로 둔 전직 간호사로 최근에 정규직 일을 다시 시작했다. 트레이시는 내게 일정을 잘 조율하는 노하우를 얻고 싶다며 점심시간에 만나자고 했다. 그녀가 보기에 내가 일정 조율을 잘하는 사람으로 보여 이 구체적인 분야에 대한 조언을 얻고자 했다는 사실이 기뻤다.

트레이시와 브라이언의 사례를 본받아 친구나 동료에게 각자의 특기 분야에 관한 조언을 구할 수 있다. 상대방이 같은 지역에 사는 사람이라면 점심 식사나 커피를 대접하자. 그들의 귀중한 시간을 공짜로 이용한다는 기분을 느끼지 않으면서 당신의 목표나 의문, 힘든 점에 대해 이야기할 수 있다. 현재 관계와 공동체를 활용하는 방법 이외에도 다양한 방식으로 새로운 관계와 공동체를 구축할 수 있다.

- **전문직 협회에 가입하자.** 회원들이 당신과 열정이나 가치, 목표를 공유하는 협회를 찾아보자. 대규모 협회라면 회원들과 상호작용할 기회를 늘릴 수 있도록 위원회나 특별 이익 집단, 지부에 가입하는 방법도 고려하자.
- **상담 집단이나 멘토링 집단에 참여하거나 이를 만들어보자.** 이는 대개 직업이나 목표가 비슷한 사람들끼리 모이는 집단이다. 이런 집단에서는 주로 업무의 현재 상태, 미래 목표, 그런 목표를 달성하고 장애물을 극복할 아이디어를 논의한다. 또한 서로 정서적인 지지와 격려를 주고받는다.
- **협업하자.** 논문이나 책을 혼자 쓰는 대신 공저자를 찾아보자. 1인 팟캐스트를 시작하는 대신, 그 주제에 열정을 가지고 있는 파트너를 찾아보자. 이미 마음에 드는 칼럼을 쓰고 있거나 팟캐스트를 진행하고 있는 사람에게 함께하자고 제안할 수도 있다. 그 사람들도 어쩌면 감당하기 힘들 만큼 일이 많아 함께할 공동체를 갈구하고 있을지도 모른다. 연구보조금 신청 제안서를 쓰려고 하는가? 다른 연구실에 협력

을 의뢰해보자. 강연 예정인가? 공동 발표자를 찾아보자. 경우에 따라 협업하면 수익을 분할해야 하지만, 동시에 자원을 공유할 수 있으므로 비용을 절약할 수 있다.

• **멘토를 찾거나 멘토가 되자.** 단 두 명으로 이뤄진 공동체라도 이득을 얻을 수 있다! 멘토가 있으면 당신을 가치에 부합하는 방향으로 이끌어주고 자신감을 북돋워준다. 일라이릴리앤드컴퍼니Eli Lilly and Company의 전 부사장이자 크로니클스 헬스Chronicles Health의 현 CEO 겸 공동창설자인 마리 실러Marie Schiller는 자신이 사기꾼 같다고 느낄 때 승진을 거듭할 수 있도록 멘토들이 자신감을 심어줬다고 말했다. 실러가 손실이 큰 실수를 저질렀을 때도 멘토들은 그녀를 믿고 지지해줬다. 이제 멘토가 된 실러는 "당신은 있어야 할 곳에 있고, 중요한 사람이며, 당신이 하는 일은 가치가 있다"라는 메시지를 주려고 노력한다. 멘토가 되면 다른 사람들을 이끌어줄 수도 있지만, 동시에 자신이 얼마나 줄게 많은 사람인지 깨닫게 되고 그 과정에서 크나큰 자신감을 얻을 수 있다. 다른 사람에게 무언가를 주는 행위에서 행복을 느낄 수 있는 것은 말할 필요도 없다.

• **팟캐스트 공동체를 찾아보자.** 관심 분야가 무엇이든 관련 팟캐스트가 있다. 팟캐스트는 대부분 소셜 미디어 계정

을 운영하므로 그곳에서 진행자나 다른 청취자들과 소통할 수 있다. 강의나 독서회를 개최하기도 한다. 방송 중에 사용할 질문을 받는 팟캐스트도 있다. 나는 콘텐츠 창작자를 후원하는 사이트 패트리온^{Patreon}을 통해 좋아하는 팟캐스트인 〈라이팅 클래스 라디오〉에 매달 25달러를 후원하고 있다. 후원금을 내는 대가로 진행자 및 다른 청취자들과 함께 매주 열리는 유익한 비평 그룹에 참여할 수 있다. 그 덕분에 공동체 의식을 가질 수 있을 뿐만 아니라 내 글쓰기 실력도 크게 발전했다. 내가 진행하는 팟캐스트인 〈사이콜로지스트 오프 더 클락〉은 매달 무료 독서회를 개최한다. 독서회에서는 진행자, 청취자들과 함께 심리학 서적에 대해 신나게 떠들 수 있다. 같은 열정을 공유한 사람들끼리 직접 팟캐스트를 시작해볼 수 있다. 청취자가 적어도 마음이 맞는 게스트, 청취자, 공동 진행자들과 관계를 맺는 훌륭한 방법이 될 수 있다.

• **강좌를 듣자.** 온라인이든 대면이든, 워크숍과 강의는 관심사와 목표가 비슷한 사람들을 만나는 아주 좋은 방법이다. 그들은 당신과 같은 것을 배우고 싶어 한다! 그중에는 소규모 팀을 짜 학습하거나 연습하는 활동을 포함하는 강좌도 많다. 강좌가 끝난 뒤에도 함께 참가했던 사람들에게 만

남을 이어가자고 제안해보자. 그러면 배운 내용을 어떻게 실천하고 있는지, 그 과정에서 어떤 장애물을 만났는지, 앞으로 어떻게 나아갈 생각인지 함께 이야기할 수 있다. 내가 지난번에 내놓았던 책은 ACT 워크숍에서 팀 활동을 했던 그룹이 정기 글쓰기 그룹으로 바뀌면서 쓴 결과물이었다.

• **동호회를 찾아보자.** 관심사가 무엇이든 찾아보면 관련 동호회가 있다. 인근 주민 중에 푸들을 키우는 사람이나 인라인스케이트를 타는 사람이나 잎차를 즐겨 마시는 사람과 어울리고 싶은가? 장담컨대 찾아보면 그런 모임이 있을 것이다. 온라인에서 동호회를 찾거나 만들 수 있고, 원한다면 언제 직접 만날지 결정할 수 있다.

• **소셜 미디어에서 동료들을 찾아보자.** 때로는 소셜 미디어가 시간을 낭비하는 골칫거리이자 회피 전략이 되기도 하지만 같은 분야에 종사하는 전문가들과 관계를 형성하는 장소가 될 수도 있다. 나는 트위터에서 '#writingcommunity'와 '#amwriting'이라는 해시태그를 활용해 작가들과 소통하고 '#therapisttwitter'와 '#psychtwitter'라는 해시태그를 써 치료사들과 교류한다. 관건은 그냥 스크롤만 하는 데 그치지 않고 실제로 소통하는 것이다. 나는 트위터와 인스타그램에서 활동한 덕분에 팟캐스트 게스트를 구하고 그들과 계

속 연락하며, 다른 팟캐스트나 멘토링 그룹에 초대받았다.

• **사내 공동체를 만들자.** 공동체를 만들기 위해 꼭 업무 환경 밖으로 눈을 돌릴 필요는 없다. 지금 일하는 직장 안에서도 만들 수 있다. 어쩌면 슈퍼볼 내기나 NCAA(미국대학체육협회) 농구 토너먼트 내기를 계획할 수도 있다. 도박은 금지인가? 그러면 월례 독서회, 친목회, 돌아가면서 음식점을 정하는 점심 회식을 시도해보자.

자신이 선택한 공동체 구축 전략에서 무엇을 얻고 싶은지를 분명히 하고 현실적으로 접근해야 한다. 소셜 미디어로만 아는 사람과 진짜 관계를 맺기란 직접 만나거나 화상 회의로 만나는 사람과 관계를 구축하는 것보다 힘들 수 있다. 또한 결실을 거두려면 그만큼 노력을 기울여야 한다. 에리카 사우터 Ericka Sóuter 는 《아이와 인생을 양립하는 법 How to Have a Kid and a Life》에서 부모가 공동체를 꾸릴 때 시간을 투자하는 게 얼마나 중요한지 이야기한다.

사우터는 진정한 유대 관계를 구축하기 위해 다른 사람과 얼마나 시간을 보내야 하는지를 연구한 캔자스대학교 제프리 홀 Jeffrey Hall 교수의 연구를 인용한다. 지인 사이에서 가벼운 친구가 되려면 약 50시간을 친밀하게 보내야 한다. 가벼운 친구가 친한 친구가 되려면 90시간을 친밀하게 보내야한다. 아주 친한 친구가 되려면? 함께 200시간은 오붓하게 보내야 한다. 흥미롭게도 사우터는 문자메시지를 주고받는 시간도 여기에 포함된다고 말했다! 그러니 얼굴을 직접 맞댈수 없더라도 걱정할 필요는 없다. 함께 오붓한 시간을 보낼수 있다면 교류 자체가 중요하지, 방법은 상관없다.

요즘 나는 소중한 사람이 떠오르는 노래를 들으면 상대방에게 문자메시지를 보내 알려준다. 그럴 때마다 우리 두 사람 사이에 공동체 의식을 부르는 따스한 느낌이 피어오르는 것만 같다. 물론 업계에서 사적으로 깊은 유대관계를 맺고 싶지 않을 수도 있지만, 동료 의식이나 지지가 느껴지는 공동체를 구축하려면 투자가 필요하다. 자신에게 무엇이 필요한지 잘 모르겠다면 위에서 소개한 제안을 시험해보고 그 경험과 새로운 공동체가 이끄는 대로 하자. 전부 이해할 때까지 기다리기보다 하면서 배우는 편이 바람직하다.

친해지기

나와 함께 공동체, 멘토링, 가면 상태, 성공에 관한 이야기를 나누던 마리 실러는 업무상 관계에서도 친밀함이 중요하다고 강조한다. 실러는 직장에서 문제를 해결하는 데 그치지 않고 기꺼이 함께 시간을 보내는 게 멘토나 멘티를 찾는 가장 좋은 방법 중 하나라고 말한다. 공동체를 꾸리려면 회사 밖에서 함께 어울리며 업무 외 일상을 공유하는 게 좋다고 권한다. 실러는 심리적 안정과 친밀함을 구축하는 요소로 신뢰, 존중, 배려를 꼽는다. 실러는 공동체에서 최대한 이득을 얻으려면 '업무상 친분관계'를 넘어서야 한다고 조언한다.

사무실 밖에서 관계를 구축한다고 해서 동료와 절친한 친구관계가 되어야 한다는 뜻은 아니다. 그러니 '친밀함'이라는 말에 겁먹지 말자. 여기에서 말하는 친밀함이란 동료애를 형성하는 것이다. 주말에 진상 고객을 험담하며 스트레스를 풀거나 얼굴 마사지가 기분 좋았다는 이야기를 문자로 주고받는 정도면 충분하다. 힘겨웠던 이혼 과정이나 어린 시절에 겪은 트라우마처럼 정말 사적인 세부 정보까지 털어놓아야 한다는 뜻이 아니다.

물론 이렇게 해도 안전하고 적절하다고 생각한다면 해도 되겠지만, 사실 자신에게 편하게 느껴지는 정도로 경계를 유지하면서 업무상 할 일을 살짝 넘어서는 정도의 화제를 나누는 게 바람직하다. 정해진 공식은 없다. 직장에서 친밀함이 무엇인지 판단하는 주체는 결국 당신 자신이다.

볼 수 없어도 될 수 있다

배우 지나 데이비스$^{Geena Davis}$는 딸과 아동용 TV 프로그램을 보다가 등장인물 중 남성 캐릭터가 여성 캐릭터보다 훨씬 많다는 사실을 깨달았다. 데이비스는 할리우드에서 양성평등을 촉진하고자 '지나 데이비스 미디어 젠더 연구소'를 설립했다. 이 연구소는 양성 간 균형을 잡고, 포용성을 키우며, 대중매체에 등장하는 부정적인 가족 고정관념을 줄이고자 연예계와 협력해 활동하는 유일한 비영리 연구 기반 조직이다.

또한 데이비스는 이 운동을 중심으로 공동체를 만들었다. 그녀는 소셜 미디어 그룹, 멤버십 계획, 행사 등 공동체를 지향하는 자원들을 충분히 갖췄다. 데이비스는 "볼 수 있다면 될 수 있다"라는 문구를 만들고 '#seeitbeit'이라는 해시태그를 써 여성이 스크린에서 성 고정관념을 부추기는 역할만이 아니라 다양한 직업을 연기하는 모습을 자라나는 여자아이들이 보는 게 중요하다고 강조했다.

다시 말해 여자아이들이 리더십, 이공계, 법 집행 등 전통적으로 남성이 우세했던 분야에서 활약하는 여성의 모습을 보지 못하면 그런 영역에서 여성이 차지할 자리가 있다고 믿기가 어렵다는 뜻이다. 백인이 아닌 인종, 성소수자, 이민자,

장애인 등 기타 소외된 집단 역시 마찬가지다. 소외 집단 내에서 일어나는 가면 상태에 관한 연구는 아직 많은 의문을 해결하지 못했다. 하지만 자기와 비슷하거나 동일시할 수 있는 사람이 없는 상황에서 특정 역할에 도전하면 가면 상태를 경험할 가능성이 커지기 마련이다.

흑인 여성 학자 칼리 웜블 에드워즈Callie Womble Edwards는 백인 남성이 대다수인 학계에서 일한다. 그녀는 흑인 전문직 여성 사이에서 나타나는 가면 증후군과 고정관념 위협을 조사한 자문화기술지autoethnography(저자 개인의 경험을 정치, 사회, 문화적 의미와 연결해 실시하는 연구―옮긴이)에서 "여성은 타인을 보면서 진짜 학자 또는 전문가가 되려면 어떤 특징을 갖춰야 하는지 판단하는 경우가 많으므로 가면 증후군에서 맥락이 중요한 역할을 한다. 여성은 진짜 학자 또는 전문가라고 여기는 사람과 자기 자신을 비교할 때 차이에 주목하면서 자신이 가짜라고 느끼기 시작한다"라고 설명했다.

고정관념 위협

고정관념 위협stereotype threat은 개인이 고정관념이 형성된 집단에 속한다는 사실을 근거로 부정적인 판단을 받거나 푸

대접을 받을까 봐 우려하는 상황을 말한다. 부정적인 고정관념을 의식하는 것만으로도 성과가 떨어지고 포부가 꺾인다. 가면 상태에 있을 때 우리는 자신이 있을 곳이 없다고 느낀다. 고정관념 위협에 직면할 때 우리는 자신이 있어야 할 곳에 있음을 증명해야 한다고 느낀다. 이렇게 서로 다르지만 관련된 두 개념이 소외당하는 사람들에게 영향을 끼치는 것도 어쩌면 당연하다.

가면 상태와 고정관념 위협을 온전히 치유할 수 있는 방법은 조직 및 체계적 차원에서 권리를 박탈당한 모든 집단에 가해지는 사회적 탄압을 끝내는 것이다. 나는 이 방법이 실현되는 미래가 오기를 바란다. 하지만 변화가 위로부터 서서히 내려오기를 기다리는 대신, 풀뿌리 운동이 그렇듯이 충분히 많은 변화가 아래에서 위로 천천히 흘러간다면 개인적 차원에서 변화를 만들어나갈 수 있을 것이다.

이는 중력의 법칙을 거스르는 일이겠지만, 진짜 똑똑한 사람 몇 명이 4만 킬로그램이 넘는 쇳덩이를 안정적으로 하늘 높이 날리는 법도 알아냈으니 우리도 똑같이 따라 해볼 만할 것이다. 다시 말해 우리는 할 수 있고 지식과 실천, 심리적 유연성, 공동체가 시작점이 되어줄 것이다. "사려 깊고 헌신적인 소수의 시민 집단이 세상을 바꿀 수 있음을 절대 의심하지 마세요. 사실 지금까지 그런 시민 집단만이 세상을 바꿔왔습니다"라고 이야기한 마거릿 미드Margaret Mead의 말 그대로다.

나는 '고정관념 위협'이라는 용어를 2장에서 완벽주의자 유형 사기꾼으로 소개한 자밀로부터 처음 배웠다. 그는 고정관념 위협을 알게 된 것만으로도 완벽주의자 경향과 자신이 사기꾼일지 모른다는 두려움에서 어느 정도 벗어날 수 있었다. 실제로 이를 뒷받침하는 실험도 있다. 예를 들어 한 연구에서는 참가자들에게 고정관념 위협을 가르쳐주고 고정관념은 불합리한 생각이라고 안심시키면 수학 시험에서 떨어졌던 성적이 회복됐다. 자밀은 내게 이렇게 말했다.

스탠퍼드대학교에서 클로드 스틸Claude Steele 교수님이 가르치는 심리학 개론 수업을 들었을 때 고정관념 위협을 배웠습니다. 그때 나는 '이런, 수업 중에 이름을 불리거나 발표하거나 승진할 때마다 딱 이런 기분을 느꼈는데'라고 생각했어요. 당신은 내가 느낀 이 감상을 '그는 자기가 실수하면 자기 자신은 물론이고 흑인 공동체 전체에 나쁜 인상을 줄까 봐 우려했다'라는 문장에 담아냈죠(2장에 나왔던 이 문장은 출판하기 전에 그에게 미리 보여줬다).

고정관념 위협이라는 개념이 있다는 사실을 알고 나서는 때로는 완벽하게 해내지 못해도 괜찮고, 내가 속한 인종에 대한 엄청난 부담감과 불안을 내 어깨에 지고 있어도 괜찮다고 느끼게 됐어요. 그러니까 이런 현상이 존재한다는 사실을 알고 나서는 원치 않게 스포트라이트를 받을 때 스트레스를 받는 경우가 줄어들었어요.

스트레스가 줄어드니 더 좋은 성과를 낼 수 있었고, 이전의 성공을 기반으로 차곡차곡 성공을 쌓아가다 보니 소속감도 생기고 스스로 가치 있다고 느낄 정도로 나 자신과 내 능력에 대한 자신감이 생겼어요. 심리학 개론에서 그 개념을 배우지 않았더라면 지금 내가 어떻게 되었을지 모르겠어요. 하지만 시도한 모든 일을 완벽하게 해낼 필요는 없다고 생각하니 확실히 기분이 좋아졌습니다.

이 책의 담당 편집자는 출판업계에 몇 안 되는 흑인 여성 부사장 중 한 명이다. 그녀는 그런 자신의 위치를 가리켜 '감격과 난관이 교차'한다고 말한다. 만약 당신이 어떤 분야에서 최초의 선구자이거나 소수 집단 중 한 명이라면 편견과 차별, 이어서 따라오는 가면 상태로 심각한 난관을 겪을 수 있다. 하지만 동시에 다른 사람들의 본보기가 될 수도 있다.

다른 사람들이 당신을 볼 때 그들도 당신처럼 될 수 있다고 믿을 가능성이 커진다. 정말로 놀라운 일이다.

공동체 꾸리기가 자기회의와 가면 상태에 시달리는 와중에도 꿈을 추구할 용기와 의욕을 키울 수 있듯이, 공공의 이익을 위해 일하고 있다는 인식 역시 마찬가지다. 남들을 보면서 그렇게 될 수 있다고 생각하기까지 기다릴 필요는 없다. 우리는 다른 사람들이 궁극적으로 보게 될 바로 그 사람이 되기 위해 최초의 선구자 혹은 소수 집단 중 한 명이 되는 '선택'을 할 수 있다. 이는 집단의 이익을 위해 궂은일을 기꺼이 도맡는 공동체 형태다.

물론 이는 아무나 할 수 있는 일도 아니고, 공공연하게 발을 내딛으려면 상당한 용기와 의욕이 필요하다. 하지만 나 스스로 이런 역할을 맡다 보면 우리와 비슷한 더 많은 사람이 그런 역할을 맡게 될 것이다. 그러면 가속도가 붙으면서 변화가 일어날 것이다.

간디의 가르침처럼 자기 자신을 바꿀 수 있다면 세상의 흐름도 바뀔 것이다. 간디는 그 과정이 순탄할 거라거나 우리가 자신감에 차거나 자기회의, 가면 상태, 고정관념 위협에서 자유로울 거라고 약속하지는 않았다. 중요한 일일수록 어렵게 느껴지기 마련이다.

영향력은 초능력

자기 자신을 바꿔 세상까지도 바꾸겠다고 결심했다면, 즉 조직이나 체계를 바꾸려는 시도로 가면 상태에 대항하기로 했다면 영향력이 필요할 것이다. 작가, 교수, 연구자인 조이 챈스Zoe Chance는 예일대학교 경영대학원에서 가장 인기 있는 강좌인 '영향력과 설득 완전 정복'을 가르친다. 챈스는 세계적인 베스트셀러《결국 원하는 것을 얻는 사람들의 비밀》을 썼다. 나와 함께 팟캐스트를 진행하는 야엘 숀브룬은 챈스와의 인터뷰에서 영향력 발휘에 대해 물었고, 챈스는 흥미진진하면서도 다소 놀라운 답을 내놓았다. 그중 주요 요점을 몇 가지 소개한다.

1. **공감하면서 경청하자.** 다른 사람들에게 영향을 미칠 수 있는 가장 강력한 방법은 '공감적 경청empathic listening'이다. 챈스는 15분 동안 경청한 다음 들은 내용을 반영해 소감을 말하라고 권한다. 예를 들어 "넌 X에 대해 신경 쓰는 것 같아"라거나 "너에겐 Y라는 느낌이 중요한가 봐"라고 말할 수 있다. 경청과 소감은 유대감과 공감을 이끌어낸다.

흥미롭게도 설사 그렇게 내놓은 소감이 적절하지 않더라

도 경청하고 소감을 말하는 과정은 여전히 관계를 키워나가고 상대방이 공감을 얻었다고 느끼도록 돕는 데 효과를 발휘한다. 당신이 내놓은 소감에 틀린 부분이 있다면 화자는 이를 수정할 기회를 갖게 될 것이다. 또한 당신이 완전히 제대로 이해하지 못했더라도 충분히 노력하고 관심을 기울여 경청했으므로 상대방은 감사하고 존중받았다고 느낄 것이다.

이를 뒷받침하는 연구도 있다. 이성애자 커플을 대상으로 실시한 연구에서는 공감적 '노력'이 공감적 '정확성'보다 관계 만족도에 더 중요하다고 밝혔다. 공감을 받았다고 느낀 사람은 상대방에게도 무엇이 중요한지 물어보면서 받은 만큼 주려고 한다. 챈스는 경청 행위 자체가 영향력을 발휘한다고 강조한다. 설득하려는 시도를 버리고 경청하는 것만으로도 충분할 때가 있다.

2. 목소리를 이용하자. 정확히 똑같은 단어를 사용하더라도 대면 대화는 이메일이나 문자메시지, 소셜 미디어 게시물보다 더 설득력이 있다. 다른 사람의 목소리를 들을 때 우리는 그 사람이 더 지적이고 설득력이 있으며 공감할 가치가 있다고 지각한다. 직접 만나 요청하면 이메일로 요청할 때보다 승낙을 받을 가능성이 두세 배 정도 높아진다.

3. 있는 그대로 말하자. 사람들은 조작당한다는 느낌을 좋아하지 않는다. 그러니 의도를 숨기지 말자. 선택하는 사람이 통제감을 느낄 수 있도록 선택지를 제시하면서 원하는 방향으로 유도해 영향력을 미칠 수 있다. 예를 들어 인사부에서는 당연하다는 듯 직원들에게 퇴직연금에 가입하도록 한다. 그것이 퇴직할 때 유익하다고 믿기 때문이다. 원한다면 가입하지 않는 선택지도 있지만, 행동 과학에 따르면 가입을 기본 설정으로 하는 선택지는 행동을 유도하는 강력한 방법이다(사람들 대부분이 굳이 거부 의사를 밝히지 않기 때문이다).

마찬가지로 자녀에게 두세 가지 선택지를 제시하고 그중에서 고르게 하면, 무엇을 할지 딱 정해서 말할 때보다 순순히 따를 가능성이 훨씬 높다. 사람들은 해야 할 일을 지시받는다고 느낄 때 정반대로 하곤 한다. 이를 가리키는 심리적 저항psychological reactance이라는 용어까지 있을 정도로 아주 흔한 현상이다.

이 세 가지 기법을 보면 도움 요청과 공개적인 지적의 차이가 떠오른다. 공개적으로 잘못을 지적받았을 때 우리는 공격당했다거나 궁지에 몰렸다거나 괴롭힘을 당했다거나 오해를 받았다고 느낀다. 그러면 마음을 열고 영향을 받기보다는 방어적인 태도를 취한다. 의도가 뚜렷하고 이해받고 있다는 생각이 들 때(특히 소셜 미디어에 올린 청원을 읽을 때보다는 상대방과 대면으로 직접 이야기할 때)는 상대방이 '도움을 청하는' 것 같다고 느끼면서 변화해보고 싶은 욕구가 커진다.

행동을 부추기는 방법

챈스는 〈행동에 중독성을 부여하는 방법How to Make a Behavior Addictive〉이라는 테드엑스 강연에서 어떤 행동이 지속적으로 발생할 가능성에 큰 영향을 끼치는 인간의 욕구 여섯 가지(출처는 토니 로빈스Tony Robbins의 연구)를 소개한다.

1. 중요성significance: 사람은 자신의 존재와 자기가 하는 일이 중요하다고 느끼고 싶어 한다.
2. 확실성certainty: 사람은 본질적으로 안전과 안정성을 갈망하며, 자신의 욕구와 기대가 충족될지 알고 싶어 한다.
3. 불확실성uncertainty: 역설적이지만 인간은 새로움과 다양성도 바란다. 간헐적 강화(슬롯머신을 할 때 얻는 강화의 종류)는 지속적 강화(정상적으로 작동하는 자동판매기에서 얻는 강화의 종류)보다 행동을 유지하는 데 더 효과적이다.
4. 관계connection: 사람이 생존하고 번영하려면 다른 사람이

288
289

필요하다.

5. 성장growth: 사람은 앞으로 나아가고 있다는 느낌을 받고 싶어 한다.

6. 공헌contribution: 사람은 자기 자신을 넘어 다른 사람에게 무언가를 주고 있다고 느끼고 싶어 한다.

챈스는 플래시몹과 오토바이 헬멧을 이런 인간의 욕구를 이용하는 행동과 이용하지 않는 행동의 예로 든다. 오토바이를 탈 때 헬멧을 착용하는 행동에는 확실성을 바라는 인간의 욕구가 관여하지만, 이는 사실 사람들이 오토바이를 탈 때 신경 쓰는 특성이 아니다! 그렇기 때문에 사람들이 자진해서 헬멧을 쓸 가능성이 낮기 마련이다. 따라서 법으로 헬멧 착용을 단속한다. 반면에 플래시몹은 위에서 설명한 인간의 여섯 가지 욕구를 모두 충족한다. 따라서 언뜻 실없고 무의미하게 보이지만 아주 큰 인기를 얻게 됐다.

이런 욕구들이 가면 행위와 무슨 상관이 있을까? 이번 장 첫머리에서 언급했듯이 우리는 서로를 지지하고 자기 자신이 사기꾼 같다고 느낄 때도 어려운 일을 해낼 용기를 가질 방법으로 공동체를 꾸릴 수 있다. 또한 '볼 수 없을 때도 될 수 있다'라는 의욕을 보일 수 있다면, 다른 사람들이 그 모습을 보고 자신도 그렇게 될 수 있다고 믿을 가능성이 커진다.

만약 우리가 정말 용기를 쥐어짜 조이 챈스가 가르쳐준 방법들을 활용해 조직 문화에 실제로 영향을 미치고자 노력한다면 어떻게 될까? 챈스는 직원 몰입도와 의욕을 예측하는 가장 큰 요인은 전진하고 있다는 느낌(인간의 성장 욕구를 충족한다)이라고 지적한다. 여성, 백인이 아닌 인종, 성소수자, 이민자, 장애인의 채용, 승진, 고용 유지를 우선시하는 조직에 적극적으로 참여하는 일원이 된다면 확실히 성장하는 사례가 될 것이다. 동시에 이는 중요성, 불확실성, 관계, 공헌을 바라는 인간의 욕구도 충족한다. 가능하다면 권한을 가진 직위에 있는 사람들과 대화를 시도해볼 수 있다.

꿍꿍이 없이 공감하며 경청한 다음, 소외 집단의 포용과 승진을 우선시하는 방법으로 인간의 여섯 가지 욕구를 장려하는 아이디어나 프로그램을 목소리로 제안하는 것이다. 권한을 가진 사람이라면 이런 아이디어를 직접 전파할 수 있다. 과거 설 자리가 없던 사람에게 자리를 내어주고자 기울이는 모든 노력은 시간이 지나면서 그런 집단이 겪는 가면 행위와 고정관념 위협을 효과적으로 줄일 수 있다. 자신이 있어야 할 곳에 있는지 의문을 품는 일이 줄어들 것이고, 그러다 보면 더는 자신의 존재 의미를 증명해야 한다는 강박을 느끼지 않게 될 것이다.

　중요한 점은 우리가 제안하는 해결책이 조직에 바람직한 일이어야 한다는 사실이다. 조직 심리학자 애덤 그랜트는 사람들은 해결책이 마음에 들지 않으면 문제를 무시한다고 설명한다. 혜택이나 목적의식을 더하는 것 같은 계획에 비해, 제한하는 것 같은 계획은 탐탁지 않기 마련이다. 변화를 불러오려면 문제가 얼마나 복잡한지도 인정해야 한다. 조직과 체제의 편향이 해결하기 어려운 복잡한 문제임을 인정한다고 해서 동료들이 겁먹고 나가떨어지지는 않을 것이다. 그랜트는 그렇게 인정하는 태도가 신뢰도를 높이고 호기심을 유발해 참여 가능성을 높일 수 있다고 지적한다.

　공동체가 있다면 설령 해당 분야에서 자신과 비슷한 선구자가 거의 없다 하더라도 용기를 내 새로운 방향으로 나아갈 기운과 의욕을 북돋울 수 있다. 함께 힘을 합치면 영향력과 풀 사이즈의 직업생활을 키워나갈 수 있다. 자기연민을 표현하는 법을 배우는 것 역시 도움이 될 수 있다.

알아둘 사항

- ⊘ 인간은 유대를 갈망하며, 공동체에는 뚜렷한 이득이 따른다.
- ⊘ 기존 관계 및 새로운 관계로 공동체를 꾸려나가는 다양한 방법이 있다.
- ⊘ 소외 집단에 속한 전문가들 사이에서는 가면 상태와 고정관념 위협이 상호작용한다.
- ⊘ 볼 수 없더라도 분명히 될 수 있다.
- ⊘ 영향력을 미치고 싶다면 경청하고, (문자가 아닌) 목소리를 사용하고, 있는 그대로 말하자.
- ⊘ 인간에게는 행동 지속성을 높이는 여섯 가지 기본 욕구가 있다. 바로 중요성, 확실성, 불확실성, 관계, 성장, 공헌이다.

과제
해야 할 일

- ⊘ 이번 장에서 제안한 전략을 선택해 공동체 의식을 키워나가자.
- ⊘ 좀 더 포용력 있는 직장 문화를 만들어가기 위해 영향력을 미칠 수 있는 방법을 생각해보자.

13

나에게 친절해야 남에게도 친절할 수 있다

당신은 이미 평생 자기 자신에게 얽매여 있다.
이 관계를 개선해보면 어떨까?

— 버로니카 투가레바(작가)

나에게 친절하기

사라 샤이어^{Sara Schairer}가 결혼한 지 3년쯤 되었을 무렵 아버지가 조깅을 하던 중에 트럭에 치여 사망하는 슬픈 사건이 발생했다. 그로부터 2년 후에 딸인 해나가 태어났다. 깊은 슬픔에 젖어 있는 사이에 처음으로 엄마가 되어 적응하는 삶은 쉽지 않았지만 샤이어의 결혼생활은 힘든 난관을 견뎌내는 듯했다. 적어도 그녀는 그렇게 생각했다.

해나가 첫 번째 생일을 맞이하기 직전에 남편이 폭탄을 투하했다. 이혼을 하고 싶다고 했다. 그는 이미 결심을 굳혔고, 부부 상담도 받으려 하지 않았다. 샤이어는 엄청난 충격을 받았다. 몇 달 동안 샤이어는 이혼을 헤쳐 나가고 혼자서 갓난아이를 돌보다시피 하며 깨어진 삶의 조각을 주워 담느라 애썼다. 그녀는 비탄을 의미 있는 일로 바꿔야겠다고 뼛속 깊이 직감했다.

집에서 해나를 돌보는 동안 아이가 낮잠을 자면 샤이어는 〈엘런 드제너러스 쇼〉를 자주 보곤 했다. 프로그램을 마칠 때마다 "서로에게 친절합시다"라는 말로 마무리하는 드제너러스는 저자, 치료사, 동기부여 강연가인 웨인 다이어^{Wayne Dyer}와 인터뷰를 나눴다. 다이어는 세상을 바꾸는 연민의 힘을 이야기했다. 이 말이 샤이어의 머릿속을 떠나지 않았다.

그날 저녁 샤이어의 눈에는 '연민 어린^{compassionate}'이라는 단어가 '연민하자^{compassion it}'라는 형태로 보였다. 발음은 같지만 샤이어 눈에 보인 '연민하자'는 원래 명사인 연민을 동사로 바꿔놓았다. 이후 3년 동안 샤이어는 '연민하자'라는 말을 실행에 옮겼다. 그녀는 자기 자신과 타인에게 매일 연민을 실천했다. 연민을 '동사로 사용'하면서 괴로웠던 삶이 힘차게 변화했다.

샤이어는 처음에 '연민하자'라는 말을 퍼트리려고 범퍼 스티커와 손목밴드를 만들었지만, 좀 더 의미 있는 일을 하고 싶었다. 그녀는 스탠퍼드대학교의 연민과 이타주의 연구교육 센터CCARE에서 실시하는 1년짜리 교육 프로그램에 지원해 합격했다. 교육 프로그램을 수료한 뒤 샤이어는 공식 연민 함양 트레이너가 됐다. 처음에 샤이어는 가면 상태에 시달렸다.

샤이어와 함께 CCARE 교육을 받은 동기들은 거의 모두가 자격증을 갖춘 정신 건강 전문가였으나, 그녀의 전문 분야는 마케팅과 영업이었다. 그녀는 '내가 뭐라고 여기서 이 일을 하려는 거지?' 같은 생각을 자주 했다. 하지만 자기회의와 사기꾼 같다는 느낌을 자기연민으로 물리치면서 앞으로 나아갈 수 있었다. 샤이어는 가면 상태가 "바람직할 정도의 겸손과 초심"을 제공했고, 이는 배움을 계속해 나가는 동기가 되었다고 말했다.

다른 사람들에게 연민을 가르치기 시작한 이후로는 '연민하자'라는 메시지를 퍼트리는 것을 자신의 사명으로 여겼다. 샤이어는 교육과 옹호로 연민 어린 행동과 태도를 세계 곳곳에 전파하는 사명을 띤 국제 비영리기구 겸 사회 운동(www.

compassionit.com)을 시작했다. 최근에는 첫 번째 책인《연민
옹호 A Case for Compassion: What Happens When We Prioritize People and the
Planet》를 내놓기도 했다.

시작은 비탄과 충격, 우울, 길을 잃은 느낌이었지만 이는
열정에서 비롯된 풀 사이즈 경력으로 바뀌었다. 샤이어는 세
계 곳곳에 연민을 전파했다. 그뿐만 아니라 직접 이를 실천
하며 공적으로도 사적으로도 성장해나갔다. 당신도 도움을
얻을 수 있다.

자기비판

가면 목소리는 아마 내면의 비평가가 내뱉는 수많은 말 중
하나일 것이고, 그런 말들은 하나같이 '나는 충분히 훌륭하
지 않아'라는 말을 다양하고 구체적으로 변형한 형태일 것이
다. 7장에서 지적했듯이 이런 내면의 비평가는 어떤 면에서
는 우리를 돕거나 보호하려 생겨났다. 현실에 안주하지 않도
록 긴장감을 갖게 부추기려는 목적일 수도 있고, 실패나 망
신을 면하도록 보호하려는 목적일 수도 있다. 하지만 내면의
비평가는 일 처리가 형편없다. 뇌는 위협을 지각했을 때 안

전을 확보하도록 반응한다.

이제 다들 알겠지만 우리가 물리적 위험이나 사회적 위협을 지각하면 투쟁-도피-경직 반응이 일어난다. 예전에 내가 살았던 동네에는 뱀과 코요테가 자주 출몰했다. 쉽게 추측할 수 있겠지만 나는 그런 동물들과 마주치면 반대 방향으로 줄행랑을 쳤다. 그렇게 해서 위험을 회피했다. 반려자나 친구에게 말로 공격을 받았다고 느끼면 방어 태세를 취하고 반격하곤 한다. 우리 마음도 내면의 비평가라는 형태로 똑같이 행동한다. 맞서 싸우는 가해자가 자기 자신이라는 점만 다를 뿐이다.

시험이나 면접, 발표를 망치면 뇌는 이를 위협으로 지각한다. '아, 안 돼, 실패했어! 대학원에 가지 못하거나 해고당하면 어쩌지?' 투쟁-도피 반응에 발동이 걸리면 어디로 가야 할까? 우리는 누구와 맞서 싸우게 될까? 우리는 종종 이 반응을 자기 자신에게 돌리곤 한다. '어떻게 그렇게 멍청할 수 있지? 너무 게을러서 제대로 준비하지 못한 거야. 실패해도 싸.' 신경생물학적 관점에서 보자면 일리 있는 반응이지만 자기 자신과 벌이는 싸움은 뱀과 코요테로부터 달아나는 것처럼 바람직한 결과를 내놓지 않는다.

사실 연구 결과는 자기비판이 과소 성취를 유발하고 무가치하다는 느낌, 열등감, 열패감을 키우는 부적응적 방어 기제라고 밝혔다. 예를 들어 '자기비판이 학문적, 사회적, 건강 관련 목표에 미치는 영향'을 조사한 두 개의 전향 연구 결과에서는 자기비판 정도가 심할수록 목표 달성 수준이 낮게 나타났다.

8장에서는 내면의 비평가가 풀 사이즈 인생과 경력 추구를 방해하지 않도록 관계를 적극적으로 바꿔나가는 방법을 다뤘다. 한 발짝 물러나서 자신의 생각을 무심한 호기심으로 관찰하는 과정은 좀 더 쉽게 가치를 선택할 수 있는 새로운 맥락을 만들어낸다. 자기연민으로 내면의 비평가에게 대응할 때도 같은 결과를 얻을 수 있다.

자기연민

친구나 동료가 찾아와 최근 업무 성과에 대한 초조한 마음을 털어놓는다면 과연 "어떻게 그렇게 멍청할 수가 있어요? 실패해도 싸요"라고 대답할까? 만약 그렇게 말한다면 두 사람의 관계는 오래가지 않을 것이다. 소중한 사람이 괴로워할 때 이런 식으로 대응하면 안 된다거나 도움이 되지 않는다는 사실을 우리는 직감적으로 안다.

나는 팟캐스트를 함께 진행하는 공동 진행자들과 "인터뷰하는 동안 무척 활력을 느끼기는 했지만, 내가 제대로 표현하지 못해 아마추어처럼 보였을 것 같아요" 같은 내용의 문자를 자주 주고받는다. 이런 문자를 받으면 "그런 기분이 들면 힘들겠지만 우리는 자기 자신에게 너무 박하잖아요! 자기가 생각하는 것만큼 아마추어처럼 보이지는 않았을 거예요. 들어보면 분명히 잘 와닿을 거예요" 같은 내용의 답을 보낸다. 다시 말해 상대방을 '인정해주면서 친절하게' 대한다. 자기 자신도 그렇게 대한다면 어떨까?

연민 중심 치료법을 만든 심리학자 폴 길버트Paul Gilbert는 연민이란 자기 자신과 타인의 괴로움을 인식하고 그런 괴로움을 누그러뜨리고자 노력하겠다는 결의라고 말한다. 연민은 세 방향으로 흐를 수 있다. 나에게서 타인에게로, 타인에게서 나에게로, 나에게서 나 자신에게로 흐른다. 나에게서 나 자신에게로 흐르는 연민이 자기연민self-compassion이며, 이는 다음 세 부분으로 이뤄진 다차원의 구조다.

1. 괴로움에 대한 마음 챙김
2. 보편적 인간성

3. 자기친절

우리는 자기를 비판하는 대신에 지금 이 순간에 느끼는 괴로움을 인식(마음 챙김)하고, 나만 괴로운 게 아님을 알며 (보편적 인간성), 자기 자신을 친절하게 대할(자기친절) 수 있다. 자기연민은 자기 자신이 지독한 사기꾼인 양 느껴질 때처럼 역경을 겪는 시기에 특히 도움이 된다.

당신이 감싸 쥔 얼굴

자기 자신에게 연민을 베푸는 법, 즉 소중한 사람들에게 그토록 쉽게 베푸는 친절을 자기 자신에게 베푸는 법을 배웠을 때 얼마나 대단한 일이 일어날지 상상해보자. 일단 당신이 깊이 사랑하는 사람을 떠올려보자. 이 사람의 사랑스러운 얼굴을 들여다본다고 상상하면서 그 사람을 얼마나 진심으로 아끼는지 느껴보자. 상대는 자녀나 반려자, 조부모일 수도 있다. 그 사람이 "나한테 심각한 결함이 있다는 기분이 들어. 부족한 것만 같아. 사람들이 진짜 내 모습을 알게 되면 거부당하고 버림받을 것 같아. 금방이라도 실패자인 내 진짜 모습이 드러날 거야" 같은 말을 한다고 상상해보자.

잠시 그 사람의 괴로운 마음을 진심으로 인식하자. 당신도 역시 아주 비슷한 마음으로 괴로워하고 있으니 상대방만 그렇지 않다는 사실을 알 것이다. 그 사람의 얼굴을 손으로 감싸고 눈을 들여다보고 있다고 상상해보자. 이 순간에 진심으로 다정한 마음을 전하려 한다면 무슨 말을 할 수 있을까? 굳이 그 사람의 생각을 반박하며 설득할 필요는 없다. 의도가 좋았다 해도 이런 방법은 상대방의 기분을 부정하는 것처럼 보일 수 있다. 그 대신에 "내가 여기 있잖아. 이런 기분은 정말 고통스럽지. 넌 혼자가 아니야. 가치 있는 사람이고, 있는 그대로의 모습으로 사랑받고 있어" 같은 말을 해보자.

이제 눈을 감고 심호흡을 하면서 당신이 감싸 쥔 얼굴이 자기 자신의 얼굴이라고 상상해보자. 자신의 눈을 들여다보며 그 안에 고인 상처를 보고, 자기 자신에게 "내가 여기 있잖아. 이런 기분은 정말 고통스럽지. 넌 혼자가 아니야. 가치 있는 사람이고, 있는 그대로의 모습으로 사랑받고 있어"라고 말하자.

때때로 자기 자신에게 친절을 베푸는 연습을 처음 시작한 사람은 어색하거나 진부하다고 느낄 수 있다. 하지만 여러 연구에서 자기연민이 낙관주의, 회복탄력성, 자기주도성, 긍정적 감정, 사회적 유대감 증가와 전반적인 웰빙, 삶의 만족도 향상과 관련이 있다는 사실을 밝혔다. 자기연민은 사회 비교 및 낮은 자존감을 완화하는 역할도 한다. 자존감은 끊임없이 오르내리고 사회 비교에 따라 바뀐다.

자존감이 있으려면 자기 자신이 남보다 더 낫다고 믿어야 한다. 자기연민은 다르다. 자기연민은 다른 사람들과의 연결에 초점을 맞추고 우리가 함께 괴로워하고 있음을 인식하므로 사실상 정반대라고 할 수 있다. 사실 '연민compassion'이라는 단어의 어원은 '함께 괴로워하다'라는 뜻의 라틴어다.

자기비판과 자기연민은 각각 끔찍한 상사와 친절한 상사에 비유할 수 있다. 예를 들어 당신이 이 두 명의 상사에게 보고했고, 상사들이 당신이 능숙하게 해내기 힘든 업무를 줬다고 가정해보자. 각 상사가 피드백을 준다. 상사 1은 "대체 왜 이 일을 못 했어? 그 정도 경력이면 이 일을 어떻게 하는지 정도는 알아야지. 정신 차려!"라고 말한다. 상사 2는 "이 업무가 힘에 부쳤던 것 같네요. 어떤 부분에 도움이 필요한지 알려주세요. 처음이니까 일단 같이 해보죠. 다음에 좀 더 잘할 수 있을 겁니다"라고 말한다.

선택권이 있다면 분명히 상사 2를 고를 것이다. 장기적으로 봤을 때 경력을 쌓고 성장하는 데 도움이 될 가능성이 높은 인물이기 때문이다. 하지만 자기 자신에게 하는 말을 떠올려보면 어느 쪽에 더 가까운가? 아마도 상사 1일 것이다. 상사 1은 당신의 성장이나 동기부여, 성과에 도움을 주지 않는 얼간이다. 자기연민을 연마한다는 말은 자신의 내면에 상사 2를 양성한다는 뜻이다.

이 예에서 상사 2가 당신을 봐주는 것은 아니라는 점에 주목하자. 자기연민이 이런 뜻이라고 오해하는 경우가 종종 있다. 때때로 자기연민을 처음으로 접한 사람들은 자신이 기준을 너무 낮추게 될까 봐 걱정한다. 자기친절이 스스로 책임을 지지 않는 것과 같다고 여기기 때문이다. 하지만 이는 전혀 진실이 아니다. 상사 2는 "아, 상관없으니 신경 쓰지 마세요. 일을 못해도 괜찮아요"라고 말하지 않았다. 상사 2는 성장할 수 있고 동기를 부여하면서 성공을 뒷받침할 전진 방법을 친절하게 제시한다.

연민 어린 편지

제임스 페니베이커James Pennebaker는 1980년대부터 감정적 경험을 글로 쓰는 행위에 따르는 강력한 치료 효과를 연구해왔다. 지금부터 페니베이커의 방법에 따라 함께 편지 쓰기 연습을 하면서 자기 자신에 대한 연민을 키워보자. "그냥 나 자신에게 좀 더 상냥하게 대할게요"라고 말하면서 실습 과제는 건너뛰고 싶은 마음이 굴뚝같겠지만, 일단 잠시 멈춰 참여해주기 바란다. 나와 내담자들의 경험상 이 연습은 무척이나 효과적이었다. 몇 분밖에 걸리지 않지만 마음에 남아 장기적으로 훨씬 수월하게 자기연민을 실천할 수 있다.

지금 당신은 가능성의 지점(POP)에 서 있다. 이 순간에 당신이 되고 싶은 '나'는 누구인가? 이제 잠시 시간을 내서 펜과 종이를 꺼내자. 이 편지는 컴퓨터로 타자를 치거나 휴대전화 메모에 기록하는 것보다 직접 손으로 쓸 때 훨씬 더 큰 효과를 얻을 수 있다. 먼저 '(당신의 이름)에게'로 시작해서 다음의 조언 네 가지를 참고해 네 단락으로 대답해보자. 철자나 문법, 예쁜 글씨체 같은 부분은 신경 쓰지 않아도 된다. 원한다면 그냥 항목별로 답변을 작성해도 좋다. 하지만 답변은 반드시 작성하도록 하자.

1. 2인칭 시점(즉, '너')을 사용해 가면 사고를 포함한 당신 마음이 당신에게 말하는 자기비판적인 내용을 전부 적어보자. 자신의 괴로움에 대한 인식은 자기연민을 실천하는 첫 번째 단계다. 예를 들어 내가 쓴 편지에는 "질에게, 너는 평균이야. 그냥 보통이지. 전혀 특별할 것 없어.

누구라도 너보다는 나아. 지금까지 이룬 성공은 전부 운이 좋아서였거나 도움을 받았기 때문이거나 네가 유능하다고 생각하도록 사람들을 속인 덕분이야. 이제 곧 사람들은 네가 똑똑하지도 않고 자격도 없다는 사실을 알게 될 테고, 그러면 전부 끝장이야" 같은 말이 적혀 있을 것이다.

2. 내면의 비평가와 가면 목소리가 언제 나타났고, 그 계기가 무엇이었는지 몇 문장으로 요약해 써보자. 관련 있는 소외 경험을 꼭 넣도록 하자. 이렇게 확장된 의식과 이해가 자기친절을 키우는 데 도움이 될 수 있다. 예를 들어 내 내면의 비평가는 "고등학교 다닐 때 넌 반에서 상위 5퍼센트 안에 들고 학생회장이었으니 자기가 똑똑하다고 생각했겠지. 그러다가 어떤 교사가 널 덜렁이라고 불렀어. 원하던 명문대 두 곳에 떨어지는 바람에 별 볼일 없는 주립대학에 다녀야 했지. 박사 학위를 받으려다 보니 또 별 볼 일 없는 다른 대학에서 석사 학위를 따야 했어. 경쟁률이 높은 박사 과정에 가까스로 들어가기는 했지만 담당 교수가 네 아빠 지인이었고, 그때 가면 상태가 본격적으로 나타났어. 그때가 바로 너 자신이 사기꾼임을 들킬까 봐 가장 두려워한 시기였지" 같은 말을

할 것이다.

3. 만약 내면의 비평가와 가면 목소리에게 당신을 위해 무 엇을 하려고 하는지, 즉 어떻게 당신을 돕거나 보호하려 고 하는지 묻는다면 뭐라고 대답할까? 어떻게 해야 당신 만 이 문제를 겪고 있는 게 아님을 알 수 있을까(자기연민 의 두 번째 요소: 보편적 인간성)? 예를 들어 나라면 "아마도 이 가면 목소리는 네가 긴장을 늦추지 않도록 애쓰고 있 을 거야. 네가 중요한 일에 공헌할 수 있다는 걸 알고 있 으니 현실에 안주하지 않도록 채찍질하는 거지. 너만 그 런 건 아니야. 전부는 아니더라도 대부분의 사람들은 내 면의 비평가가 있어. 70퍼센트는 마음속에 가면 목소리 가 있지. 마야 안젤루와 메릴 스트립마저도 사기꾼 같다 고 느끼는걸! 너도 그럴 뿐이야"라고 쓸 것이다.

4. 실존 인물이든, 가상 인물이든 연민의 화신 같은 사람을 떠올려보자. 이 사람은 당신의 장점과 결점을 포함한 모 든 것을 알고 있으면서 당신을 있는 그대로 수용한다. 그 사람은 당신의 마음을 본다. 만약 그 사람이 당신이 쓴 편지의 첫 단락을 읽는다면 당신에게 어떤 말을 할까 (자기연민의 세 번째 요소: 자기친절)?

내 경우라면 "너만 그렇게 괴로운 건 아니야. 자기가 부족하다는 느낌은 인간이라면 누구나 겪는 고통이지. 넌 세상에 공헌하려고 정말 열심히 노력하고 있어. 다른 사람들을 돕겠다는 일념으로 치료와 글쓰기, 팟캐스트 진행, 강연을 하면서 지식을 나눴잖아. 다른 사람들에게 다가가려고 자주 안전지대에서 벗어나고 있지. 특별하다고 느끼지 않을 수도 있고, 다른 사람들처럼 커다란 반향을 불러일으키지 못하고 있다고 느낄 수도 있겠지만, 변화를 만들려고 최선을 다하고 있어. 비록 작은 차이라 하더라도 중요한 일이고 그것으로 충분해. 넌 충분해"라고 말할 것이다.

이제 편지에 서명하고 천천히 읽어본 뒤 언제든지 다시 볼 수 있는 곳에 보관하자. 이 편지를 자기연민의 세 가지 구성 요소인 괴로움에 대한 마음 챙김, 보편적 인간성, 자기친절을 어떻게 실천할 수 있을지 보여주는 본보기로 활용하자.

남들이 베푸는 연민

최근에 치료를 받기 위해 찾아온 내담자에게 관계에 대해 질문했다. "아내가 도움을 주겠다고 할 때 어떻게 하시나요? 커피를 가져다주겠다고 하거나 접시를 치울 동안 앉아 있으라고 하면 어떻게 하세요?" 내담자는 갑자기 눈물을 글썽였다. "나는 '괜찮아. 신경 쓸 것 없어. 내 일은 내가 알아서 할게. 고마워'라고 말해요." 나는 왜 우는지 물었다. "이 질문을 듣고 우시네요. 무슨 일이죠?" 그는 여전히 울먹이면서 "그런 질문을 하는 이유를 알 것 같아서요. 저는 혼자이고 기댈 곳이 없다고 느낀다고, 아무런 도움도 받지 않고 전부 혼자 해나가고 있다고 말하는 거잖아요. 하지만 정작 누가 도와주겠다고 하면 덥석 받아들이기가 너무너무 힘들어요. 대체 그게 왜 그렇게 힘든지 모르겠습니다"라고 대답했다.

내담자의 말이 맞았다. 그것이 내가 그 질문을 한 의도였다. 나는 내담자에게 누군가가 연민을 보였을 때, 즉 누군가 그가 힘들어하고 있다는 사실을 알아차리고 다가와 친절을 베풀었을 때 자신이 보인 반응에 주의를 기울이라고 요청했다. 다음 치료 시간에 그는 자신이 관찰한 세 가지 사실을 알려줬다. 그는 남들이 자신에게 친절을 베풀 때도 알아차리지 못할 때가 많고, 정작 알아차렸을 때는 자신이 약하다는 생각에 죄책감까지 느낀다고 했다. 그래서 대개는 그런 감정에서 벗어나려고 친절을 거부하며, 도움이 필요할 때 좀처럼 도움을 요청하지 못하고, 도움을 청한다는 생각만 해도 심각한 수준으로 죄책감과 취약성, 평가받을 거라는 두려움을 느낀다고 말했다.

대체로 나에게서 타인, 특히 소중하게 여기는 타인에게로 흐르는 연민은 가장 쉽게 접근할 수 있다. 이번 장의 첫 부분에서 언급했듯이 나에게서 나 자신에게로 흐르는 연민(자기연민)은 여러모로 더욱 힘들 수 있다. 마찬가지로 타인에게서 나에게로 흐르는 연민을 받아들이기 힘들 때도 많다.

연민을 받아들이기 위한 5A

심리학자이자 《오래가는 관계The Lasting Connection: Developing Love and Compassion for Yourself and Your Partner》를 쓴 저자 미카엘라 토머스Michaela Thomas 박사를 인터뷰한 적이 있다. 토머스는 연민을 받아들이지 못하도록 방해하는 내적 경험을 가리켜 '연민차단물'이라고 불렀다. 예를 들어 실망할지도 모른다는 두려움이나 친밀함에 대한 두려움이 도움을 요청하지 못하도록 방해할 수 있다. 이럴 때 사람은 불편한 느낌과 두려운 결과를 회피하려 경계를 강화하곤 한다. 토머스는 연인, 친구, 동료 등 상대가 누구든 간에 이런 일이 일어날 수 있다고 지적

한다. 토머스는《오래가는 관계》에서 연민 차단물을 치워 연민을 받아들이려면 '5A'가 필요하다고 설명한다.

1. **인식**awareness: 누군가가 친절을 베풀었을 때 알아차리도록 연습하자. 친절을 선뜻 받아들이지 못하는 저항감에도 주목하자.

2. **인정**acknowledgment: 친절한 행위를 인정하자. 누군가가 베푼 친절을 받아들이지 못했다는 사실을 일단 인식하고 나면 "어젯밤에 내가 두통 때문에 일찍 잠자리에 들고 나서 당신이 설거지를 했더라고요"라거나 "당신이 차를 여유 있게 대준 덕분에 쓰레기통을 쉽게 피할 수 있었어요" 같은 말을 하는 쪽으로 선회할 수 있다.

3. **수용**acceptance: 연민을 받아들일 때 생기는 불편한 감정을 느낄 여유를 갖자. 앞에서 배웠던 '기꺼이 하기' 기술을 활용해 자신이 느끼는 감정과 다른 사람들이 베푸는 친절을 확장하고 받아들이자.

4. **감사** appreciation: 도움과 친절을 받았을 때 감사하는 마음을 표현하자. "매일 아침 커피를 내려줘서 정말 고마워"라거나 "내가 하는 푸념을 귀 기울여 들어주고 내 기분에 공감해줘서 진짜 고마워"라고 말해보자.

5. **요청**asking: 모든 일을 혼자서 쉽게 해내는 '강한' 남자 혹은 '슈퍼우먼'으로 자란 사람이라면 도움을 요청하기가 무서울 수도 있다. 사소하게라도 도움을 요청하는 법을 연습하고, 앞에서 배운 기법을 연습해 쓸모없는 서사를 관찰하고 거리를 두도록 하자.

변화는 어렵지만 크고 강력한 변혁도 한 걸음 떼는 것부터 시작할 수 있다. 연민 수용, 자기연민 실천, 기꺼이 하기, 생각을 관찰하고 거기에서 벗어나기, 가치를 바탕으로 선택하기 등 어떤 일이든 쉽게 시작할 수 있다는 느낌이 들 때까지 마냥 기다릴 수는 없다. 8장에서 간극의 함정을 설명했다. 지식이나 경험, 전문지식에 간극이 있다고 인식하면 함정에 빠져 앞으로 나아갈 수 없다. 자기 자신과 타인이 베푸는 연민을 받아들이는 능력에 간극이 있다는 인식 때문에 자기비판이나 모든 일을 혼자서 해야 한다는 착각에 빠지지 말자. 지금부터 연습하면 결국에는 연민이 좀 더 자연스럽게 느껴질 것이다. 이는 신경가소성 연구로 증명된 사실이다.

좋은 습관을 기르는 것과 같다고 생각해보자. 행동을 반복하면 습관의 영향이 강화되고, 자기상이 바뀌면서 정체성을 형성하기 시작한다. '나는 연민을 느끼는 인간 유형이 아니야'라는 서사에 사로잡히는 대신, 자주 연민을 실천하다 보면 자기 자신이 다르게 보이기 시작할 것이다.

지금까지 살펴본 수용전념치료 과정에도 연민의 요소가 담겨 있다. 수용은 자기 자신과 경험을 있는 그대로 받아들인다는 뜻이다. 마음 챙김은 판단을 내려놓으라고 가르치고, 생각을 관찰하다 보면 자기비판에서 벗어나는 데 도움이 된다. 가치는 개인적으로 중요하게 여기는 사항을 우선하도록 이끈다. 다만 자기연민을 실천하고 연민을 받아들이는 자체에서 또 다른 이점이 생길 수 있다.

자기연민이 수용전념치료 결과에 강력한 영향을 미치는 요인이라고 밝힌 연구가 있다. 다시 말해 수용전념치료에 참가한 사람이 얼마나 좋아질지는 자기연민에 크게 영향을 받는다. 심리적 유연성을 높이는 방법으로 연민을 실천하자. 마지막인 다음 14장에서는 지금까지 배운 도구들을 다시 살펴보고 이를 계속해나갈 방법을 설명하고자 한다.

알아둘 사항

- 연민은 세 방향으로 흐른다. 즉, 나에게서 타인에게로, 타인에게서 나에게로, 나에게서 나 자신에게로 흐를 수 있다.
- 자기연민은 괴로움에 대한 마음 챙김, 보편적 인간성, 자기친절이라는 세 가지 요소로 이뤄진다.
- 자기연민은 자기비판보다 효과적인 동기 유발 요인이다.
- 5A, 즉 인식, 인정, 수용, 감사, 요청을 실천함으로써 연민 차단물을 넘어설 수 있다.

과제
해야 할 일

- 소중한 사람에게 친절을 베푸는 자기 자신의 모습을 그려본 다음, 그 소중한 사람이 자기 자신이라고 상상해보자.
- 자기 자신에게 연민 어린 편지를 쓰자.

14

처음 결심한 가치를 잊지 말자

비평가, 냉소가, 공포를 조장하는 사람들에게 기꺼이 넘어질 각오를 한 사람보다
더 큰 위협은 없다. 넘어질 각오를 한 사람은 일어나는 법을 배웠기 때문이다.
-브레네 브라운(《마음 가면》 저자)

심리적 유연성을 키우는 힘

이제 13장까지 읽은 '당신'은 새로운 지식과 기술을 익혔다.
지금까지 심리적 유연성을 구축하는 다양한 방법을 배웠다.
자기의 생각과 감정은 적이 아니며, 그런 생각과 감정을 회
피하거나 통제하려는 시도가 앞을 가로막는다는 사실을 알
게 됐다. 또한 감정을 받아들이고 생각을 관찰함으로써 그런

내면 경험과의 관계를 바꾸는 법을 배웠고, 덕분에 자신의 가치와 일치하는 행동을 자유롭게 선택함으로써 풀 사이즈 직업생활을 누릴 수 있게 됐다. 자기연민이 주는 이득과 공동체를 꾸리는 가치도 배웠다.

고통과 난관은 결코 사라지지 않는다. 이는 인간으로 태어나 살아가는 데 따르는 제약일 뿐이다. 내면의 비평가나 가면 목소리 같은 반대론자도 계속 만나게 될 것이다. 하지만 이제는 그들이 어떤 소리를 하든 그에 대처하고 자신에게 가장 중요한 목표를 향해 계속 나아가기 위한 도구를 손에 넣었다.

이제 심리적 유연성 기술을 어떻게 사용하는지 보여주는 마지막 사례를 자세히 설명하고자 한다. 업무상 있었던 기회가 대단히 불편한 감정과 엄청난 자기회의, 가면 상태를 유발했던 사례다. 지금까지 배운 모든 지식을 특정한 상황에서 실천할 때 어떻게 될지 예측하는 본보기로 사용할 수 있을 것이다. 지금부터 내가 어떻게 느꼈는지, 무슨 생각을 했는지, 그에 대응해 무엇을 하고 무엇을 하지 않았는지 자세히 설명하고자 한다.

비영리단체에서 자금을 조달하는 일을 하는 앨리슨의 페이스북 페이지에 달린 댓글에 내 친구이자 동료인 린이 나를 태그한 적이 있다. 나는 그 링크를 클릭했다. 나는 비영리단체나 자금 조달과는 아무런 관련이 없는 사람이었던 터라 궁금증이 치솟았다. 링크를 눌렀더니 테드엑스 강연 지원신청서로 연결되었고, 그날이 마감일이었다. 나에게는 꿈같은 일이었으며, 그것도 버킷 리스트 중 제일 윗줄에 있는 항목이었다.

'내가 할 수 있을까? 나에게 남들에게 소개할 가치가 있는 아이디어가 있을까? 뭐, 지원해서 손해 볼 일은 없겠지. 어차피 신청해도 처음 몇 번은 떨어지는 게 당연하다고 하니까. 차라리 빨리 퇴짜를 맞는 게 나을지도 몰라.'

내가 신청서를 낸 그날은 월요일이었다. 앨리슨은 5분짜리 동영상 오디션을 요청하면서 금요일까지 보내달라고 했다. 컴퓨터 앞에 혼자 앉아 조명을 켜고 사흘 동안 최소 열한 번 이상은 찍은 끝에 선택한 동영상 파일을 보냈다. 그날 오후 나는 '테드엑스 레녹스 빌리지 위민^{TEDxLenoxVillageWomen}에 초대합니다!'라는 제목의 이메일을 받았다. 온라인으로 진행되는 이 행사는 4주 후에 열렸다. 최종 동영상은 2주 후까지 보내야 했다.

'대체 어떻게 내가 뽑혔지? 신청자가 부족해서 전부 다 뽑았나 봐. 코로나 기간 동안 '확찐자'가 되었는데 이 모습을 테드엑스 영상으로 영구 박제하게 생겼네. 도저히 못할 것 같은데. 하긴 어차피 아무도 안 볼 테니 체중 따위는 상관없겠지만.' 젠장, 실라. 그녀는 최근 들어 가장 말이 많았다. 당연한 일이었다. 버킷 리스트를 차지하고 있는 중대한 꿈을 실현할 예기치 않은 기회를 얻었는데 내면의 비평가가 입을 다물고 있을 리 없다. 나는 'WWOD(오프라 윈프리라면 어떻게 할까?)'와 'WWOS(오프라 윈프리라면 무슨 말을 할까?)'를 자문했다.

'조용히 해, 실라. 내가 알아서 해. 네가 날 보살피고 있다는 건 알아. 내가 아무런 호응도 얻지 못한 채 실패하고 망신당할까 봐 걱정하는 거지. 그것도 중요한 일이야. 하지만 용기와 의욕, 취약성, 풀 사이즈 인생을 살아가는 것도 중요해. 오프라 윈프리라면 이 강연을 했을 테고 불안한 마음 때문에 멈추진 않았을 거야. 내가 괴로워하고 있다는 걸 알면 오프라는 "질, 몸은 당신을 이루는 극히 일부일 뿐이에요. 당신에게는 널리 알려야 할 메시지가 있습니다. 그러니 널리 알리세요"라고 말할 거야.'

청중이 달랑 한 명이었는데도 손이 떨리고 숨이 가빴다. 텔레프롬프터(배우나 강연자에게 대사나 강연 내용을 보여주는 장치—옮긴이)를 사용해 한 번 촬영한 뒤 에즈라(촬영기사)의 지시에 따라 몇 번 더 촬영했다. '에즈라는 강연이 싫은가 봐. 거의 아무 말도 하지 않잖아. 친구와 통화하면서 연습했을 때 그 친구도 거의 아무 말도 하지 않았어. 남편은 좀 더 긍정적이었지만, 그냥 상냥하게 굴었던 것뿐이야. 남편은 상냥해야 하니까. 아, 정말 너무 괴로워.'

고마워, 실라. 나는 실라에게 우리가 이 일을 하고 있는 이유를, 우리의 가치를 상기시켰다. '심리적 유연성 기술을 전파하는 게 우리 사명이야. 치료사를 만날 경제적 여유나 의욕이 없는 사람들에게 도움을 주고 싶어. 강연이 실패하거나 보는 사람이 없거나, 보는 사람은 있어도 반응이 없거나 비판을 받는다 해도 우리는 그 사명을 다하기 위해 용기와 의욕을 가지고 나섰잖아.' 나는 내 기분을 확인하고 보편적 인간성을 떠올리면서 나 자신에게 친절을 베풀었다. '무섭기는 하지만, 넌 혼자가 아니야. 할 수 있어.'

에즈라는 며칠 안에 동영상을 편집해 내게 보내줬다. 영상을 보려니 떨리기도 하고 흥분되기도 했다. 강연에 대해서는 여전히 확신이 없었다. 게다가 영상에 찍힌 자기 모습을 보고 싶어 하는 사람은 아무도 없을 것이다. '이런, 너 정말 거대하구나, 뚱뚱아! 셔츠는 왜 넣어 입지 않았지? 게다가 강연은 11분 30초밖에 안 되네. 진짜 테드엑스 강연자들은 18분을 꽉 채우잖아. 강연 내용도 너무 진부해. 혹시 누가 보더라도 다들 겪어봤고, 해봤고, 새로운 것 하나 없는 내용이라고 생각할 거야. 아직 발을 뺄 시간은 남았어. 굳이 이런 식으로 망신을 자처할 필요는 없잖아.'

나는 실라에게 우리가 이 정도로 허둥지둥하는 건 있어야 할 곳에 있어서 그런 거라고 알려줬다. 밝게 빛나는 붉은색 네온 화살표가 여기에서 무엇이 중요한지 알려주고 있다고! 나는 다시 한번 실라에게 '우리는 할 수 있어. 이 메시지를 본 사람의 인생에 도움이 된다면, 아니 하루라도 기운을 얻는다면 우리는 우리 가치를 실천한 셈이야. 설사 장렬하게 실패한다 하더라도 우리는 나섰고, 용기를 냈고, 테드엑스 강연을 했잖아! 할 수 있어.'

에즈라와 사소한 의견을 몇 차례 주고받은 다음 나는 앨리슨에게 동영상을 보냈다. 그때까지도 실라의 목소리는 멈추지 않았다. 나는 도전하기가 너무 두려웠다. 믿기 힘들 정도로 취약하다고 느꼈다. 호흡을 하면서 느긋하게 경험을 온전히 받아들였다. 내 가치에 부합하도록 행동하는 선택만이 내가 통제할 수 있는 부분이니 결과를 가볍게 받아들이자고 다짐했다. 그런 다음 강연을 공유하기 시작했다. 트위터와 인스타그램, 페이스북, 링크드인에 올렸다. 반응이 없으면 얼마나 힘들지, 두려운 마음에 속이 울렁거렸다. 많은 사람들이 직접 나서서 "완전 헛소리야" 같은 말을 할 가능성은 낮다고 생각하면서도 무반응이 곧 그런 뜻인 것처럼 느껴졌다. 마음에 든다면 그렇게 이야기할 터였다.

실라가 다시 떠들기 시작했다. 이번에는 '넌 떠버리야. 네가 뭐라고 이런 식으로 자기 홍보를 하는 거지? 자기 얼굴에 먹칠하는 거야'라고 말했다. 이번 장을 쓰는 시점에서 이 강연의 유튜브 조회수는 4,000회를 넘어섰다. 입소문이 나면서 하루아침에 내가 유명해지는 일은 일어나지 않았다. 그렇다고 완전히 실패하지도 않았다. 몇몇 사람들에게 강연 내용이 정말 의미 있고, 기억에 남았으며, 다른 사람들과도 나누고 싶다는 피드백을 받았다. 정말 인상적이었다는 댓글과 대박이라는 이모티콘도 받았다. 소중한 반응들이었다. 나는 바로 그런 사람들을 위해 그 강연을 했다. 그들과 나를 위해.

결국 나는 해냈다. 힘들었지만 그만한 가치가 있었다. 강연을 다시 볼 때면 실라도 나와 함께하면서 잘못한 부분, 뻣뻣해 보이거나 진정성이 부족한 듯한 곳을 지적한다. 외모도 비판한다. 하지만 나, 그러니까 실라에게 얽매여 있지 않은 별개의 '나'는 화면 속에서 대담한 붉은색 블라우스를 입고 호피 무늬 구두를 신은 여성을 보면서 그녀의 용기와 의욕,

그녀가 되고 싶어 하는 '나'를 향한 거대한 도약을 본다. 그녀가 강연을 마무리하면서 이 순간mo'me'nt의 한가운데에 '나me'가 있다고 지적할 때 나는 '저 여성은 그 순간 그녀가 되고 싶었던 나'였다고 생각한다. 그녀는 자신이 전하는 내용을 실천했다. 그리고 그것은 대단히 자랑스러운 일이었다.

나쁜 소식

나는 20년 넘게 수용전념치료를 실천하면서 심리적 유연성을 구축해왔지만 나를 비판하는 가면 목소리는 아직도 남아 있다. 심리적 유연성은 생각과 감정을 통제하는 도구가 아니라는 사실을 기억하자. 심리적 유연성은 자신의 가치에 따라 풀 사이즈 인생을 살아가도록, 진심으로 되고 싶은 '나'가 되도록 뒷받침하는 도구다. 자신이 원하는 것, 자신에게 중요한 것, 자신이 갈망하는 것에 마음이 기울 때면 취약성이 생기기 마련이다. 중요한 일일수록 잃을 게 많아지고 불안한 마음이 커지며, 자기회의와 가면 상태에 시달리게 된다. 경력이 쌓인다고 해서 가면 목소리가 틀렸음을 증명할 수는 없다. 오히려 실제로는 자신이 전문가라고 '느끼지' 않더라도 더 전문가답기를 기대하게 된다.

좋은 소식

가면 상태와 불안감이 여전히 남아 있지만 동시에 나는 지금 그 어느 때보다 더 살아 있다고 느낀다. 펀 사이즈가 아니라 풀 사이즈로 살아가면서 원하는 바를 추구하는 삶에는 힘과 자부심, 숙달, 성취, 놀라움, 경탄이 따른다. 이제 당신도 이 길을 걸을 준비를 마쳤다. 매 순간 자신이 되고 싶은 '나'를 파악할 지혜를 갖췄다. 주된 방해 요소가 무엇인지 간파해 습관처럼 느끼는 자기 제약적 신념과 고통스러운 감정에 대응한다.

정서적 고통을 회피하면 단기적으로는 기분이 좋아질지 몰라도 장기적으로는 오히려 고통에 사로잡히게 된다는 사실도 알았다. 그런 고통에 기꺼이 대처하는 기술, 자신이 염원하는 모든 것을 받아들이기 위해 불편함을 달갑게 받아들이는 기술을 갖췄다. 이제 당신은 자신의 생각과 셀프스토리에 쓸데없이 휘둘리는 대신 이를 호기심 어린 시선으로 냉정하게 관찰할 수 있다. 타인과 자기 자신이 주는 연민을 받아들여 내면의 비평가에게 대응할 수 있고, 공동체를 꾸려 필요한 도움을 얻을 수 있다.

어쩌면 당신은 지금까지 익힌 기술을 활용해 여태껏 당신을 방해한 장애물을 극복하고 이미 안전지대 밖으로 나왔을

지도 모른다. 하지만 몇 번은 실패했을 것이다. 나 역시 종종 실패하고 아마 오늘도 그랬을 것이다(아직 실패하지 않았다면 나중에라도). 하지만 권투 선수 슈거 레이 레너드가 말했듯이 실패를 모르는 사람은 성공도 알 수 없다. 실패는 배움에 도움이 되고, 심리적 유연성 구축은 지속적인 과정이다. '아하! 내가 해냈어! 이제 나는 심리적으로 유연해!'라는 경지에 이르는 일은 없다. 우리는 매번 취약성을 비롯한 힘겨운 내면 경험에 대응해야 하고, 그때마다 선택해야 한다(결국 매일 온종일!).

변화가 일어나기 쉬운 영역도 있고 비교적 어려운 영역도 있기 마련이다. 나는 일을 할 때나 글을 쓸 때는 심리적 유연성을 제법 능숙하게 실천할 수 있지만 부모 노릇을 할 때는 여전히 고군분투한다. 하지만 아이들을 대하면서 어느 순간에 인내심을 잃더라도 바로 다음 순간에는 내가 되고 싶은 '나'를 선택할 수 있고, 스스로 저지른 실수에 책임지는 모범을 보이면서 사과할 수 있다(가치).

자기 자신에게 인내심을 발휘하자. 자신이 참나무 같다고 생각하자. 참나무는 성장이 느린 나무이고, 성장이 느린 나무는 튼튼하게 자란다. 내자작나무 같다고 생각해도 좋다. 내자작나무는 가지가 유연해 잘 구부러지지만 부러지지 않는다. 또한 강풍이 불어 내자작나무가 휘면 나무 안쪽에 구조물이 더 생겨나면서 기둥이 강해져 더욱 튼튼해진다. 그러니 천천히 성장하면서 바람이 강해지면 유연성을 연습하자. 자기도 모르는 사이에 튼튼하게 자라면서 풀 사이즈 인생을 살아가게 될 것이다.

심리적 유연성의 차별점

성공과 성장을 다룬 많은 서적이 목표, 그것도 주로 스마트(구체적specific이고, 측정 가능measurable하며, 달성 가능attainable하고, 관련성 있으며relevant, 기한이 정해진time based) 목표를 설정하는 데 초점을 맞춘다. 분명히 유용한 방법이다. 하지만 월간 뉴스레터를 쓰거나 테드엑스 강연을 준비하는 등 업무상 스마트 목표를 설정할 수는 있지만, 글을 쓰고 준비하는 과정 이외에 무슨 일이 일어날지는 사실 통제할 수 없다.

업무에 필요한 온갖 능력을 갖추고, 업계에 관해 배우고, 세계 최고의 콘텐츠를 쓰더라도 원하는 구독자 수를 달성하지 못하거나 테드엑스 강연에 탈락할 수도 있다. 직업인으로서 우리는 이유를 깊이 새겨야 한다. 이유는 우리가 계속해서 나타내는 방식이다. 이유는 생각, 느낌과 맺은 새로운 관계와 더불어 우리가 실망과 자기회의, 좌절, 부러움을 인내하는 방식이다. 그리고 그 인내는 비록 보장은 할 수 없더라도 바라는 결과가 실현될 가능성을 높이는 유일한 방법이다.

이제 끝이 다가오고 있으니 잠시 이유를 떠올려보자. 목표를 생각한 다음, 그 목표를 달성하고 싶은 '이유'를 자문해보자. 그 대답을 서술 형식이든, 단문으로든 적어보자. 또다시 거절당했을 때나 당신이 꿈꿔왔던 직업상 이정표를 다른 사람(심지어 당신보다 재능이나 근면성이 부족한 사람)이 달성하는 모습을 지켜볼 때, 당신이 올린 게시물에 댓글이 하나도 달리지 않을 때, 마음속 목소리가 당신은 부족하다거나 사기꾼이라고 말하면서 꿈을 추구하지 못하게 설득하려고 할 때 당신이 인내하면서 계속 앞으로 나아가는 원동력은 무엇인가? 왜 당신은 계속해서 앞으로 나아갈까?

〈다비드상〉처럼 훌륭한 조각상을 어떻게 만들었는지 물었을 때 미켈란젤로는 대리석 덩어리 안에 완성된 조각상이 이미 존재한다고 상상했다고 설명했다. 그렇게 상상하면서 대리석을 조금씩 깎아내 이미 그곳에 있는 상을 드러냈다. 당신이 자신보다 더 똑똑하거나 훌륭하거나 성공했다고 상상하는 사람들이 당신에게 없는 수많은 자질을 갖추고 있는 것은 아니다. 그저 바람직한 그들의 모습을 가리고 있던 부분을 깎아냈을 뿐이다. 당신도 새로 습득한 심리적 유연성 기술을 활용해 경험 회피를 조금씩 깎아낸다면 대담하고 용감하며 기꺼이 취약성을 드러내는 자기의 모습, 즉 풀 사이즈의 자신을 드러낼 수 있다.

나아갈 길을 닦을 수 있도록

아동 심리학자이자 조교수인 킴 구샤나스Kim Gushanas는 의대생들을 대상으로 수용전념치료를 가르치게 되었을 때 불안감과 압박감을 느꼈다. 정신의학과 교수 1년 차였던 구샤나스는 의대생들을 보면서 겁을 먹었다. 그녀는 '내가 뭐라고 의대생들을 가르치겠다는 거지? 심리학에는 관심도 없을 텐데'라고 생각했다.

구샤나스는 좀 더 인간다운 진료를 하고 싶어 하는 의사들을 가르치고 있었지만, 그녀의 마음속 목소리는 수업을 듣는 사람들이 자기가 가르치는 내용을 중요하게 생각하지 않을 거라고 말했다. 의학 심리학 연구와 실무에 관한 뛰어난 배경지식을 갖추고 있었지만 구샤나스는 학과장에게 연락해 전문지식을 좀 더 갖춘 사람을 초빙하도록 제안해야겠다고 생각했다.

그러던 중에 갑자기 동작을 멈췄다. 구샤나스는 현재에 집 중하면서 자기가 회피하려는 불편한 감정과 자기를 사로잡 는 자기비판적인 생각을 알아차렸다. 그녀는 불안과 자기회 의가 있을 공간을 만들었고, 자신에게 전진이 중요하다면 앞 으로 나아가기 위해 꼭 자신감을 '느껴야' 할 필요는 없다는 점을 인식했다. 구샤나스는 호기심 어린 시선으로 냉정하게 가면 사고를 관찰했고, 그런 생각이 자신이 실패하지 않도록 보호하려 하지만 풀 사이즈 인생을 살아가는 데 도움이 되지 않는다는 사실을 깨달았다.

그녀는 자기가 중요하게 생각하는 가치를 떠올렸다. 구샤 나스가 생각하는 직업상 사명은 현대 과학과 증거에 근거한 실무를 전통적인 교육 영역(정신분석학 성향을 띤 정신의학 프로 그램 등)에 도입하는 것이다. 그녀는 '그들이 유용하다고 여기 는 작은 씨앗을 심는 데 그치더라도 할 만한 가치가 있는 일 이야'라고 자신을 타일렀다. 구샤나스는 두렵고 가면 상태에 시달리더라도 자기 자신을 위해, 자기가 중요하게 여기는 가 치를 위해 강의를 해야겠다고 생각했다. 심리적 유연성을 이 용해 자신이 진심으로 되고 싶었던 '나'가 됐다.

구샤나스의 강의에는 의대생 100명과 교수진 10여 명이 참석했다. 나와 인터뷰를 하면서 그 경험을 이야기하는 것만으로도 구샤나스는 다시 불안감을 느꼈다. 강의가 어땠느냐는 질문에 구샤나스는 무난했던 것 같지만 아무런 피드백도 받지 못했다고 말했다. 그녀는 사람들이 강의를 어떻게 받아들였는지 제대로 알 수 없다는 불안감을 견뎌야 했다. 그럼에도 불구하고 그녀는 그 강의를 하기로 한 선택이 잘한 일이라고 느꼈다. 분명히 그녀는 불안했고, 겁을 먹었고, 극심한 자기회의와 사기꾼 같다는 느낌에 시달렸다. 하지만 동시에 자부심과 자신감, 성취감을 느꼈다.

우리는 한꺼번에 온갖 생각과 감정에 시달리곤 하지만 무슨 일이 있더라도 가치를 바탕으로 행동하는 쪽을 선택할 수 있다. 어떻게 하면 당신도 이렇게 할 수 있을까? 심리적 유연성 기술은 기억하기 쉬운 약어 'PAVE'로 요약할 수 있다.

P: 잠시 멈추고 현재에 집중하자Pause and get present─현재에 의식을 기울이면서 심호흡을 하고 자신의 생각과 감정을 인식하자.

A: 수용하자Accept─판단과 저항을 내려놓고 불편한 내적 경험이 있을 공간을 만들자.

V: 가치^{Values}—중요한 것과 이 순간에 진심으로 되고 싶은 '나'를 파악하자.

E: 실행하자^{Execute}—자신의 가치에 부합하는 방향으로 손이나 발, 입(자신이 통제할 수 있는 유일한 대상)을 움직이자.

나는 심리적으로 유연한 삶이란 스스로 선택한 진짜 자신을 매 순간 내보이는 거라고 생각한다. 진정한 자기 모습을 내보이고 있는지 어떻게 알 수 있을까? 이를 탁월한 브랜딩에 비춰 생각해보자. 확고한 브랜드 전략이 있는 사람이라면 그 사람이 한 디자인은 금방 알아볼 수 있다. 굳이 신원을 밝히지 않아도 상대가 누구인지 알 수 있다.

소셜 미디어에서 브레네 브라운이 올린 게시물을 마주하면 나는 곧장 알아본다. 글꼴, 색채, 형태, 질감, 선, 표현 대상과 여백만 봐도 알 수 있다. 진정한 자기 자신을 구성하는 가치가 이런 디자인 요소와 같다고 생각해보자. 당신이라는 브랜드를 구성하는 요소는 무엇인가? '제목 글꼴=개방성, 본문 글꼴=정직, 대본 글꼴=장난기, 대표 색상=호기심·모험심·용기·대담, 회사 로고=진실' 같은 식으로 표현할 수 있다. 브랜드 디자인을 일관되게 적용하면 알아보기 쉽고, 진짜이며, 심리적으로 유연한 자신을 표현할 수 있다.

《인생수업》에서 엘리자베스 퀴블러 로스와 데이비드 케슬러는 죽음을 앞둔 사람들과 수십 년 동안 이야기를 나누면서 배운 가장 중요한 교훈 열네 가지를 알려준다. 이런 교훈들은 퀴블러 로스가 말하는 인생에서 가장 중대한 미결 과제를 풀어내고자 한다. 사랑, 진정성, 놀이 같은 교훈은 살아 있는 사람들에게 지금 당장 미결 과제를 끝내라고 권한다. 이와 마찬가지로 당신도 펀 사이즈 인생을 그만두고 당신과 내적 경험의 관계를 바꿔 더는 당신을 방해하지 않도록 한다면, 더 늦기 전에 자신에게 정말로 중요한 삶을 추구할 수 있다.

이제 그곳으로 계속 나아가자.

KI신서 12913

임포스터 심리학

자신을 과소평가하는 사람들을 위한 자신감 회복 훈련

1판 1쇄 인쇄 2023년 8월 21일
1판 1쇄 발행 2024년 9월 4일

지은이 질 스토다드
옮긴이 이은경
펴낸이 김영곤
펴낸곳 (주)북이십일 21세기북스

인문기획팀 팀장 양으녕 **책임편집** 서진교 **마케팅** 김주현
디자인 studio forb
해외기획실 최연순 소은선
출판마케팅영업본부장 한충희
마케팅2팀 나은경 한경화
영업팀 최명열 김다운 권채영 김도연
제작팀 이영민 권경민

출판등록 2000년 5월 6일 제406-2003-061호
주소 (10881) 경기도 파주시 회동길 201(문발동)
대표전화 031-955-2100 **팩스** 031-955-2151 **이메일** book21@book21.co.kr

(주)북이십일 경계를 허무는 콘텐츠 리더

21세기북스 채널에서 도서 정보와 다양한 영상자료, 이벤트를 만나세요!
페이스북 facebook.com/jiinpill21 **포스트** post.naver.com/21c_editors
유튜브 youtube.com/book21pub **인스타그램** instagram.com/jiinpill21
홈페이지 www.book21.com

당신의 일상을 빛내줄 탐나는 탐구 생활 〈탐탐〉
21세기북스 채널에서 취미생활자들을 위한 유익한 정보를 만나보세요!

ⓒ 질 스토다드, 2024
ISBN 979-11-7117-691-5 (03180)